本书为

2020年河南省高校科技创新人才项目（项目编号：2020-CX-025）

河南省社科联人文社会科学重点研究基地"河南省沿黄生态文明建设与高质量发展研究中心"
2021年度河南省高等学校哲学社会科学创新团队项目（项目编号：2021-CXTD-11）

2021年度河南省高等学校哲学社会科学基础研究重大项目（项目编号：2021-JCZD-08）

2023年河南省软科学研究计划项目（项目编号：232400410125）

2024年度河南省高等学校哲学社会科学创新人才支持计划（2024-CXRC-21）

河南工业大学青年骨干教师培育计划项目（2021）

研究成果

张宝强 吴春阳 王云涛 著

黄河文化融入高校
思想政治教育研究

中国社会科学出版社

图书在版编目（CIP）数据

黄河文化融入高校思想政治教育研究／张宝强，吴春阳，王云涛著.—北京：中国社会科学出版社，2023.6
ISBN 978－7－5227－1927－6

Ⅰ.①黄…　Ⅱ.①张…②吴…③王…　Ⅲ.①黄河流域—文化史②高等学校—思想政治教育—研究—中国　Ⅳ.①K29②G641

中国国家版本馆 CIP 数据核字（2023）第 085436 号

出 版 人	赵剑英
责任编辑	郭曼曼
责任校对	周　昊
责任印制	王　超

出　　版	中国社会科学出版社
社　　址	北京鼓楼西大街甲 158 号
邮　　编	100720
网　　址	http://www.csspw.cn
发 行 部	010－84083685
门 市 部	010－84029450
经　　销	新华书店及其他书店
印　　刷	北京明恒达印务有限公司
装　　订	廊坊市广阳区广增装订厂
版　　次	2023 年 6 月第 1 版
印　　次	2023 年 6 月第 1 次印刷
开　　本	710×1000　1/16
印　　张	16.5
插　　页	2
字　　数	255 千字
定　　价	88.00 元

凡购买中国社会科学出版社图书，如有质量问题请与本社营销中心联系调换
电话：010－84083683

前　言

　　黄河被尊称为"四渎之宗""百泉之首"，全长 5464 千米，是中国第二长河。她发源于青藏高原巴颜喀拉山北麓，自西向东河道蜿蜒曲折，流域环境复杂多变，最后注入渤海。千百年来，黄河奔腾澎湃、浩浩荡荡，以穿石之功，冲过层层谷障，辟开重重山岭，一波三折奔流入海。奔腾不息的黄河哺育了灿烂辉煌的中华文明，形成了独具特色的中华文化，为中华民族的建设和发展注入了根和魂。因此，作为中华文明最主要的发源地，黄河被华夏儿女亲切地称为"母亲河"，其在中华民族生存和发展史上的重要地位可见一斑。

　　黄河文化诞生于黄河、植根于黄河、成长于黄河，与黄河流域的地质、地貌和自然条件密切相关，是伴随着国家对黄河的治理开发而产生、完善和发展的一种社会客观存在。黄河文化是中华传统文化的重要组成部分，是社会主义先进文化在人民群众治黄实践中的具体体现，也是各种地域文化在黄河流域相互交融的重要表现。目前，黄河文化已经和境内的诸多文化深入交融在一起，形成了以黄河为主体的光辉灿烂的民族文化。根据考古学的研究发现，自旧石器时代至新石器时代，中华文化中记载着中华传统文化开始的蓝田文化、河套文化、仰韶文化等，标志着黄河文化开始萌芽。据《史记·五帝本纪》记载，夏朝时期人类在与周边民族的交往中开始了以黄河为地域的文化，主要活动范围在黄河大曲南岸，以及伊水、洛水两个支流的沿岸。殷商民族兴起于东海之滨的黄河下游，从安阳小屯发现的甲骨文记载，可以证实中国已运用古汉字对黄河流域文化活动有了清晰的记录。及至西周、东周、秦、汉、唐以来天下的分分合合，促进了各个民族之间经济上的相互依存、情感上的相互靠近、文化上的兼容并蓄，从而使得黄河文化的地域不断拓展，其影响力逐渐扩大至日本和南海等广大国家和地区。从隋、唐至元末，中国历史上的民族大融合掀起了又一轮高潮，黄河文化的影响力和覆盖范围在民族融合过程中进一步得到扩大。到了作为中国最后一个封建王朝的清朝时期，伴随着统一多民族国家的巩固与发展，黄河文化与周边的各种文化的融合进一步加深，逐步成为中华民族传统文化的重要组成部分。到了近代社会，工业革命促进了资本主义经济的快速发展，西方列强为了夺取更多的原料和市场大肆入侵，加之中国经济政治文化重心开始东去和南移，黄河流域（特别是黄河中上游地区）的经济发展速度相对缓慢，从而使得黄河文化的发展出现了落后的局面①。但是，黄河文化中蕴含的兼收并容的气度、海纳百川的内涵深深地植入中华民族和中国人民的灵魂，并逐渐传递出中国特色社会主义事业不断前进、改革开放不断深化、全民族进行社会主义建设的正能量。

　　文化是一个国家长期创造的历史产物，是一个民族共同体的重要标识，事关国家兴旺发达与经济社会发展。中华人民共和国成立 70 多年来，历代中央领导集体高度重视社会主义文化建设，在推进中国特色社会主义伟大事业的实践中积极探索繁荣发展具有中国特色社会主义先进文化的发展之路，为中华人民共和国实现从站起来、富起来到强起来积蓄了磅礴力量、凝聚了中国智慧。作为中华人民共和国的重要缔造者，毛泽东同志确立了马克思主义在思想文化领域的指导地位，提出了"古为今用""洋为中用"的文化建设原则，明确了文化为人民大众服务的基本方向，奠定了中华人民共和国文化建设的坚实基础。早在 1940 年 1 月勾画国家的文化蓝图时，他就在《新民主主义论》中把文化建设作为"新社会、新国家"建设的重要内容，提出了"新文化"与新政治、新经济并列的思想。1949 年 9 月 29 日，中国人民政治协商会议第一届全体会议明确"科学文化现代化"，进一步明确了文化建设在社会主义建设总体布局中的战略地位。中华人民共和国成立初期，面对严峻的政治经济形

---

① 杨海中、杨曦：《黄河文化的标识与家国情怀》，《地域文化研究》2021 年第 2 期。

势，党中央号召全党全国人民"扫除旧中国留下的贫困和愚昧，逐渐改善人民的物质生活和提高人民的文化生活"①。社会主义制度确立后，毛泽东同志针对中华人民共和国成立以后文化领域出现的片面化、绝对化倾向，提出了"百花齐放、百家争鸣"的文化建设方针，允许不同风格的文化存在。"文化大革命"十年内乱，国家文化事业受到严重影响，文化建设面临着极为复杂的矛盾和问题。此后，中国共产党深刻总结和反思中华人民共和国成立后文化建设的经验教训，积极开展真理标准大讨论，重新确立了解放思想、实事求是的文化建设路线，拉开了改革开放后文化建设的大幕。1979 年 10 月，邓小平同志根据新的形势和任务，进一步坚持、丰富和发展了马克思主义文化建设思想，提出了"文化为人民服务、为社会主义服务"文化工作总方针，为社会主义文化事业发展开辟了新的道路。1991 年，江泽民同志在庆祝中国共产党成立 70 周年大会上指出：要坚持以马列主义为指导，建设"有中国特色社会主义的文化"。2012 年，党的十八大报告中明确指出，必须以改革创新为动力，坚持中国特色社会主义文化发展道路，进一步推动中华优秀传统文化的创造性转化、创新性发展，努力为中国梦实现提供强大的精神动力。

　　党的十八大以来，以习近平同志为核心的党中央立足新的历史方位，把握发展大势，坚持以马克思主义的立场观点和方法，在波澜壮阔的伟大实践中不断弘扬中华优秀传统文化，积极吸收外来文化，推动了社会主义文化事业的大繁荣、大发展，丰富和发展了中国特色社会主义文化②。习近平同志高度重视文化遗产的历史意义与作用，多次到沿黄省份考察并发表重要讲话，明确要求要讲好"黄河故事"，进一步奏响黄河流域生态保护和高质量发展的最强音。2014 年 3 月，习近平在河南调研考察期间，仔细了解滩区防汛形势和群众生产生活状况，要求认真做好沿黄地区生态保护、水资源利用和堤防建设等。2016 年 7 月，习近平在宁夏考察脱贫攻坚工作和两会精神落实情况，他专程来到黄河吴忠滨河大

<hr>

① 欧阳雪梅：《新中国 70 年社会主义文化建设及其经验》，《光明日报》2019 年 7 月 10 日。
② 吴敏燕：《习近平关于文化建设重要论述的逻辑理路》，《中共中央党校（国家行政学院）学报》2019 年第 4 期。

道古城湾砌护段，专门了解堤防建设、滩区治理等，再次要求要加大黄河保护力度，大力加强绿色屏障建设，积极推进水污染防护工作，守好生态环境改善生命线，努力让母亲河永远健康。2016 年 8 月，习近平在青海省考察调研期间，来到具有"天地一体化"生态监测功能的青海省生态环境监测中心，他通过大屏幕连线基层干部和生态维护员，详细了解黄河源头的生态保护情况，要求大家认真履行职责，认真完成防护任务。2017 年 6 月，习近平来到山西省考察，亲自到吕梁市兴县晋绥边区革命纪念馆参观调研，提出"吕梁精神"是深深植根于黄河文化的优秀文化基因，在新时代一定要认真弘扬。2019 年 8 月，习近平在甘肃调研时，就加快建设和谐美丽新甘肃做出指示，叮嘱省市两级负责同志要守住绿水青山，造福各族群众，特别是要保证黄河水体健康，为子孙后代留下一片碧海蓝天。2019 年 9 月，习近平再次来河南调研考察，要求沿黄省份（尤其是河南）要下大气力抓好黄河文化的保护、传承、弘扬工作，明确要求要充分利用黄河文化资源，积极开展黄河文化宣传，大力弘扬黄河文化。2020 年 6 月 8 日，习近平到宁夏调研考察，专程察看黄河生态治理保护状况。他着重强调，黄河是中华民族的母亲河，是中华民族和中华文明赖以生存和发展的宝贵资源①。2020 年 8 月 31 日，中共中央政治局着眼于中华民族伟大复兴的千年大计，审议通过了《黄河流域生态保护和高质量发展规划纲要》，进一步压实沿黄各省区和有关部门主体责任，再次强调"要大力保护和弘扬黄河文化"，为长远推进黄河流域生态保护和高质量发展提供了制度保障。

悠久的传统文化培育了自强不息的民族精神，马克思主义的传播铸就了灿烂辉煌的新时代。从中华文化的复兴和发展来看，黄河文化继承发展了马克思主义和中华优秀传统文化的优秀成果，丰富和拓展了中国人民在革命、建设和改革过程中所创造的物质财富和精神财富。因此，黄河文化演绎了数千年的中国历史，并且随时代的发展而不断完善。黄河文化以与时俱进的姿态，在不同历史时期呈现不同的文化形态，引领

① 《习近平在宁夏考察时强调：决胜全面建成小康社会决战脱贫攻坚　继续建设经济繁荣民族团结环境优美人民富裕的美丽新宁夏》，《人民日报》2020 年 6 月 11 日。

各个时期的社会思潮，对坚定理想信念、增强文化自信、践行社会主义核心价值观、标识中国特色发挥了重要作用。黄河文化所蕴含的独特精神内涵是新时期高校"立德树人"的重要基石，研究黄河文化融入高校思想政治教育这一崭新命题，回应了习近平总书记关于教育的重要论述、回应了新时代高校立德树人的神圣使命，为推动中华优秀传统文化创造性转化创新性发展提供了选择。对于进一步加强和改进新时期高校思想政治教育、提高铸魂育人的针对性和时效性具有重要而深远的意义。当今时代，高等学校思想政治教育面临着复杂的形势和任务，尤其是现代科学技术的迅猛发展带来了更加严峻的挑战。面对这一新的阶段性特征，迫切需要我们重新定位文化建设的重要地位和作用，始终坚持以马克思主义为指导，进一步加强具有强大吸引力和凝聚力的社会主义意识形态，不断推进文化强国建设。尤其是要深刻领悟黄河文化与高校思想政治教育本质上的共通性、内容融合的可能性、经验借鉴的可行性、现实需求的必要性，积极探索黄河文化融入高校思想政治教育的多元路径，不断推进黄河文化在新时代繁荣发展和发扬光大。

高校作为为党育人、为国育才的重要阵地，研究、学习、宣传黄河文化是一项义不容辞的政治任务，必须下大力气抓实抓好，努力让黄河文化在落实立德树人根本任务中发挥作用。我们要坚持以习近平新时代中国特色社会主义思想为指导，强化问题意识，坚持问题导向，不断巩固马克思主义在文化建设领域的指导地位，坚定不移地筑牢校园思想政治教育屏障，不断增强社会主义先进文化的凝聚力和引领力。尤其是要充分发挥黄河文化的丰富内涵和现实作用，厘清中华优秀传统文化与高校思想政治教育的发展脉络，找准黄河文化与大学生思想政治教育的契合点和联系点，让广大学生在波澜壮阔的"黄河故事"中激发奋进的勇气，为提升自身的社会责任感和使命感凝聚起磅礴的精神力量。数字化时代，我们要充分借用智媒体等新技术，挖掘学生真实需求，解决"供需错位"的思想政治教育工作难题，提供个性化、精准化的教育资源。我们要积极发挥课堂教学主渠道作用，组建专门的黄河文化研究团队和教学团队，引导广大教师积极传播黄河文化，主动将黄河文化融入思想政治理论课教学，融入专业课程的教学与实践。我们要积极开展内容丰富的主题实践教育活动，通过学生喜闻乐见的方式，强化其对黄河文化的认知、理解和接纳，并内化于心。我们要注重组织领导，优化顶层设计，确保各要素之间能形成联动效应，把黄河文化渗透进校园物质、精神、制度和行为等文化建设中，为实现中华民族伟大复兴提供源源不断的新时代人才。

随着中国特色社会主义进入新发展阶段，黄河文化不断被赋予新的内涵和价值。大学生作为中国特色社会主义事业的接班人，要把黄河文化作为践行社会主义核心价值观的重要途径，不断坚定理想信念、提升文化自信，努力培养正确的"三观"。要把黄河文化蕴含的内涵和时代价值转化为提升自己综合素质的文化源泉和实现中华民族伟大复兴的重要动力。在中国特色社会主义事业建设中，开拓自己的视野，提升自己的能力，不断增强做中国人的志气、骨气和底气，努力把自己培养成又红又专的、能够担当民族伟大复兴大任的时代新人。

目　　录

第 一 章

黄河文化探源

　　黄河犹如一条桀骜不驯的巨龙，从被称为"世界屋脊"的青藏高原顺势而下，穿过蕴藏深厚的黄土高原，逐渐产生和形成了具有自身特点的原始文化，进而迸发出灿烂多彩的人类文明。因此，黄河具有自然生态与人文生态的双重属性。对于黄河文化的概念，专家学者有多种不同的解释和认知，集中起来有广义和狭义两个角度之分。从广义角度来看，黄河文化属于马克思主义理论与政治学、经济学、文化学等学科有机交叉的学科，是黄河流域广大劳动人民在黄河治理开发过程中创造的物质财富和精神财富的总和，主要包括物质文化、制度文化、行为文化和精神文化等。而从狭义上来讲，黄河文化仅指与黄河有关的精神文化，主要包括黄河流域广大劳动人民及与治黄工作者在长期工作实践中所形成的特有的精神、理念、价值观、制度等文化现象。无论何种解读都可以看出，这些文化现象代表了他们独特的精神诉求、行为方式、价值理念等。古往今来，黄河流域广大先民围绕黄河治理开发形成了非常丰厚的文化资源，已经成为中华优秀传统文化不可分割的重要组成部分，是引领中华民族伟大复兴的不竭精神动力[①]。

第一节　黄河文化的形成基础

　　任何一种文化的产生和发展都有其特定的根源，这个根源就是特定

---

　　① 张光义等：《关于黄河文化建设几个基本问题的思考》，《黄河报》2008 年 12 月 9 日。

的社会文化环境和社会历史条件。因为"文化"总是与特定的社会背景、时代条件和地理位置息息相关。但是，由于主观和客观条件的限制，任何一种文化的形成都不是某一个条件影响的结果，都是多种因素一起综合作用的结果。黄河文化的形成和发展随着中国政治、经济、社会的发展变迁，演绎出不同时期的中华文明历史，并逐渐构筑成稳定的中华文化多元一体格局。因此，我们必须用历史的、辩证的眼光对黄河文化进行深入解读，从而更加精准地把握黄河文化的深刻内涵。

一　黄河文化形成的理论基础

文化是一种社会现象，同时又是一种历史现象[①]。从社会的角度来看，文化是人类在长期的生产生活过程中创造形成的产物；而从历史的角度来看，文化是人类社会在不断发展过程中对客观世界感性上的知识与经验的升华，是一种能够传承的意识形态。因此，从概念上来说，文化是一个国家或民族能够被传承和传播的价值观念、思维方式、行为规范、文化艺术等。从具体形态来说，它一方面凝结在物质之中，另一方面又游离于物质之外，具有较为复杂的存在方式。从其产生发展来看，任何一种文化的形成都基于一定的理论基础，同时还与当时的社会背景密切相关。

（一）党的文化建设理论为黄河文化形成奠定了坚实的理论基础

先进文化理论不是一成不变的，任何一项理论成果在每一个不同的时期都会映射时代的主题，跟随一个时代的脉搏而永葆生机和活力。当今世界，文化作为一个国家参与国际竞争的软实力，不断地与这个国家的经济和政治相互渗透、相互交融，从而使其地位与作用在综合国力提升的竞争日益凸显。中华人民共和国成立70多年来，对党的文化建设理论进行了长期不懈的探索，取得了丰硕的理论成果和经验。1950年前后，毛泽东作为党的第一代领导人首次提出了社会主义文化建设这一理念。邓小平在此基础上将物质文明与精神文明并举，将文化建设提升到了全新的高度。江泽民同志则提出了政治经济文化一体的战略设计，进一步

---

① 毛泽东：《新民主主义的政治与新民主主义的文化》，《中国文化》1940年第2期。

拓展了文化建设的新思路。而在社会主义建设中，胡锦涛同志又将社会建设提上议事日程，使得我党的文化建设不断丰富①。党的十八大以来，以习近平同志为核心的党中央坚持"文化强国"，进一步明确了文化建设在中国特色社会主义建设总体布局中的定位，强调文化改革与全面深化改革的统一性，为黄河流域生态保护和高质量发展指明了方向，也为黄河文化的大繁荣和大发展奠定了坚实的基础。党的文化建设理论创造性地将党的创新理论同黄河流域的特殊地理环境、黄河治理和高质量发展、中国特色社会主义进入了新时代这些特点紧密结合起来，深刻揭示了黄河文化建设的重要意义，是中国几千年传统文化的精华，是中国共产党领导人民治理黄河事业的力量源泉，体现了马克思主义与时俱进的优秀品质，赋予了黄河文化新的时代内涵。它是对黄河流域生态保护和高质量发展的高度肯定和科学总结，是对新时代不断传承和发展党的文化理论提出的新要求。全国各族人民（尤其是沿黄区域人民群众）在贯彻落实这些新要求中、在长期的实践和发展过程中，必须深刻感受到党的文化建设理论对黄河流域生态保护和高质量发展的根本指导地位，不断增强学习贯彻的坚定性和自觉性。对于黄河文化内涵的深入研究，有利于更好地彰显黄河文化的时代特色，从历史发展和文化发展的不同视角深入挖掘黄河文化的时代内涵，在新的时代和环境下展示出新的生命力。

（二）党中央的高度重视为黄河文化形成指明了正确的发展方向

文化建设是中国共产党夺取胜利、巩固政权的重要法宝，也是国家稳定、长治久安的固本之举。自中国共产党成立以来，始终把文化建设作为革命、建设和改革开放的重要抓手，引领党和人民事业沿着正确的发展道路前进。具体来说，我们党领导文化建设经历了四个时期：第一个时期是 1921—1949 年，为"文化救国"时期，积极改造传统文化、吸收新型文化，创作了大批优秀的文化作品、培育了大批优秀的文化名家；第二个时期是 1949—1978 年，为"文化立国"时期，通过一大批优秀的文化作品凝聚人心、鼓舞士气；第三个时期是 1978—2012 年，积极推进

---

① 周锦涛：《中国共产党探索文化强国战略百年历史的基本经验》，《浙江大学学报》（人文社会科学版）2020 年第 4 期。

文化体制改革，大力发展文化事业和文化产业，使文化得到长期发展；第四个时期是党的十八大以来，激发全民族的文化创造力和文化活力，积极推进文化强国建设。100 多年来，中国共产党始终坚持以人民为中心，坚持不断创新文化体制机制为中国的革命和建设教育培养了一代代合格的接班人和劳动者。具体来说，第一，党中央的高度重视指明了黄河文化的发展方向。从根本上对黄河文化建设的重要意义和时代价值的指明，充分体现了党中央对保护、传承、弘扬黄河文化的高度重视，增强了全国人民克服困难、夺取胜利的决心和信心。第二，党中央的高度重视明确了黄河文化的发展思路。黄河文化作为党的创新理论与黄河流域生态保护和高质量发展结合的产物，是对多年来黄河流域治理的经验总结，从国家黄河事业发展的角度对黄河文化建设提供了思路和借鉴。第三，党中央的高度重视规范了黄河文化的发展内容。中华人民共和国成立以来，毛泽东、刘少奇、周恩来等老一辈无产阶级革命家均强调加强黄河治理，让黄河成为造福子孙后代的"幸福河"。邓小平、江泽民、胡锦涛等积极推进黄河治理，为黄河文化的持续发展奠定了坚实的基础。习近平总书记在郑州主持召开的黄河流域生态保护和高质量发展座谈会，进一步从顶层设计层面对新时代黄河文化的"保护、传承、弘扬"进行阐述，从而使得我们能够更加准确、更加深刻地认识弘扬和传播黄河文化的重要价值。第四，党中央的高度重视扩大了黄河文化的社会影响。党和国家领导人对黄河文化建设对国家建设发展战略意义的强调，进一步推动了黄河文化的大繁荣、大发展，促进社会各界高度关注和弘扬黄河文化，将黄河文化建设放在国家和民族发展的大局中加强研究和推广。第五，党中央的高度重视增强了黄河文化的作用功能。黄河文化呈现的绵延赓续、历久弥新，是彰显中华文化旺盛生机的源头活水。

（三）历代领导人的治黄思想为黄河文化的形成提供了指路明灯

中国共产党在带领全国人民推进革命、建设和改革的过程中，创造性地将马克思列宁主义基本原理同中国的具体国情相结合，形成了党的创新理论。这些理论已经成为中国革命和建设事业取得胜利的根本指导思想，同时也成为推动各种文化繁荣和发展的灵魂。作为中国特色社会主义事业的重要组成部分，黄河流域生态保护和高质量发展被中央历代领导集体作为事关安民兴邦的大事予以高度重视，为黄河文化的形成和发展提供了指路明灯。从毛泽东提出的"一定要把黄河的事情办好"，以及邓小平、江泽民、胡锦涛等就黄河治理与开发做出的重要指示，到习近平同志讲好"黄河故事"等。这些指示和要求既一脉相承又与时俱进，揭示了党中央多年来关于黄河治理有关规律的深刻认识，形成了全面系统的新时代黄河文化建设理论。党的黄河文化理论是我们党运用党的创新理论指导黄河流域生态保护和高质量发展所产生的最新创新成果，是毛泽东思想与中国特色社会主义理论体系的具体运用和有机融合。经过不断建设、研究和宣传，让更多的人认同黄河文化、接受黄河文化、传播黄河文化，为黄河文化的创造性转换、创新性发展奠定了坚实的社会基础。

（四）人民群众的治黄实践为黄河文化形成凝聚了智慧力量

"黄河宁，天下平。"千百年来，黄河经常性决口和改道，给广大人民群众生命财产安全造成严重影响。中华人民共和国成立后，为了保障沿黄流域人民的生产生活，党和国家采取有力措施开展了大规模的黄河治理工作。在国民经济恢复和"一五"计划建设时期，国家一方面大规模开展"宽河固堤"等工作，另一方面积极开辟滞洪区，从而战胜了1958 年的大洪水。在不断总结前人治黄经验的基础上，国家积极编制治黄规划，按照"除害兴利"的治黄总方针，兴建了引黄灌溉济卫工程，从根本上改变黄河泛滥的现状，引领全国治黄事业进入了一个全面治理、综合开发的新阶段。此后，伴随着人类对治黄规律的不断探索和科学技术的快速发展，治黄工作在实践中积累了更为丰富的经验，一系列重大的政策调整有力地推进了治黄事业的不断发展。尤其是党的十八大以来，以习近平同志为核心的党中央站位全局，积极开展水沙治理和防洪减灾体系建设，河道萎缩的态势得到遏制，生态环境持续向好，广大人民群众用自己的聪明和智慧凝聚起了黄河保护的磅礴力量。实践证明，只有坚持中国共产党的领导、只有发挥社会主义制度集中力量办大事的优势、只有坚持人民为中心的治理理念，才能真正实现黄河治理从被动到主动、从治标向治本的历史性转变。

二　黄河文化形成的自然环境基础

"任何文化的生成机制与所处的自然环境密切相关。"黄河文化的产生、形成与所处的自然环境密切相关，黄河流域独特的自然地理环境是孕育和产生黄河文化的肥沃土壤。黄河流域绵延数千里，迥异的地域环境赋予了黄河文化不同的特质，几千年来，黄河以其独特的地理位置孕育形成了独特的黄河文化，黄河文化以其巨大的能量滋养和哺育了中华民族，成为中华民族优秀传统文化的重要组成部分，在历史的涤荡中逐步成为中华民族的象征和旗帜，并不断丰富、完善和发展。在黄河文化的滋养下，历代人民在与黄河的抗争与搏击中形成了独特的黄河精神，即"团结、拼搏、求实、开拓、奉献"的精神。正是由于黄河精神的指引，才凝聚起中华儿女同黄河水害做斗争的勇气和力量，从而赢得了一次次治理大江大河斗争的胜利，取得了一次次改造自然、推动社会发展的巨大成就。在民族危难关头唱响一曲《黄河大合唱》，凝聚起了中华民族抗击日寇的磅礴力量，为挽救民族立下了汗马功劳。中国特色社会主义进入新时代，在中国共产党的领导下，源于黄河流域，熔铸党领导人民从站起来、富起来到强起来的伟大飞跃中创造的社会主义先进文化之中的黄河文化，为中国特色社会主义现代化的发展注入了新的活力，为实现中华民族伟大复兴凝聚了精神力量，呈现出了新的面貌、焕发出了新的荣光。

三　黄河文化形成的社会历史基础

任何一种文化的形成，都有着特殊的社会条件和文化传统的支撑，都是在特定的历史条件下孕育、发展、形成的，具有鲜明的社会历史特征。古老的黄河孕育了灿烂的中华文明，从石器时代开始出现的文化现象到新石器时代文化的进一步发展，黄河流域孕育的蓝田文明、半坡文明、龙山文明等，哺育了一代又一代的中华儿女。而到了6000多年前，伴随着人类生产生活的发展变化，黄河流域内农事活动也逐渐开始出现，促进了文化的繁荣与发展。直到大约4000多年前，伴随着社会的发展和进步，以炎帝、黄帝为代表的两大血缘氏族部落逐渐成长和壮大，进一步推动了生产力的快速发展和文化的繁荣昌盛。再到后来，黄帝取得盟主地位，大力发展生产，建龙舟、创医学，并统一华夏部落、征服东夷和九黎族，形成"华夏族"。因此，自古以来世界各地的炎黄子孙，都把黄土地当成自己的根，把自己当成黄土地的儿女，从而称黄河为"母亲河""四渎之宗"，体现出丰富的人文内涵。

从公元前21世纪夏朝开始，中国若干年的原始社会结束，数千年的阶级社会确立，这也被认为中国传统文化的起源阶段。在4000多年的历史进程中，历代王朝都选择在黄河流域建都，安阳、西安、洛阳、开封四大古都建在黄河流域和近邻地区，为黄河文化的繁荣与发展做出了突出的贡献。由于建都历史长远、影响力大，在历史上形成了有名的"八大帝王都"。公元前770年，周平王迁都洛邑，正式开启了东周这一历史时期。此后历时900多年，东汉、魏等多个朝代都选择在洛阳建都，从而形成了历史上久负盛名的"九朝古都"洛阳。因此，在古代历史上相当长的时期内，中国的政治、经济、文化中心一直在黄河流域，中华民族的繁荣与发展与黄河密不可分。

公元前2000年前后，中国科学技术、文学艺术开始起步，最早集中在黄河中下游地区，尤其是中原地区。最有代表性的就是青铜器，最早出现在黄河流域。随着社会的不断进步，铁锛、铁斧等劳动工具开始出现，一定程度上代表了当时科技发展水平，表明中国开发与应用这些劳动工具的时间要比欧洲各国早2000多年，充分证明了中华文明程度要远超于同期其他人类文明。代表中国古代创新智慧和科学技术的"四大发明"都产生在黄河流域，对世界文明的发展起到了不可磨灭的作用。

当前，世界正处于百年未有之大变局，各种思想文化的交流、交融、交锋日益频繁，建设文化大国强国时不我待。以黄河文化研究为切入点，回答好"我是谁""我从哪里来""我到哪里去"这些突出问题，才能深刻阐释中华文明的历史渊源、发展脉络和基本走向。习近平总书记多次强调，中华民族文化灿烂，历史悠久，凝聚着丰富的智慧和力量。我们必须深入挖掘其文化内涵，努力让陈列在中华大地上的遗产、书写在历史古籍里的文字都活起来。黄河的治理饱含着古代劳动人民的心血和汗水，一部治黄史就是一部奋斗史，同时也是半部中国史。走进新时代，伴随着国家治黄政策的不断调整，黄河流域进入"大治时代"。我们必须对不同历史时期治黄工程的各类文献进行系统的整理研究，全面总结出关于治黄的理论性和规律性认知，进一步深入挖掘黄河文化所蕴含的时代价值，尤其是要高度关注历朝历代治黄、护黄、兴黄过程中所体现的人水和谐理念，以及国家在推进治黄工程中所体现的自强不息、顽强拼搏的斗争精神，以便为新时代国家推进科技治黄、工程护黄、生态兴黄提供历史借鉴。

人们在利用和治理黄河的漫长进程中，投入了大量的人力物力，付出了艰辛的劳动和努力，逐步形成了灿烂丰富、生生不息的黄河文化，滋养丰富了中华民族优秀传统文化，孕育形成了具有中国特色的社会主义文化。因此，中国特色社会主义文化，起源于中华民族具有五千多年文明史的优秀传统文化，熔铸于中国革命、建设、改革的整个过程，植根于建设有中国特色的社会主义伟大实践。面向新时代，习近平总书记关于文化建设的重要论述为繁荣发展中国特色社会主义文化提供了根本遵循。我们必须从习近平总书记关于黄河文化的重要论述中找答案、找方法，努力实现黄河文化的创造性转化、创新性发展。任何一个国家、一个民族的兴旺发达，都是以文化的兴盛为重要支撑条件的。中华民族伟大复兴也必须把文化发展繁荣作为重要条件，而黄河文化作为中华文化的根和魂，在推进文化强国建设中的作用不可替代。我们要按照增强文化自信和建设文化强国的要求，着力强化黄河文化遗产保护传承和黄河文化与旅游业等融合发展，不断提高人民群众生活品质和获得感，努力使之成为凝聚民族力量、彰显文化自信、展示中华文明、促进民族复兴的金名片。

四　黄河文化的发展脉络

黄河文化由于时间跨度长达 5000 年，空间上覆盖整个黄河流域，文化类型非常繁杂，文化蕴含的价值非常高，从而使得黄河文化浩瀚博大、庞杂丰富。从文化生成的角度来看，黄河支流上形形色色的原始文化仅是其兴起的点点星火。伴随着人类社会的进步和社会生产力的不断提高，黄河文化逐渐显现出以地域为特色的区域文化。后来，长达 3000 多年的政治中心，加之军事征伐的频繁发生，加快了黄河沿岸的融合并使之逐渐融为一体。与此同时，长期与西部、北方、南方等地区少数民族的攻守战和，以及与亚、非、欧等国家频繁的文化交流，使得黄河文化的辐射范围不断扩大，黄河文化的内涵和影响力逐步提升。而从结构层面来看，黄河文化是一个多层次、多维度、多形式相互交织的文化共同体，包含了政治、经济、道德、语言、信仰、风俗等多方面的内容。她就好像一个人体内纵横交织的经脉，多种文化形态贯穿于黄河文化整体之中，每条文化脉线上又有许多条副脉线，从而构成一个由面到体的网状结构式的黄河文化系统[①]。

（一）黄河文化的历史辉煌

在中国古代文化中，黄河文化是中华文明的代表，它是以黄河流域的文化为核心，积极融合江淮流域和珠江流域的文化特征，不断吸收来自北方的游牧文化，继承了中华民族大家庭中其他地域的优秀文化，最终形成了多元一体、特色鲜明的文化体系。中华民族几千年的文明历史充分表明，中华文化的起源与黄河流域关系十分密切，黄河文化是中华民族文化的根和魂。

人类文明的发展走过了从"河流文明时代"到"大洋文明时代"的艰辛历程，古埃及、古巴比伦、古印度等文明古国都曾孕育创造了同中华文明一样灿烂辉煌的文化。但是，纵观人类大河文明发展史，像黄河文明这样源远流长，从未消亡，并且成为一个国家生活基础和精神根源的是非常难得的。在早期中国，由于优良的气候、植被、土壤、阳光等自然条件，黄河流域社会经济发展在全国乃至全球都处于十分领先的地位。由于良好的地理和经济条件，历朝历代许多王朝都把都城建在黄河流域，从而使得中国政治外交、对外经济往来等主要兴起和发展于这一地区。早在西汉和东汉时期，统治者积极开展对外交往，先后派遣张骞、甘英等出使西域，除了在政治上实现联合抗击匈奴的战略意图外，还打通了被誉为洲际交往通道"最后一公里"的丝绸之路。到了隋唐时期，

---

① 彭岚嘉、王兴文：《黄河文化的脉络结构和开发利用——以甘肃黄河文化开发为例》，《甘肃行政学院学报》2014 年第 2 期。

由于国家统一强盛、经济高度繁荣，丝绸之路交往从而进入历史上最为繁荣的时期。当时很多周边国家派遣大量使节、留学生等来华，每次少则200人，多则四五百人，促进了文化和政治交流日益频繁。为了加强对外贸易的专门管理，中央机构还设置"四方馆"，以接待东西南北四方少数民族及外国使臣。在宋朝时，中央政府更加重视对外贸易和文化交流，中国对外开放走向巅峰。此外，从宋朝到明朝时期，中央政府还大力发展海上贸易，建立海上丝绸之路，郑和下西洋就是当时世界上的远洋壮举，直到清初实行"海禁"和"闭关"政策。彼时开放的古代中国、先进的物质文明带来了黄河文化的高度繁荣。屈原、李白、杜甫等的不朽诗篇，曹雪芹的《红楼梦》等经典名著，伴随着我们的生活而行，已经深深地汇入当下中国人的精神生活，流淌到每一个中国人的心中。

（二）黄河文化的近代曲折

在长期封建社会中，中国创造了辉煌灿烂的古代文化。然而近代社会以来，西方国家因第二次工业革命而实现了大繁荣、大发展，而中国社会则出现了衰败的现象，黄河文化和中国近代文化一样在曲折中前进。

鸦片战争以来，西方列强的侵略导致"天朝上国"的迷梦被彻底打破，中国社会陷入山河破碎、民不聊生的苦难局面，救亡图存和民族复兴成为时代主潮。许多仁人志士积极奔走，探索救亡图存的道路，逐渐产生了"中学为体，西学为用"的思想。但是中国社会君主专制制度的存在，严重影响了西方资本主义的发展，从而使中国社会进入了一个历史上从未有过的相对落后的发展期。虽然我们可以用钱买来军舰大炮，但是我们没有买来国家的现代化，因而很难从根本上解决中国社会落后的局面。洋务运动虽然取得了一定的成绩，但是由于封建社会制度的弊端和守旧人士的反对，难以解决当时社会的各种矛盾，尤其是中国几千年传统文化中的蕴含的智慧和思想根深蒂固，始终是支撑中国社会和人民的精神力量，任何外部力量都难以动摇。西方国家先进的科学技术、廉价的商品，以及其他各种"奇技淫巧"纷纷涌入，但是它的文化始终难以征服中国。其中，黄河文化作为不可扑灭的智慧火焰，支撑中华民族在艰难中不断前行。

中华人民共和国成立，一个初步繁荣发展的中国呈现在世界面前，黄河文化重新焕发了蓬勃生机和活力。在中国这样一个疆域辽阔、人口众多和历史文化悠久的国家，开启了实现现代化建设的征程，开创了一个前所未有的壮举，这是我们树立文化自信最坚实的现实根基。伴随着改革开放政策的实施，铁路、电话、各种科学技术和科技产品等代表西方发达国家的东西都可以进口，甚至可以借鉴、学习、仿造，唯独文化底色始终不改。马克思主义中国化已经在中华大地结出累累硕果，植根于中国特色社会主义伟大实践革命。

（三）黄河文化的当代发展

黄河文化蕴含着丰富的凝聚力和向心力，是新时代爱国主义精神的生动体现，能够为当代中国社会经济发展提供实践经验，能够为人类命运共同体的构建提供理论支持。黄河文化具有包容性特点，在长期与世界各个国家的文化交流与合作中，积累了丰富的治国理政经验。黄河文化还具有开放性特点，在其发展过程中一方面不断扩大自身影响力，另一方面积极从其他地域和民族文化中汲取营养，从而实现了不断更新、不断完善，为中华文明的传承与发展贡献了智慧和力量。黄河文化的兼容并蓄始终引领着华夏文明的传承发展，促进了黄河文化与周边地区的交流，为构建人类命运共同体提供了历史范本。

当今世界正面临着百年未有之大变局，机遇和挑战前所未有，各个大国之间的博弈正向多层次、多维度方向发展。在此过程中，文化作为构成综合国力的重要因素，在国家和民族竞争中的地位和作用越来越重要，文化通过影响经济社会发展以及其他国力要素来增强自己的综合实力。当前，世界各国（尤其是大国、强国）都普遍重视文化软实力的培养，他们凭借强大的经济和科技实力，积极进行价值观念、意识形态等的输出。中华民族具有丰厚的文化资源和文化潜力，当代中国经济社会的全面进步，文化软实力作用不容忽视，这与中国整个国力和国际地位的提高是密不可分的。我们必须站在一定的高度来看待中国社会的现实，积极推进有中国特色的社会主义文化建设，不断增强文化自信。

因此，黄河文化是一个多层次、多维度的文化共同体，从内到外依次形成"精神层面—制度层面—物质层面"的同心圆模型，具有十分丰富的内涵。20世纪90年代以来，中国学术界围绕黄河流域的考古遗址做了广泛而深入的研究，陆续出现了专门研究黄河的"黄学"或者"黄河学"，初步形成了一门建立在自然科学、社会科学、文艺和技术学科之上的综合学科，从而促进了中华文明的创新性发展和创造性转化。

第二节　黄河文化的基本形态

黄河文化是一个由若干要素构成的有机综合系统，其内容非常丰富，内涵非常深刻，形态复杂多样，可以站在不同的角度来认识和理解黄河文化的内容。站在系统性和整体性的角度来看，黄河文化是一个由多种要素组成的大系统，这些要素之间的关系非常复杂，但还是有一定的规律可循。站在要素性和层次性角度来看，黄河文化组成要素层次繁多、错综复杂，它们之间的关系存在许多不确定性。因此，我们只有准确把握这些要素及其关系，才能在黄河文化建设的具体实践中厘清思路，科学高效地推进黄河文化建设①。一般说来，黄河文化主要存在以下九种形态。

一　黄河文化中的政治文化

长期以来，勤劳勇敢的中华儿女和黄河流域广大劳动人民在改造自然的生产实践中创造了辉煌灿烂的黄河文化，为历代社会政治体系的存在和维持奠定了坚实的基础。在中国历史上大一统时期，黄河流域（尤其是黄河中游地区）从秦汉至清以来，关中平原和伊洛平原等都曾是中国政治、经济和文化交流的中心。因此可以说，黄河文化中孕育着丰富的政治文化。

早在4000多年前，伴随着中国社会的发展和进步，中国历史上第一个奴隶制王朝"夏"在黄河流域建都，开启了黄河流域政治文化发展的最初级阶段。此后，从夏、商、周一直到北宋时代，大都在黄河流域建都。政治文化的建立和加强，促进了经济文化建设的繁荣与发展。随后尽管出现群雄争霸、逐鹿中原的局面，但是国家的核心领域依然是黄河

---

① 李立新：《深刻理解黄河文化的内涵与特征》，《中国社会科学报》2020年9月21日。

流域。此后，在不同的地域都出现了不同特色的文化。尽管因为地域的原因各有不同，但是其中都蕴含着黄河文化的历史积淀和厚重内涵①。

中国是典型的农业大国，黄河沿岸是重要的粮食主产区，因此黄河流域的管理是不容忽视的。千百年来，中国历朝历代都十分重视黄河的治理开发与管理。东汉以前，人们对黄河的治理以疏导为主。自汉武帝开始，治黄活动成为国家的要务。瓠子堵口是西汉时期一次重要的治黄行动，汉武帝在此修建了众多的水利工程并作《瓠子歌》，给后人留下了许多治理黄河水患铭之典籍的史事；明清时期，伴随着中国封建社会的衰落，西方列强纷纷把魔爪伸向中国，内忧外患让黄河流域灾情更加严重，给人民的生产生活带来极大的困难。顺治年间，黄河水患多年未治，黄河沿岸的百姓处于"看天吃饭"的状态。到了康熙年间，黄河治理更加困难，已经是"到处溃决"。为了时刻提醒自己重视黄河治理，康熙皇帝将治国三件大事"河务、漕运、三藩"六个大字刻于壁柱，其中最为重要的就是黄河的治理。中华人民共和国成立后，毛泽东同志多次指示办好黄河的事情，形成了大量的治河典册和治河方略。这些不同时期的治国理念和治国方略都是黄河文化的重要组成部分，是新时期加强黄河治理开发宝贵的经验和财富。因此，黄河文化具有鲜明的政治文化色彩，为历朝历代国家治理注入了智慧和力量。

二　黄河文化中的组织文化

组织文化很大程度上取决于单位成员的一些主观看法和对周围事物的反映。从形式上来看，组织文化有显性和隐性之分。从其结构来看，组织文化有物质层面、行为层面、精神层面和制度层面之分②。黄河文化中的组织文化是在不同时期国家和政府治黄过程中所形成的价值观念和行为准则的总和，是对黄河流域广大劳动人民及黄河水利工作者气质风度、价值观念、精神面貌、思维方式、行为习惯等进行培育和塑造的载

①　安作璋、王克琦：《黄河文化与中华文明》，《文史哲》1992 年第 4 期。
②　庄孔韶、方静文：《从组织文化到作为文化的组织———支人类学研究团队的学理线索》，《浙江大学学报》（人文社会科学版）2012 年第 5 期。

体，是对一代又一代黄河工作者进行教育、熏陶、激励的重要载体，培养出一代代热爱黄河、保护黄河、治理黄河的高素质黄河工作者。

当前，全国各族人民在党的领导下，积极培育和践行社会主义核心价值观，努力建设社会主义现代化强国。在此背景下，作为社会主义核心价值体系的一个重要组成部分，黄河文化建设必须与社会主义核心价值观同向同行、协同发力。应该充分利用黄河流域特殊的地理和人文环境，建设具有黄河流域特征的个性文化，努力形成对社会主义核心价值观的有益补充。要认真贯彻习近平总书记考察黄河的重要指示精神，坚持用黄河理论体系、生产实践体系和河流伦理体系来凝聚力量、激发动能，以改革创新的时代精神和"团结、务实、开拓、拼搏、奉献"的黄河精神鼓舞人心、催人奋进，从而以统一的指导思想、共同的理想信念和强大的精神支柱推进黄河的治理与开发。要积极推进人与自然的和谐共生，正确处理人与人、人与社会、人与自然的矛盾，努力在利益、态度、价值及情感等方面形成共同的价值理念、行为准则，为中国特色社会主义事业的健康发展营造良好的环境和健康氛围。

当然，黄河的治理与开发具有长期性、艰巨性和复杂性，黄河系统的组织众多、性质各异、各具特色。我们应该按照各类组织的不同需求，积极推进基层文化、机关文化、企业文化等的建设，为黄河的治理开发凝聚智慧。在基层组织中，我们要不断适应基层职工求知、求乐、求美的需要，积极开展丰富多彩的文化艺术活动，丰富广大职工的精神文化生活。在机关组织中，我们应该侧重服务意识、服务水平的提升，积极开展服务品牌创建活动，不断提高机关干部的文明素养。在企业团体中，应该立足企业自身特定的性质、任务等，积极培育以人为本、诚实守信、合作共赢等为特点的企业精神。要善于从波澜壮阔的黄河治理实践中汲取人民至上、艰苦奋斗、生态保护等时代精神，深入挖掘黄河治理文化的时代价值，不断赋予黄河组织文化新的时代精神和内涵。

三　黄河文化中的物质文化

物质文化与"非物质文化"相对，是指人类通过一定的技术或者手段创造物质产品过程中所凝聚起来的人的观念、需求和能力等，不同的物质文化状况反映不同经济发展阶段人类物质文明的发展水平。人类治黄历史悠久，在此过程中形成了积淀深厚的物质文化。大禹治水作为中国古代著名的神话传说之一，记载的就是人类与自然之水的工程博弈历史，但是体现的却是中华民族无所畏惧、人定胜天的民族精神。代代相传的大禹治水的故事从一开始就不只是一种简单的历史的现象和历史的功绩，而是与治水过程中所采取的工程措施密切相关。千百年来，人类治理黄河的工程承载了黄河的记忆，见证了黄河的沧桑变化，但其更多的是留给后人最最宝贵的精神与财富。因此，人类在治理黄河过程中体现出的经验智慧、文化价值与道德精神，对中国社会几千年来的社会政治与文化产生了深远的影响，永远值得我们去深入学习和总结。

放眼黄河流域古代和现代许多著名工程，不论是青铜峡水电站、沙坡头水利枢纽等，还是三门峡水利枢纽、小浪底水库等，都具有重要的历史人文价值和重要的精神时代价值。以小浪底水库为例，1991年开始施工，历经10年时间全部完工，主要功能为治沙防洪，辅助功能为发电，至今已经成为全国一流生态旅游精品景区。当人们徜徉于绿化美化的大堤之上，感受自然清新的气息时，才会感受到该工程的不易。当我们欣赏这些工程美妙的外形特征、复杂的组织结构、丰富的科技含量及体现的社会经济意义和美学价值的时候，我们才能够深入领会黄河文化的精神和理念。

跳出一域看黄河，站位全国大局谋发展。当前，黄河流域生态保护和高质量发展面临着千载难逢的良好机遇。我们必须尊重自然规律、保持战略定力，积极探索富有地域特色的黄河流域高质量发展新路子。在黄河治理开发过程中，要自觉主动地考虑其文化要素的布局与功能发挥，将文化理念渗透于黄河治理开发的各个环节，努力实现治理功能与其文化功能相互融合，尤其是要更加重视人与河流和谐相处理念的体现和展示，始终坚持人民至上的工作理念，更好地为广大人民群众提供更加优美的环境。

四　黄河文化中的民俗文化

民俗文化又被称为民间文化，泛指集中居住在一个地区的居民在长期的生产生活实践中所创造的一系列风俗、民俗等非物质文化事项，具有多元性、地域性、复合性、神秘性、实用性等特点。中国是一个历史悠久的民俗文化大国，在几千年的奋斗和发展过程中，创造了以中华民族的精神为主要内容的民俗文化，对增强中华民族的凝聚力和战斗力起到了积极的作用。

黄河文化中的民俗文化是黄河文化的重要组成部分，与黄河流域的自然、人文环境紧密相关，是黄河流域及其两岸地区广大居民在长期生产实践和社会生活中形成并世代相传的生活文化，主要包括语言、饮食、服饰、房屋、宗教、礼仪节庆、贸易交通、民间戏曲、民间工艺、民间游艺等，具有鲜明的复合性和统一性特征。这些民间长期继承下来的民俗事项和风俗习惯，大部分都具有一定的神秘色彩，有待我们去进一步深入研究和破译。作为一种与老百姓最贴心的文化，黄河文化中的民俗文化植根于广大老百姓中间，伴随着时代的变迁不断地传承和发展，为广大群众所喜闻乐见。

传统节日有传统节日的民俗，生产劳动有生产劳动的民俗，日常生活、社会组织等也有各自的民俗。黄河民俗文化作为当地老百姓在长期生活中所形成的生活习惯，在引领广大民众形成诚信友善、和谐相处等生活需要过程中发挥了积极的作用，成为民众群体必须无条件遵守的规范要求。处于某一民俗圈中的个体必须自觉遵守当地的民俗规范，否则就会受到来自圈内的习惯性压力，就会在心理上产生极大的负担，就会对社会的发展与和谐产生一定的影响。所以，我们在研究黄河文化的过程中，要高度重视黄河民俗文化的调查研究和传承发展，高度关注黄河民俗文化对国家经济社会发展以及黄河事业发展的积极作用。当然，民俗文化是流动的、发展的，随着人民群众思想观念和生活方式的转变必然发生变化。我们应该在注意民俗稳定与传承的同时，积极推进民俗文化与社会主义核心价值观相统一，更加重视移风易俗、推陈出新，让民俗文化在新时代散发出更加灿烂的光芒。

五 黄河文化中的文学艺术文化

文学艺术属于社会意识形态范畴，它是通过语言（包括诗歌、小说、散文等)、表演(包括音乐、舞蹈等)、造型(包括绘画、雕塑等) 和其他综合艺术来反映人民群众生产生活的意识形态形式。黄河流域生态保护一方面通过生态农业、绿色工业和生态城市来推动,另一方面通过审美的方式来审视和构建人与生态的关系,促进自然生态与社会生态的和谐共生。

黄河流域是中国历史上文学艺术文化发展最早的地区,老子的《道德经》、孔子的《论语》,李白、杜甫、白居易的诗,苏东坡、辛弃疾、李易安的词,庄子、李斯、司马迁、柳宗元的散文,关汉卿的杂剧,曹雪芹的小说等都是千古经典,可以说黄河流域名家迭出,佳作累累,各领风骚,千古流传。还有王羲之等人的书法艺术,遍布黄河上下的雕塑艺术,浩如烟海的民谣与传说,等等,令人叹为观止。

"万里黄河飞黄龙,寒风凛冽冰雪封",无数文人骚客从不同的角度书写黄河流域的生态景观,描绘万古奔流、浩浩东去的气势磅礴,留下了许多描述吟诵黄河的优美诗文。李白、王之涣、刘禹锡等的千古名句,历经千年仍广为传颂,洋溢着强烈的艺术魅力。黄河流域丰富多彩的文学艺术文化,已经成为人类文明史上绚丽夺目的瑰宝。据不完全统计,围绕黄河所留下的美丽诗文中,对河水、河岸、河防、河患和自然风景等直接描述的诗歌就有近 400 首。

六　黄河文化中的科技文化

科学技术是第一生产力,科技文化是科技成果通过对人类生产生活改造后产生的追求真理的文化、崇尚科学的文化、勇攀高峰的文化等。科技文化的起点是文艺复兴运动,其主要表现是通过反对宗教统治对人的精神压迫,恢复人的自由和理性。科技文化的大发展在第一次科技革命以后,主要表现在科技推动了经济的快速发展,有力地影响了科技人员的心态,并不断开拓了经济持续发展的空间。因此,在人类所有文化知识体系中,就严密性、系统性而言,科技文化无疑是最突出的。

从中国几千年的科学技术发展历史来看,黄河流域是最早的地区。科学技术是第一生产力,这句话用在黄河治理中再恰当不过。千百年来,黄河治理开发与管理事业面临着许多复杂的困难和问题。人类治黄事业的发展和进步，就是在解决很多复杂的科学技术难题基础上实现的。伴随着人类社会的进步和发展，黄河治理的手段和方法不断创新，治黄科技文化不断弘扬。早在大禹治水时期，就开始应用了测量技术等先进技术手段。随后，在人类社会不断进步和发展的过程中，国家在工程建设科学技术方面取得长足进步，为黄河的治理与开发提供了新的手段和方法。黄河流域广大劳动人民运用先进的科学技术推进黄河治理开发，黄河工程建设的效率和质量得到大幅度的提升。中华人民共和国成立以后，国家高度重视黄河治理，动员科技力量加强黄河治理重点难题的攻关，黄河事业在不断创新中实现进步和发展。党的十八大以来，国家对科技进步的投入越来越大，科技治河与科技创新步伐加快，广大黄河工作者大力推进"模型黄河""数字黄河"建设，全面推进黄河流域生态保护和高质量发展，科技治黄的文化氛围进一步营造，科技治黄的水平进一步提升。

七　黄河文化中的旅游文化

旅游作为一种文化是伴随着旅游业的发展而产生的，是游客旅游行为、景观心态、旅游内容等的综合体现，也是旅游业在经济发展领域地位不断提高的具体体现。《中国大百科全书·人文地理卷》指出：旅游文化包含一个民族、国家独有的哲学观念、风俗人情和审美习惯等，是一种特定的文化形式，它伴随着现代社会的飞速发展而备受青睐。

黄河以及黄河流域旅游资源十分丰富，地理位置优越，人文底蕴丰厚，具有丰富的旅游资源产品。单从旅游资源角度来看，泰山、华山等名山林立，伊水、洛水等秀水纵横，日月山、龙羊峡、沙坡头、壶口瀑布等独特秀丽，兵马俑、大雁塔、黄帝陵、白马寺等星罗棋布。从地理区位优势来看，黄河沿线各区域是欧亚大陆经济带的重要组成部分。从人文底蕴角度来看，黄河流域是中华文明的发祥地，古代历朝历代的更迭和农民起义都发生在黄河流域，尤其是近代社会以来，抗日战争、解放战争等一幕幕悲壮的历史，展现出黄河儿女保家卫国的英雄壮举，永远值得我们铭记。

随着科技的发展和社会的文明进步，黄河流域的自然风光、名胜古迹、民俗风情和磅礴气势得到重视，黄河沿岸丰富的旅游资源逐步得到开发，黄河流域旅游文化特色也越来越鲜明，逐步形成了天然的历史博物馆。目前，黄河沿岸正在坚持局部开发、全面保护的原则，把丰富的旅游资源打造成特色鲜明的旅游文化，同时兼顾自然生态环境的保护，努力打造黄河文化与生态旅游品牌。

八 黄河文化中的产业文化

产业文化是文化经济的重要组成部分，是在经济活动中对特有产品注入文化内涵，从而为企业创造财富的过程。因此，产业文化属于经营性文化，它与经济发展水平关系密切，是文化经济属性的集中体现。黄河文化产业主要指对与黄河密切相关的纸质传媒、广播影视、工艺品生产等文化产业提供经营性服务，从而增加其附加值的过程。每一个时代都会有具有这个时代特征的文化，只有加强对传统文化的创造性转化和创新性发展，才能在新时代赓续文化传承的血脉。目前，文化产业作为一种"朝阳产业"，在许多国家和地区积极推进"产业文化化"，引领文化产业向经济全领域深度植入和渗透，文化产业已经成为经济发展的新的增长点和重要引擎。

在统筹推进黄河流域生态保护和高质量发展过程中，国家高度重视黄河文化产业的发展，依靠黄河文化打造新的经济增长点，努力推动国家经济社会的持续健康发展。在此过程中，我们要紧密结合黄河工程项目、黄河文化创意和沿黄自然风光等，积极推进黄河文化产业发展的研究，努力实现黄河文化社会效益和经济效益的高度统一。要始终坚持"文化融"的新型理念，发挥想象力，激发创造力，在产品设计中融入经济、旅游、资本、科技等多种元素，努力使文化创意与科学艺术一起成为驱动发展的"双引擎"。要始终坚持以客户为中心，高品位设计文化产业项目，高水平发展文化产业市场，努力把黄河文化资源优势转化为产业发展优势，让文化"软实力"变为经济"硬支撑"。

九 黄河文化中的文化载体

载体是能够传递能量或者承载其他事物的事物，黄河文化无论是存在、展示，还是传播与发挥都需要特定文化提供基础和保障。因此，黄河文化的核心与实质在于其精神、氛围与核心价值观等多个层面，其文化载体具有鲜明的多样性特征。要深入理解黄河文化中的文化载体，必须着眼于一些能够以物质或者精神的形式承载、传播黄河文化的媒介或者工具，并且对其承载、传播的过程要有充分的了解。

当前，国家积极推进黄河文化传承和创新，不断为中华民族的繁荣与发展凝聚聪明智慧和精神力量。我们要积极通过论坛、报告会等多种形式，开展黄河文化的研讨与交流，积极打造黄河文化交流平台，不断促进黄河文化的广泛传播。我们要积极开展黄河文化系列书籍的编辑出版，举办专题网站、年鉴、史志等的编写，促进黄河文化的宣传和普及。与此同时，要积极开展博物馆、图书室、资料室、阅览室、活动室等文化设施建设，积极推进黄河文化研究、诗歌、散文、书法等兴趣或创作小组建设，不断完善黄河森林公园等公共文化设施，真正让群众能够享受黄河文化建设带来的优秀成果，不断提高人民群众日益增长的文化生活需求。

第三节　黄河文化的主要特点

任何一种地域文化的产生必然受到一定社会历史背景的影响，并且与其特定的地质、地貌、自然地理特点密切相关。黄河文化作为中华文明的重要组成部分，在几千年的发展过程中，已经形成了多元一体的文化体系，为中华文明的繁荣与发展凝聚了智慧和力量。因此，黄河文化历久弥新，培育了中华民族坚强的民族品格和勇于斗争的精神。讲好"黄河故事"，是政府和社会各界肩负的重要使命之一。我们必须准确把握黄河文化的特征，通过将外在文化因素内化为个体思想，增强个体对黄河文化的认同、提高战胜困难的信心、强化文化自信，努力走出一条具有黄河文化及地域特色的发展之路。

一　宏观和微观的统一

宏观和微观是两个不同的视角。宏观指大的或者总体，微观指小的或者局部，处于宏观和微观之间的被称为中观。首先，黄河文化具有鲜明的宏观性特征。从发展历程来看，黄河文化历经数千年的发展而形成，融合了北方游牧文化和其他区域性文化，从而形成了一个内涵丰富、层次繁杂、要素众多的文化整合系统，代表了中华民族优秀传统文化，形成了人类文明发展的标本。从具体内容来看，黄河文化涵盖了政治、经济、文化、社会、生态等多个方面。它磅礴大气、涉及面广，对中华民族及其炎黄子孙的价值观念、文明新风、道德追求和审美情趣都形成了巨大的影响和制约，对中华文明的绵延和发展形成了积极的影响。其次，黄河文化具有鲜明的微观性特征。黄河文化具体体现在沿黄流域居民的生产生活中，需要通过一些具体的细节来体现。黄河流域的风土人情，展示的是广大劳动人民和谐相处、互帮互助的优秀传统。黄河流域群众的饮食、服饰，以及待人接物的行为方式，展示的是广大劳动人民特有的生活态度。广大劳动人民的工作态度、生活习惯等展示的是他们克服困难、改造自然的豪情和决心。最后，黄河文化是宏观与微观的统一。任何一个事物，只有兼顾宏观与微观的统一，才能形成思想认识上的统一。任何一种文化，只有将宏观与微观有机统一在一起，才能正确处理个体与整体的关系，从而实现对文化进行的准确全面的评价。黄河文化在形成和发展过程中，沿黄流域人民身上表现出来的家国情怀和责任担当高度统一，与中华民族伟大复兴的战略全局浑然一体。因此，我们在研究黄河文化的过程中，始终要坚持大处着眼，小处着手，努力实现宏观与微观的高度统一。

二　自然与人文的统一

自然是人类赖以生存的、非人力所演化而来的环境综合体，而人文是通过人的智力或体力、有意识或者无意识营造出来的一种环境。因此，自然与文化是相互联系、相互作用的关系，人类的生存与发展必然依赖良好的自然环境，必然导致人类与自然发生千丝万缕的关系。自从人类产生那天起，由于生产生活的需要逐水而居、与河相伴，必然与黄河发生非常复杂的关系。首先，黄河文化是自然的。黄河文化的产生与发展，受到山川、河流、森林、草原、湿地等自然条件的影响。人类为了繁衍生息，不断地利用自然、改造自然，从而获得吃、穿、用的各种生活来源。其次，黄河文化是人文的。文化是人类创造的，也是人类特有的一种现象。自从人类诞生之日起，在黄河流域日出而作、日落而息，从而使得黄河文化被打上了人文的烙印。在人类社会匆匆流过的历史长河中，黄河流域广大劳动人民价值追求、精神状态、社会成就等都是人文特征的体现。最后，黄河文化是自然与人文的高度统一。自从黄河文化产生那天起，就体现了"天人合一"、人与自然和谐相处等特征。当今社会，我们都生活在一个自然与人文双重影响的环境中，必须坚持自然与人文的相互融合、相互影响、相互渗透，

三 流域性与区域性的统一

流域指河流的干流和支流所经过的区域，区域是指自然、人文、经济等区划的界限、范围。黄河文化包含了黄河及其沿岸地区等最基本的流域性要素，同时又包含了沿黄九省区及其周边地区等重要的区域性要素。两者相互联系、相互渗透、相互依赖，在流域性与区域性的有机统一中形成一个有机的统一体。因此，我们要全面系统地理解黄河文化最基本的内容。在此基础上，我们要站在全局的角度，从黄河流域与其他区域的联系入手，通过分析、比较和鉴别，弄清楚黄河流域与其他区域、黄河文化与其他区域文化的联系与区别，进而更加深入地了解黄河文化的特色，以更强的文化自觉促进黄河文化的繁荣与发展。

四 显性与隐性的统一

显性与隐性是遗传学上的一个概念。黄河文化内涵丰富、博大精深，从形式上来说既有物质的又有精神的，从内容上来看既有环境的又有理念的，从存在状态上来看既有形式的又有意识的，从表现形式上来说既有外在的显性部分又有内在的隐性部分。显性部分与隐性部分相互交织、相互影响，形成了显性与隐性有机统一的文化共同体。具体来说，显性部分往往是外在的、直观的，像滔滔奔流的黄河水、古色古香的黄河码头、鬼斧天工的黄河壶口瀑布、巍峨雄伟的黄河大堤，以及两岸美丽的生态旅游风景区等都是其显性特征的体现，是看得见、摸得着、让人能

够感受得到的。人们通过一些直观的感受，可以体会到自然所带来的美好。而隐性的部分则是内在的、抽象的，比如滔滔河流象征的精神、思想与奉献以及体现的理念与价值观等。尽管它们都看不见、摸不着，但却都是实实在在存在的，蕴藏着极大的智慧和力量。黄河文化的力量正是在这种显性与隐性的有机统一中体现出来的，我们尤其应该高度关注黄河文化所蕴藏的巨大精神。因为这些要素尽管看不见、摸不着，但是它对人类发展的重要意义值得我们永远铭记，这才是黄河文化的灵魂所在。

五 历史、现实与未来的统一

任何一种文化都有自己的历史、现实和未来，我们只有深入挖掘其存在发展的历史，深刻分析其现存的矛盾和问题，才能更好地把握其发展的方向。在人类发展历史上，黄河一直被誉为"四渎唯宗""百水之首"，它犹如一个伟大的生命生生不息、历尽沧桑。纵观中国数千年的发展历史，黄河治理开发过程中所展示的自强不息、蓬勃向上的精神面貌，已经成为中华民族进步和中国国家发展的缩影。因此，黄河文化作为维系中华文化脉络的主干，具有厚重的历史底蕴和丰富的历史内涵。研究黄河文化，必须了解历朝历代治理黄河水害、开发黄河水利而艰苦奋斗的辉煌历史，只有这样才能清晰地了解黄河文化的发展轨迹。研究黄河文化，必须立足黄河建设与发展的现实，正视其发展过程中面临的机遇和挑战，才能始终高举中国特色社会主义文化的伟大旗帜，增强文化自信。因此，黄河文化是历史、现实与未来的有机统一体，既能以"过去"的脚印做明灯探索前进的步伐，又能以现实的经验照亮"未来"前行的道路。无论在任何时候，我们研究、建设黄河文化都必须牢记历史、尊重历史，决不能忽视历史，更不能推翻历史。只有正确处理过去与现在、继承与创新等各种关系，才能促进黄河文化的创造性转化和创新性发展，永葆黄河文化的生命力，在新时代赋予黄河文化更加丰富的内涵。

第四节　黄河文化的发展现状

黄河文化是中华文化中最具代表性的主体文化，其凝聚的中华文化精髓，是新时代培育文化自信、增强民族凝聚力的重要载体。2019 年 9月，习近平总书记在郑州视察时强调要深入挖掘黄河文化蕴含的时代价值①。2020 年伊始，中央又明确要求开展黄河文化宣传，大力弘扬黄河文化。而现有学术研究集中于黄河文化及其对黄河流域生态、经济、社会建设的影响等方面，至于弘扬黄河文化的具体路径研究则略显不足。在意识形态斗争激烈的今天（尤其是在构建中华民族共同体的关键时期）将极其苛刻地检验着我们的治理体系和治理能力，亟须发挥黄河文化精神内涵和时代价值。

一　新时代继承黄河文化的重要意义

发展以继承为前提，并且是继承的必然要求。文化作为一个国家发展的软实力，是一个国家和民族赖以生存的精神支撑。面向新时代，中华民族百年之大变革，我们必须发掘黄河文化所凝聚的创造力和智慧，坚持文以载道、以文化人、思想育人、传承文明，从而凝聚起推动社会进步的巨大精神力量。

（一）弘扬黄河文化是构建中华民族命运共同体的必然选择

文化是人类所特有的一种社会现象，是一个国家、一个民族的魂魄所在。缺少了文化认同，一个国家的发展，一个民族的团结都将无从谈起。中华民族在长期的发展实践中形成的独特的价值观念和道德规范，对加强党的领导、坚持中国特色社会主义的认同具有重要的促进作用。在中华文明 5000 多年的发展历程中，黄河流域就是多个民族文化在这里汇合，大河文明与农耕文明在这里交融，仁、义、礼、智、信、孝、悌、廉等思想道德观念深入人心，扶正扬善、扶危济困、诚信守正、宽厚孝

---

① 习近平：《共同抓好大保护协同推进大治理让黄河成为造福人民的幸福河》，《人民日报》2019 年 9 月 20 日。

义等传统美德影响深刻。特别是近代以来，黄河流域各族人民团结一心、救亡图存，熔铸了中华民族的性格、气节、品格和气魄，开创了影响深远、彪炳史册的壮丽史诗。因此，黄河文化具有丰富的精神内涵和时代价值，有利于凝聚共识、促进民族团结、增强斗争精神、促进社会主义现代化事业的发展。

（二）弘扬黄河文化是推动经济社会发展和和谐生态建设的现实需要

当今社会，人类生活在一个具有共同理想和相同文化性状的文化共同体中。在中华民族的血液里，始终流淌着以天下为己任的使命担当和崇高情怀，人类命运共同体意识越来越强。面对历史发展的大变革、大思潮、大激荡，我们必须肩负起推动中华优秀文化大繁荣、大发展的时代使命，尤其是要站在同心共筑中国梦的伟大时代，把是否能契合时代的需要、是否符合社会主义核心价值观的价值理念作为弘扬黄河文化的根本尺度。所以在梳理黄河文化资源时，对资源价值的解读和评价，以及选择都需要结合国家需要、社会实际和个体需求等三个层面进行。要充分评估资源中蕴含的核心思想理念、传统美德和人文精神等积极元素，不能大一统地全盘接受，更要避免宽泛的文化弘扬而忽略了区域文化资源价值的独特性。

（三）弘扬黄河文化是培育和践行社会主义核心价值观的动力来源

黄河文化与社会主义核心价值观在精神层面是一致的。作为中华优秀传统文化的一个重要组成部分，黄河文化有着深厚的文化内涵和精神内涵，其所蕴含的丰富的人文精神是其他文化难以比拟和替代的，对社会的发展和进步有着积极的正能量作用。在人与黄河长期共存的过程中，诞生了极其灿烂的人文思想，内涵丰富，元素多元。除了主体的农耕文化外，同时还包含着政治文化、经济文化、军事文化、民俗文化和中医药文化等。涉及自然科学、哲学、社会学、宗教学、历史学和美学等多学科知识，体现了中华民族传统美德与时代精神的统一，如天人合一、道法自然的精神特质等，体现了民族的价值取向和终极人文追求，承载了人民对美好生活的向往与追求，这与社会主义核心价值观在思想上有共通性、在内涵上有契合性。当前，社会思想领域文化交流交融面临着新的态势，社会主义核心价值观是推进各个行业、各个领域思想引领的主导力量，必须把两者紧密结合起来，努力为社会主义核心价值观的弘扬提供动力支持。

二 新时代弘扬黄河文化的现实困境

从历史来看，黄河可以说是国家发展的一个缩影。中华民族发展史实际上就是一部与灾害斗争、战胜灾害并不断取得发展的奋斗史。只有弘扬和传承好黄河文化，才能增强民族自信，不断推动民族文明兴盛与发展。但在弘扬黄河文化的进程中，却面临着一些制约因素。

（一）实然问题与文化阐释的张力

黄河文化蕴含的思想观念、道德规范、思维方式、审美境界等，是中华文明的内核，是增强文化自信的重要载体，尤其是在国家和民族遇到艰巨挑战的时候，弘扬和传承黄河文化有着极其特殊的时代价值。但从现实来看，由于近代以来各种因素的影响，与大河文化中的长江文化、国外异质文化相比，黄河文化一直处于迟滞期，其文化再生与复苏面临着诸多困难[1]。如黄河文化面临着遗产保护不足，缺乏流域体系的统筹规划和协调；传承发展质量不高，在传承与发展之间没有很好的平衡关系；文旅融合深度不够，黄河文化与旅游开发之间衔接不够等问题，亟须探索新时代背景下弘扬和传承黄河文化的新模式。

（二）国家意志与行政逻辑的落差

就黄河文化而言，2019 年习近平要求"保护传承弘扬黄河文化"。2020 年 1 月，中央又提出了"开展黄河文化宣传，大力弘扬黄河文化"的具体要求。从这一角度来看，黄河文化创造性转化、创新性发展的迫切要求体现了国家意志自上而下的一种公共意愿和追求。然而在实际的执行过程中，尽管各地进行了不同程度的探索和实践，但由于各行政区域对此认识程度不一，加之文化和教育等相关部门对弘扬黄河文化的环境营造不够，仅黄河流域涉及的九省区就对自身的文化定位和时代方位没有形成统一的认知，存在着主体作用发挥不完全、调动社会积极因素

---

① 陈勇、马晓燕、祖星儿：《新时代社会主义意识形态的思想引领和社会认同论析》，《思想理论教育导刊》2019 年第 12 期。

不明显等问题。

（三）价值多元与西方文化的渗透

弘扬黄河文化就是以黄河文化的时代价值为指引，把个人的价值追求融入进国家和民族发展的大局。在微媒体时代，个人价值追求多元。价值多元表征为价值追求繁多与诉求的集聚与扩张，个体对价值的追求，除了诉诸现实世界，也通过虚拟网络予以呈现，构建了一个集线上与线下于一体的共同场域。在这个共同场域中，商业价值的追求处于主导位置，多种文化、历史、民族和社会因素不断叠加和聚合，边界会不断随着时代发展而无限延展。多元价值在其中不断交互、融合、激荡，进而引发冲突与博弈，发生裂变，催生出立场各异的价值选择与价值追求，从而影响到个体价值观的变迁与走向。加之个体在内生动力不足、外部环境助力有限的综合作用下，很难真正发挥黄河文化核心价值的引领作用、不利于凝聚个体价值上的共识。在多元价值的共同场域中，西方文化的价值分化和离散作用显得尤为突出。随着东西方文化的交互，西方部分国家依托软硬实力（尤其是软实力）作用的发挥，一度掌握了文化输出的话语权，其通过显、隐两种手段交互使用，利用科技和网络技术的综合优势，借助大众文化输出、宗教传播等方式进行文化输出和渗透，对中国个体价值观产生了深远的影响。如传统文化式微、洋节盛行等，削弱了主导意识形态的话语权，消解了主流价值观的导向功能和育人功能，侵蚀了社会主义核心价值观的价值引领根基，严重影响和干扰到中国主流意识形态的安全。

（四）区域传统文化的趋同与求异

中华传统文化都有着共性的精神内涵和价值追求，黄河文化的发展过程也是汲取流域各民族优秀文化成果，并经各民族文化长期交流融合并得以升华，才形成了现今黄河文化的共同体。从这一角度来讲，黄河文化具有鲜明的多样性特征，通过语言文字、文学艺术、建筑风格和生活习俗等不同方式来体现。但随着经济全球化的不断加速，文化之间的交流与互动也越发频繁，进而奠定了文化趋同的基础。受之影响，黄河文化除了与外部文化的交融外，由于空间位置临近、民族交流时期较长，其自身各区域文化也不断相互融合，风土人情、建筑风格等渐趋一致，区域传统文化的特点也不断消却，甚至部分少数民族文化渐失民族特色，趋同化趋势越发明显。梳理黄河文化发展的脉络可知，虽然面临多重文化的挑战（尤其是异质文化的入侵），但黄河文化显出强大的同化能力，接纳了不同的文化形态，形成了统一的文化印记。但文化从本质上讲就是存异而非趋同。正如习近平总书记指出："应加深对自身文明和其他文明差异性的认知。"① 文化趋同固然有利于民族融合发展、形成"大一体"的国家概念，但也可能致使其失去文化多样性，不利于黄河区域传统文化的保护。由于客观条件的局限性，在传承和弘扬黄河文化（尤其是对地域文化资源的发掘，对特色文化的掌握度、关注度和利用度远远达不到现实的需要）时，在主导教育教学过程中就容易出现强调共性文化要素而忽略地方文化特色。

（五）传承载体与传播渠道的局限

文化传承载体多以物质或文化显现，如语言文字、服饰建筑、宗教、教育和祭祀活动等。这其中教育发挥了巨大的作用，其他方面显得有些式微，载体显得较为单一。同改革开放之前相比，中国的社会生态发生了根本性的变革，原有的文化传承载体和传播渠道很难适应现实的需要。主要表现在：一是文创质量不高。有代表性的、生命力高的作品数量明显不足，人民美好精神文化生活的需求与不平衡不充分的供给矛盾没有得到有效缓解。二是与智媒体结合不足。"互联网＋"传统文化机制没有很好建构起来，没有充分发挥网络传播的新优势，尽管有一些博物馆和文化景区等机构做了很多尝试性的探索，但从整体来看，线上线下合作明显欠缺。三是个体参与度不够。万物互联的时代使个体不再只是作为被动的接受者，其可以有更多的选择满足于自身的需求。而很多文化机构在选取或制作文化宣传素材时，容易忽略个体的需求和感受，没有把"我能给"和个体的"我想要"有效地结合起来。

三　弘扬黄河文化的必然走向

弘扬黄河文化，多元主体协同推动是确保成效的重要基石，资源要

① 习近平：《习近平谈治国理政（第三卷）》，外文出版社 2020 年版，第 468、469 页。

素优化整合是重要前提，载体渠道融合共生是重要支撑，弘扬机制建构完善是重要保障。这四个方面共同构成了弘扬黄河文化的多元路径，也是弘扬黄河文化的必然走向。

（一）多元主体协同推动

新时代，承载传统文化的环境迥然不同于现代文明。要弘扬黄河文化，就必须以大众喜闻乐见的方式开展，解决弘扬文化的"流程化"和"标准化"，做到黄河文化基因与现代生活相调适、文化融入与个体内生需求相契合，从而把黄河文化的内涵精神根植于个体内心、时代价值作用于个体行为方式[1]。弘扬黄河文化是一个复杂的系统工程，既涉及政府的顶层设计，又需要社会的全面参与和支持。政府作为文化传承的主导者，应加强党的领导，充分发挥政府主导作用，搭建黄河文化传承与弘扬的完善体系，在政策制定和财政物力上给予一定程度的倾斜，强化黄河文物遗迹保护的力度，如制定黄河流域系统性的文物保护方案，推动黄河流域内各区域之间的合作，保护好自然和文化的"双遗产"，还需要政府整合相关高校和机构的力量和资源，建设黄河文化传承与发展的研究平台。此外，还要充分调动市场参与的积极作用，形成以政府为主导、文旅企业和社会力量综合参与的合力，建设黄河文化经济带，推动文旅融合发展，以黄河文化产业的大发展来实现黄河文化的保护和创新性发展。

（二）资源要素优化整合

优化资源组合，变"输血"为"造血"。黄河文化的传承，要立足资源和人才优势，把外部提供的条件内化为自身发展的助力，解决发展动力不足的问题。要结合社会对热点文化的推崇，对新奇文化的探究心理，对文学、漫画和音乐等多元文化的喜好，等等，尝试突破载体与内容上的限制，在现有条件基础上开发项目和活动，如通过开发体验性项目，给社会提供更多维度的文化体验。在推动黄河文化创造性转化、创新性发展的过程中，高校在文化教育与研究方面有着极其特殊的资源优势[2]。

---

[1]　朱伟利：《刍议黄河文化的内涵与传播》，《新闻爱好者》2020 年第 1 期。

[2]　李立新：《推动黄河文化创造性转化创新性发展》，《河南日报》2019 年 10 月 10 日。

高校要充分发挥哲学社会科学研究优势，不断加强与相关机构合作（尤其是博物馆和黄河文化研究院所），要积极建立多学科、跨学科协同研究机制，充分发掘现有及潜在黄河文化遗产资源。在沿黄生态文化带建设，推进黄河文化与旅游融合发展上发挥人才资源优势，共同推动文创产业的发展，实现教师与专业人员之间的交流，深化人才的培养。鼓励并支持专家学者共同申报科研项目，共同策划、组织具有一定影响力的活动。

（三）载体渠道融合共生

黄河文化载体是指在实施黄河文化传承教育的过程中，能够承载和传递黄河文化价值信息和内容的物质或活动形式。在实现黄河文化以文化人、以文育人功能的过程中，载体发挥着重要作用。从分类上来讲，载体可以分为物质载体、活动载体和传媒载体。物质载体的继承和保护、活动载体的繁荣和开发、传媒载体的运用与拓展三个方面共同作用于黄河文化。而传播渠道作为传播过程的基本要素之一，指完成文化传播的媒介方式，如书籍、报刊、广播、电视和网络等。坚持传统与现代相融合，时空环境流变下的文化传承，要解决好传承内容、传播形式和载体与时代结合的问题，要与当代文化相调适，从而赋予黄河文化以时代气息。因此，要不断创新黄河文化的表达方式和整合相应的传播渠道，以适应变化了的形势需要。文博系统和单位要加强合作，借助其文化资源的优势，创新活动开展形式，让文化传承更富立体感、时代感。坚持文化活动与网络媒介相结合，围绕文化 IP 和运营载体进行建设①。

（四）弘扬机制建构完善

弘扬黄河文化是一个系统工程，其中多主体协同、多元素联动共同构成了一个生态系统，需要从长期性和根本性上建构完善的弘扬机制，使这一生态系统得以健康、科学、有效地运作。而弘扬机制的构建涉及四个方面，包含导向激励机制、融入创新机制、运营管理机制和评估保障机制等单元内容。导向激励机制，也是动力机制。在个人自觉不足的前提下，行为会受到动机的驱动和支配，适当的正向激励可以强化人的行为动机，可以激发机构和社会参与黄河文化建设的积极性。因此，在

---

① 朱伟利：《刍议黄河文化的内涵与传播》，《新闻爱好者》2020 年第 1 期。

黄河文化价值引领目标导向的基础上，可以通过制定激励机制，明确权责义务，规范弘扬的过程管理。融入创新机制要从融入社会生活、融入社会道德范畴等方面进行创新设计。在微媒体时代，在弘扬的过程中还要注重创新运用微视频等载体。运营管理机制要做到"三全"。一要全员化，整合弘扬主体合力。二要全过程，实现弘扬黄河文化实践活动的有效衔接。三要全方位，深度整合黄河文化资源。评估保障机制有利于评价弘扬成效的好坏，对改进弘扬的方式方法、增强弘扬的针对性有很大的价值和作用。因此需要从标准、责任、方法等角度详细制定评估的方案。当然，一切制度的运行都离不开保障机制，尤其是组织保障，它是弘扬黄河文化能否取得成功的重要因素。此外，还有队伍保障和财物保障等。良好的弘扬和传承队伍能极大提高工作的实效，充足的财物保障是弘扬黄河文化活动开展的基石。

第 二 章

黄河文化的内涵和时代价值

　　黄河文化孕育于华夏儿女与黄河的几千年互动之中，且随着时代的发展和进步而不断地进行自我革新与完善，塑造了中华民族独一无二的民族品格，催生了灿烂的中华文明。因此，黄河流域是中华文明的发祥地，黄河文化是中国文化的根基和灵魂。党的十八大以来，黄河流域经济社会发生了很大的变化，同时也面临着生态保护和实现经济社会高质量发展等许多亟待解决的困难和问题。要解决这些制约因素只有充分发挥黄河文化的引领作用和凝聚功能，让黄河文化在中华大地熠熠生辉，才能更好地挺起文化自信的脊梁，办好中国人自己的事情。

第一节　黄河文化的概念内涵

　　文化经常与政治、经济相提并论，是人类精神活动及其产物的集中体现，是人类社会特有的现象。根据格尔茨的观点，文化是"一些由人自己编织的意义之网"，其目的在于让每个成员建构自身认同的可识别的价值。从人类文明的源头上看，一种是游牧文明，另一种是农耕文明，而农耕文明是黄河文明重要的源头。黄河文化具有强烈认同性和归趋性特征，它以黄河流域独特的地理空间为基础，利用丰富的人文资源，凝聚起特有的制度、习惯等①。因此，我们必须把它视为一个复杂的大的系统，才能准确地把握其基本内涵。

---

① 王震中：《黄河文化的丰富内涵及历史意义》，《光明日报》2020 年 8 月 21 日。

一　黄河文化的概念

人类文明的产生与河流有着非常密切的联系，离开河流就没有人类的智慧和文明，离开人类河流也失去了丰富多彩的一章。无论是西方文明还是早期的中华文明，都与河流有着极为密切的关系。两者唇齿相依、互相依赖，共同促进了人类的文明与发展。在中国，黄河与长江这两条大河齐名天下，奠定了中华文明的生态基础，孕育了早期的中华文明。作为一条自然的河流，黄河彰显着生态之美，体现着开放包容，给予中华民族以丰富的生活体验与艰苦的生存启迪。随着时代的不断变迁，华夏儿女在治黄的反复斗争与启迪中，形成了具有黄河流域特色的信仰追求、价值取向等，都是黄河文化的真实写照。

了解"黄河文化"概念，必须了解"文化"的概念，因为对于文化这个概念的解读一直众说不一。当"文"与"化"组合在一起，便成为一个统一的概念。然而，从不同的学科来看，对文化的理解各不相同。从哲学角度来看，文化是哲学思想外在的表现形式，从存在主义的角度来看，文化是对一种存在方式的生动描述，而从研究的角度来看，文化指人类在利用自然、改造自然过程中所创造的物质财富和精神财富的总和。由此可见，文化本质就是人化。当人类对黄河有了接触、认识与思考，自然的河流就与人发生了联系，进而才有了河流的利用、治理、管理、保护、欣赏和开发，黄河文化便应运而生。

对于"黄河文化"的理解，角度不同、立场不同，对其内涵的理解各有不同。从现有文献资料来看，我们可从四个层面来解读：一是空间层面。黄河文化诞生在黄河流域，并向其他地域影响和扩展，黄河流域出现的全部物质和精神文明成果均为黄河文化的重要元素；二是历史层面。人类历史上所创造的物质财富和精神财富均属于黄河文化范畴；三是实践层面。黄河文化伴随着人类对黄河治理、开发与保护的实践所产生，在新时期不断守正创新，为中华民族伟大复兴注入了精神动力；四是价值层面。"民亦劳止，汔可小康"，黄河文化是人类利用自然、改造自然，实现脱贫攻坚和全面小康过程中形成的基本精神与价值观念。所以，对黄河文化的理解应该处理好历史与现实、理论与实践、传承与创新等各种关系，全方位、系统化来考量。

厘清"黄河文化"的内涵，不同的维度、不同的层次，其特征和表现也不相同。黄河文化在形成和发展过程中，继承了中华民族优秀传统文化的基因，兼收并蓄其他国家和区域的优秀文化，从而形成了以本区域文化为主，其他文化为辅的百花齐放、百家争鸣的良好局面。因此，我们可以从空间、时间等不同维度，深刻领略黄河文化的多元特征。从时间演进角度来看，在几千年的历史进程中，黄河流域各民族文化不断交流融合，在不同地域逐渐形成了农耕文化、草原游牧文化、宗教文化和民族文化等，展示了黄河流域广大人民勤劳勇敢、自强不息的抗争精神和敬畏自然、尊重规律的科学精神，等等；从地理空间角度来看，黄河流域横跨九个省区，地势极不平坦，气候条件差异较大，从而在上游形成了以"三秦文化""中州文化""齐鲁文化"等为主体的庞大的文化体系；从文化属性角度来看，黄河文化包括农耕文化、草原文化、丝路文化、民族文化、海洋文化等，其中农耕文化是黄河文化中最为灿烂的文化。因此，九曲黄河，蜿蜒万余里，通过时间、空间等不同的维度将复杂多样的文化形态串通连接在一起，才能真正了解博大精深的黄河文化。

总体说来，黄河文化是几千年中华文明成果的重要组成部分，是中华民族实现从站起来、富起来到强起来伟大飞跃重要精神力量。因此，对黄河文化概念的理解需要把握以下三个方面：第一，黄河文化是一个多层次、多维度的文化共同体，是物质与精神、自然与社会的统一，需要我们从不同视角对其进行解读。第二，黄河文化是一个多层次、多要素的文化综合体，是人与自然、人与社会、人与人之间相互联系的结果，是人与河流、人与自然、人与社会相互作用的结果，需要我们从不同的层面来理解。第三，我们应该从中华优秀传统文化的庞大体系中去获得更基础、更广泛、更深厚的自信，从而更好地来揭示其丰富的文化内涵，努力推动黄河文化更好地传承和发展。

二 黄河文化的内涵

黄河作为一条自然河流，世世代代滋润着中华大地、哺育着人民，已经成为与民族世代繁衍生息休戚相关的民生河，和长江一起被称为中华民族的"母亲河"。在中华民族的发展历史上，生生不息的黄河水灌溉了亿万亩肥沃的良田，哺育千千万万中华儿女。因此，黄河文化对于中华民族具有重要的象征意义，是中华传统文化的集中体现，是中国文化的精髓。

（一）"民为邦本""天人合一"的传统思想

1. "民为邦本"思想

"民为邦本"是儒家政治思想的核心所在，它指出人民是国家的主人，人民安定了，国家就太平了，君位也就稳固了。中国的民本思想源远流长，但在不同历史时期，其内容有所不同。"民为邦本"的思想在夏朝开始出现，其核心内容是君权"天命"论，认为"君权"是天命赋予的，但是天命是顺从民意的，不修政德民心就会转移①。到了孔子、孟子时代及秦汉以后两千多年的君主专制时代，尽管君权"天命"论的影响仍在，但在君民、国民关系上更加强调了人民力量的重要作用。到了明清之际逐渐形成了"民主君客"的新民本思想范式，认为"天下之治乱，不在一姓之兴亡，而在万民之忧乐"②。人类社会在不同历史发展时期，都有这样一个共同的心愿，黄河的治理历来是兴国安邦的重大事件，这更是"民为邦本"思想的直接体现。

2. "天人合一"思想

"天人合一"是中国哲学最为重要的思想之一，其核心就是人类社会与自然世界之间的协调统一关系。其中，"天"代表的是"道""真理""法则"等，因此，"天人合一"又称"天人合德""天人相应"等，儒、道、释三家文化对其各有阐述。在儒家看来，天是道德观念，人是道德原则，天人合一是一种自然的但不自觉的协调统一。在道家看来，天是自然，人是自然的一部分，天人合一是人与自然的融合。董仲舒更是把天人合一思想推向顶峰，他认为，天就是放大了的人，人就是缩小了的天。因此，"天人合一"对于我们更好地传承中华民族优秀传统文化，正

---

① 吴光：《民惟邦本 本固邦宁》，《光明日报》2016年3月3日。
② 黄宗羲：《明夷待访录》，岳麓书社2008年版，第186页。

确处理人与人、人与自然关系，促进人与自然和谐，推动社会经济健康稳定发展等具有重要的借鉴意义①。

古代社会，为了得到上天的庇佑，在黄河流域内生活的人们通过祈雨、祭祀等方式进行人神沟通，体现出对"天人合一"思想中人与自然平等协调关系的初步探索。后来，长期生活在黄河流域的人们，在适应自然、改造自然过程中总结出春种、夏长、秋收、冬藏的自然变化规律，并且依照时令进行农业生产，从而显现出朴素的生态保护意识，也是强调自然与人类社会达到秩序、平衡与和谐的直接体现。2019 年 9 月习近平总书记在郑州考察时提出的"要坚持绿水青山就是金山银山的理念，坚持生态优先，以水而定、量水而行"等理念②，也反映出"天人合一"的思想内涵，是中华传统文化思想的最显著的特征。

（二）"自强不息""团结奉献"的民族精神

黄河如一条巨龙，在中华大地蜿蜒流动，川流不息，孕育了璀璨的华夏文明。与此同时，其"善淤、善决、善徙"的特点使得人类与黄河的抗争从来没有停止过。进入新时代，这种人与自然斗争正在变换为人与自然和谐发展，党和政府在和谐理念的指导下，努力使黄河更好地造福于民众。因此，大力弘扬黄河精神是历史的必然，更是我们在新时代取得伟大胜利的重要保证。

1. 自强不息、敢于拼搏的精神

自强不息、敢于拼搏是中华民族精神的真实体现，深深植根于生生不息的中华文化。奔腾的黄河水汹涌澎湃、奔腾不息，勇敢地冲击着两岸，呈现出自强不息、顽强拼搏的文化神韵。与此同时，由于经常发生洪水泛滥等严重灾害，给黄河流域带来严重的自然灾害。在与自然灾害做斗争的过程中，亿万华夏儿女克服了一个又一个困难，从而造就了不屈不挠、顽强拼搏的斗争精神，这些也正是中华民族在长期生产实践中形成精神的伟大写照。治水先贤大禹历经十三年，用神斧劈开龙门和伊

---

① 唐雄山：《老庄人性思想的现代诠释与重构》，中山大学出版社 2005 年版，第 33 页。

② 习近平：《在黄河流域生态保护和高质量发展座谈会上的讲话》，《求是》2019 年第 20 期。

撅，凿通积石山和青铜峡，从而留下了许多感人的事迹。他坚持不懈、不屈不挠、不畏艰险，长期奋斗在治黄第一线，连自己的孩子出生都没来得及去照顾，留下了"三过家门而不入"的历史佳话。大禹的事迹虽然只是一个典型，但它代表了黄河流域广大劳动人民长期形成的自强不息、勇于拼搏的民族精神，从而使他成为中国历史上最为著名的治水英雄。此外，还有夸父追日、精卫填海、愚公移山等神话故事，无不体现着中华民族不怕困难、英勇顽强、坚忍不拔的精神品质，永远值得我们后人敬仰。当前，中华民族正在大踏步向前迈进，中国共产党带领人民在革命、建设和发展过程中形成的"两弹一星"精神、伟大抗疫精神等，构筑起新时代中华民族独有的精神谱系，引领着中国社会不断向前迈进。

2. 勤劳务实、开拓进取的民族精神

农业是文明之母，因为农业发展促进了社会生产力的发展，从而推动了社会的全面发展和进步。长期以来在黄河流域的农耕生产实践中，勤劳勇敢的中华儿女战天斗地，大家始终明白"幸福是奋斗出来的"。他们日出而作，日入而息，凿井而饮，耕田而食，从而形成了朴实、勤劳、努力的价值取向。与此同时，他们在利用自然、改造自然的过程中，坚持不屈服、不退让，从而形成了开拓进取的精神。大禹、贾鲁、潘季驯等一代又一代治黄英雄，用自己的勤劳智慧、敢想敢干、务实求真、开拓创新的精神为人类治黄事业做出了突出的贡献。元至正四年，黄河险情不断，行都水监使贾鲁采取疏、浚、塞并举和先易后难的方针，用大智大勇铸就了治黄事业的辉煌。在当代社会，焦裕禄、孔繁森等先进模范人物，面对自然灾害、面对贫穷落后，同样坚信执着、出力流汗。面对严重的自然灾害，他们同干部、群众一起排除万难，所有这些无不是勤劳务实、开拓进取精神的体现。

3. 团结统一、无私奉献的民族精神

伟大民族精神是由全国各族人民共同培育的，在历史长河中，中华儿女血流到了一起、心聚在了一起，成为推动中国社会发展进步的强大精神动力。1958年的黄河特大洪水，是自1919年黄河有实测水文资料以来最大的一场洪水。广大军民团结一心，保证了黄河大堤的安全。还有防风治沙的科学实践、南水北调工程的顺利完成、黄河小浪底水库的建成等，充分体现了黄河儿女上下一心、协调配合的精神面貌。"风在吼，马在叫，黄河在咆哮……"一首《黄河大合唱》唱出了团结的勇气和决心，唱出了胜利的决心和信心。这也充分显示出中华民族在面临生死存亡之际，往往都能形成的强大感召力、凝聚力和向心力，已深深融进了各族人民的血液和灵魂。黄河为人类社会的发展、为人类文明的演进默默奉献，孕育了中华民族无私奉献的伟大精神。中华人民共和国成立以来，数以万计的黄河人夜以继日、敬业奉献，换来了黄河的岁岁安澜，推动了黄河文化的大繁荣、大发展，形成了"团结、拼搏、求实、开拓、奉献"的黄河精神。走进新时代，我们必须把这种"团结统一、无私奉献"的伟大精神贯穿到日常工作中，让九曲黄河造就的中华民族的民族精神成为黄河儿女的性格特质，激励着中华儿女不断前行。

（三）相互融合、多元统一的思想观念

实现中华民族伟大复兴是近代社会以来中国社会最伟大的目标，党的十九大报告"实现中华民族伟大复兴是近代以来中华民族最伟大的梦想"，也是新时代中国特色社会主义建设的总任务之一，必须凝聚起社会各个层面的力量。具体来说，就是要筑牢人类命运共同体意识，加强各民族之间的交往、交流、交融。从历史发展进程来看，黄河流域特殊的地形地貌和自然生态，广大劳动人民居住相对集中且互帮互助，两者都是促成民族大一统最重要的自然因素。从文化发生的角度来看，长期以来中华民族勤劳勇敢、善良豁达的优良品质，使得大家善于交流、互相帮助，逐渐形成了相互联系、不可分割的密切关系，尤其是在近代社会，西方列强入侵中国，在民族危机、国家危亡的关键时刻，各民族团结一致、众志成城，实现了民族独立，维护了国家的独立和稳定。这些精神产生于各民族频繁的日常交往，形成于民族复兴的伟大事业，蕴含了兄弟般的平等交往精神，家人一样的团结奋斗、共同进步精神①。由此可见，黄河流域长期以来形成的以农耕文明为基础的小农经济，在生产生活、语言文字、风俗习惯上都互相影响、水乳交融，使人们形成追求民

---

① 张茂泽：《中华民族共同体意识及其历史基础》，《长安大学学报》（社会科学版）2018年第4期。

族统一的观念。作为一个多民族的国家，中华民族不限于以种族、血缘立族，中国不限于以种族、血缘而成的民族所居政治地域立国，从而在长期的生产生活和斗争实践中形成了多元一体的"大一统"格局。这种格局和而不同、同中有异、多样统一，不仅体现在政治方面，同样存在于中华文化中。

第二节　黄河文化的时代价值

文化体现着一个国家、一个民族的价值取向和精神家园。一个国家、一个民族推崇、信仰、传播什么样的文化，直接关系到这个国家灵魂的塑造和发展的方向。黄河流域广大劳动人民在长期的生产实践中，为治理黄河水害进行了积极的探索，对于新时代做好黄河的保护、治理和开发具有重要的借鉴意义。我们必须认真贯彻落实习近平总书记重要讲话精神："要深入挖掘黄河文化蕴含的时代价值，讲好'黄河故事'①"，努力让黄河文化在新时代治黄过程中发挥积极作用。

一　黄河文化是中华优秀传统文化的重要内容

中华优秀传统文化是中国人民在长期的生产生活实践中形成的价值取向、道德规范等，是中国特色社会主义文化的根基。中国共产党自成立以来，积极推进马克思主义与中国传统文化的结合，持续吸收中华传统文化中的养分，走出了一条具有中国特色的社会主义文化发展道路。但是，如果没有五千年中华文明，就不会有中国特色，更不会有中国特色社会主义道路。因此，中华优秀传统文化一直是中华民族的力量之源、情感之源和信心之源，它为中华民族的发展壮大提供了不可或缺的文化土壤。

中国古代经典文献是黄河文化绵延发展的思想根源。《诗经》《老子》《史记》等作为黄河文化的经典文献，对当时的社会经济、政治制度、民

---

①　习近平：《在黄河流域生态保护和高质量发展座谈会上的讲话》，《求是》2019 年第 20 期。

族关系等史实做了大量考证，从而留下了多姿多彩、壮丽辉煌的美丽图景。自宋代以来，伊洛河畔两位旷世大儒程颢与程颐创立了以天理论为哲学的"二程"理学文化，为广大国民建立起道德信仰和道义自觉，为后人治理国家提供了经验借鉴和智慧启示。因此，中华民族作为一个文明古国、礼仪之邦，文化一直是其战胜种种艰难险阻而薪火相传的伟大精神瑰宝。因此，可以说在一定程度上与黄河文化的作用分不开①。

中华民族智慧结晶是黄河文化绵延发展的学术基础。中华文明的渊源、产生与发展，从来都离不开各民族的创造与发明。造纸术、印刷术、指南针和火药四大发明，是古代劳动人民的重要创造和智慧成果。《甘珠尔》和《丹珠尔》两大古代佛学著作，至今是中华文化宝库中的两件瑰宝。因此，就文化的继承性而言，中华民族上千年的智慧结晶是建设现代文明的重要资源，也是黄河文化得以继承与发展的学术渊源。目前，黄河文化正在走向新的时代起点，正在成为现代文明的重要载体平台。不研究黄河文化，对一些地域学的学科体系就无法达到科学化的高度，也很难对中华优秀传统文化的时代价值和现实意义有进一步的理解和认识。

因此，在当代中国，筑牢中华民族共同体意识是时代发展的迫切需要。我们要特别重视挖掘中华优秀传统文化中蕴含的深厚人文精神和时代价值，并将其同马克思主义立场观点方法结合起来，努力做好创造性转化和创新性发展，坚定不移发展中国特色社会主义文化，不断筑牢中华民族共同体意识。

二　黄河文化是国民思想道德建设的重要资源

我们党历来高度重视国民思想道德建设，始终坚持把加强和改进思想政治教育作为重要抓手，为构建团结和谐的人际关系、改善社会风尚、提升人民道德素质、维护社会稳定提供了重要保证。黄河文化中有大量当今道德建设的"元素"，比如《老子》等经典著作中蕴含着诸多做人、做事的道理，《易经》的"厚德载物"等思想都是黄河文化的精粹，是全

---

① 郑贞富：《黄河文化的时代价值》，《洛阳日报》2019 年 11 月 28 日。

人类弥足珍贵的精神遗产。我们要充分运用黄河文化所创造的中华伦理道德与民族精神，激励人们向上向善、忠于祖国，努力在全社会形成重信守诺、互信互助的浓厚氛围。

崇德是黄河文化的核心价值。黄河文化灿若星河、博大精深，它扎根于黄河流域广大人民的心中、行为中、社会习俗中，成为广大国民精神家园的主要依托。《大学》"自天子以至于庶人，一是皆以修身为本"，就是其最简明的表述①。此后，孔子和儒家提出的"修己安人，安百姓"的理想追求，"天下兴亡，匹夫有责"的忠恕之道，以及孝、悌、忠、信、温、良、恭、俭、让等道德要求，塑造了中国人民的人生品格，挺起了中华民族的脊梁。当今世界，人类生产生活面临许多方面的困难和问题，而精神危机是其中最为关键的问题之一。中华文化特有的信念信仰、价值追求等，蕴含着可以解决我们社会上弊病的良方。我们必须积极弘扬以维护社会道德风气为根本的黄河文化，帮助人懂得做人的道理，不断拓展人的胸宇、提升人的性灵，努力成为一个堂堂正正的、真正的人。

向善是黄河文化的关键所在。黄河文化蕴含着"汇聚英华，弘扬传统"的巨大力量，只有加强对黄河文化的宣传和阐释，才能在逐梦征程中汲取精神的力量，并赋予其新的时代内涵。宋朝儒家理学思想的开山鼻祖周敦颐提倡文以载道，说："文辞，艺也；道德，实也……"他提出的"教人向善，进德修业"的教育目的为世人所传颂。还有二程所强调的"有德者必有言"，深入阐释了言论与道德的关系，教育人们要修养各种道德，努力成为一个有德行的人。因此，我们只有系统研究黄河文化遗产，才能推动黄河文化遗产资源系统性、综合性开发，不断完善现代道德人文建设的思路。

和谐是黄河文化的主题词。中国古代人特别强调以和为美、以和为贵，"和谐"的思想源远流长。因此，"和谐"是中国传统文化的核心内容，是植根于中华文明的一种独特价值追求。河南洛阳是和谐思想的发

---

① 钱逊：《重新学习怎样做人——当前优秀传统文化教育的中心和目标》，《学习时报》2016 年 5 月 19 日。

源地，中国古代典籍对和谐思想也多有记载，历代中国人的和谐思想也是独具特色。然而，形成和谐思想的理论体系，集和谐思想之大成者，乃是《易经》。《易经》是中华文化的瑰宝，其核心理念就是"天人合一""保合大和"，作为中华民族传统文化的瑰宝，其中所蕴含的丰富的思想文化，塑造了独具特色的鲜明品格，滋养了独树一帜的中国精神标识，为凝聚起构建社会主义和谐社会、促进社会公平正义的强大力量。

因此，思想道德建设是推动社会发展的重要课题，是新时代凝聚起实现中华民族伟大复兴中国梦的重要保证。崇德、向善、和谐、进取的思想观念贯穿黄河文化的方方面面，和平、发展、友爱、进步正是黄河流域无数圣贤的理想追求。在新时代，我们必须积极弘扬中华民族传统美德，不断加强社会主义思想道德建设，让每一个人都成为崇高道德的传播者和践行者，让每一个人都成为社会公德的崇尚者和遵守者，让思想道德成为每一个人心中的底线，努力为中华民族伟大复兴提供强大精神力量和道德支撑。

三 黄河文化是促进黄河流域经济社会发展的重要支撑

区域经济的发展是新时代中国经济发展的重要课题之一，黄河文化作为一种区域文化，具有促进黄河流域生态保护和高质量发展的重要功能。比如在近年来，位于黄河腹地的洛阳，提出了建设文化新洛阳的重大战略。他们坚持以历史文化资源的保护和利用为基础，把文化立市概念贯穿于各个行业，大力发展文化和旅游产业，努力将洛阳由文化资源大市建设成文化强市。为此，他们积极用思维创新推动文化产业的创新，积极用文化创新推动经济社会发展的进步，为洛阳的建设和发展创造了和谐的人文环境。

习近平总书记指出："治理黄河，重在保护，要在治理①。"从事物发展变化的过程来看，任何事物发展都遵循由小到大、由弱到强、由简单到复杂的过程。环境是人们所在的周围地方与有关事物的总称，任何事

① 习近平：《在黄河流域生态保护和高质量发展座谈会上的讲话》，《求是》2019 年第 20期。

物的发展都需要环境的支持，离开环境一切都无从谈起。环境可以分为自然环境、人工环境和社会环境三个部分，其中自然环境是人类发生和发展的物质基础，主要包括大气环境、水环境等。人工环境是人与人之间的各种社会关系的总称，是能够对自然物质的形态做较大改变的环境。黄河文化包括黄河流域人的态度、观念、信仰系统、认知环境等，能为人文环境的建设提供思路，能对该流域城乡环境的建设提供重要的决策依据。

一位思想家曾经说过：一个国家不管遇到多大困难都不可怕，可怕的是这个民族的根断了，而这个根就是民族文化。黄河文化代表着中华民族独特的精神标识，为中华民族生生不息、发展壮大提供了丰厚滋养，我们必须将其保护好、弘扬好。因为从价值哲学的角度来看，发展的过程就是一个对自然资源和人文资源合理利用的过程。而黄河文化作为一种人文资源，是人类长期以来所创造和积累的资源，是一种特殊的、其他任何资源都无法替代的资源。因此，积极推进黄河文化遗产的系统保护，是历史赋予我们的时代重任。

第三节　黄河文化的弘扬传播

文化传播是文化在区域之间、群体之间互动的过程，其传播效能取决于文化的实用价值和文明声望等多种因素，可以分为横向传播和纵向传播两种方式。根植于黄河流域的黄河文化，缘河而来，因河而生[1]。黄河文化的特质决定了其具有强大的生命力。传播黄河文化，能够延续历史文脉，坚定文化自信，凝聚起促进中华民族伟大复兴的磅礴力量。推动黄河文化"活"起来、"火"起来，才能让人民群众有更多获得感、幸福感、安全感[2]。因此，我们要深入挖掘黄河文化的丰富内涵，找准新时代黄河文化的价值方位，在全社会弘扬和传播黄河文化，大力发掘黄河

---

[1]　苗长虹，艾少伟，喻忠磊：《黄河文化的历史意义与时代价值》，《河南日报》2019年11月4日。

[2]　赵文静：《让黄河文化"活"起来"火"起来》，《郑州日报》2020年5月26日。

文化的时代价值，努力使之成为促进中华民族伟大复兴的金名片。

一　推进好黄河文化保护

任何一个国家或者民族，其生活方式或者风俗习惯会伴随着时间的演进逐渐固化，进而就会变成所谓的"文化"。黄河文化是黄河流域广大劳动人民在长期的生产生活中所形成的价值观念、生活习惯等的总和，是中华民族最具黏附性的认同基础。因此，推进黄河文化遗产的系统化保护，必须全方位加强黄河文化的研究阐释，努力使黄河文化理论化、系统化、现代化。

第一，要树立"一盘棋"思想。黄河流域横跨多个省区，黄河文化必须在更高层面的区域协调发展中去定位，更加突出系统性、整体性和协同性战略，以便更好地形成"一盘棋"思维，尤其是要充分发挥社会主义制度优势，统筹好沿黄九个省区力量，打破不同行政区划限制，通过建立协调沟通机制和利益补偿机制，努力推动黄河文化遗产的系统性保护。

第二，要推进"整体性"建设。黄河流域各地情况千差万别，需要加强对黄河文化的整体性、系统性的认识。黄河上中下游条件千差万别，各个干流支流环境各有不同，左右两岸文化的发展程度不一。我们必须从整体的角度把握好其内在规律，理清楚其在时间演进和历史演进中的逻辑关联，树立大局观、长远观和整体观，努力解决好文化发展中的碎片化问题，特别是要立足不同区域文化之间的互补性与依赖性，构建系统、全面、立体的黄河文化发展脉络。通过博物馆、历史遗迹、名胜古迹等载体，从更高的层面讲好"黄河故事"，更好地体现黄河文化中华民族"根"和"魂"的功能。

第三，要推动"科学化"整理。黄河文化有关文献主要包括黄河流域的图书、期刊、历史档案、名人日记、手稿等，它们既是文化传承的重要载体，又是文化传播的重要媒介。我们必须按照文化传播的规律和特点，加大对黄河文献收集整理的力度，进一步对其进行详细的梳理归纳和研究阐释，尤其是要将散落在文献书籍中的黄河文化碎片系统起来、连贯起来，科学精准地展示黄河文化的丰富内涵，更好地延续好黄河文化的文脉。

二 宣讲好黄河文化故事

黄河文化，源远流长。黄河沿线，文化灿烂，流淌出真实、生动、鲜活的黄河故事①。讲好"黄河故事"，是习近平总书记立足中国国情和中国文化，从黄河文化与中华民族的血脉关联、历史价值和当代价值的传承发展中提出的要求。通过鲜活生动的典型事例，以更加容易被人们接受、理解和内化的方式，推动黄河文化行稳致远，更好地再现黄河儿女的劳动、生活及情感。具体包含以下三个方面。

第一，要讲好中国人民与黄河做斗争的故事。黄河自古以来以"善淤、善决、善徙"而闻名于世，历史上黄河曾经决溢 1500 多次，改道 20 多次，治理黄河历来是治国安邦的大事。"开封城，城摞城"是对多年来古城开封屡次遭到洪水淹没的形象描述。直到今天，开封地区黄河段依然是一条悬河，河床要高出地面十余米。战国时期魏国大梁城、唐汴州城、五代及北宋东京城、金汴京城、明开封城和清开封城 6 座城池都被叠压在开封城的地下 3 米至 12 米处，这 6 座城池包含了 3 座国都、2 座省城和 1 座中原重镇②。纵观千秋治河史，黄河是世界上治理难度最大、保护任务最艰巨的河流之一。中国人民与黄河进行了不屈不挠的斗争，塑造了自强不息的民族品格，同时为新时代做好黄河环境保护积累了丰富的经验。我们一方面要深入挖掘黄河治理过程中那些公而忘私、不畏艰险驯服洪水的先进人物和事迹，积极进行整理、归纳和提升，为讲好黄河故事提供鲜活的素材。另一方面，我们还要通过歌曲、话剧、小品、诗歌等丰富多彩的形式进行讲述，不断创新讲好黄河故事的形式和方法，努力使黄河文化深入人心。

第二，要讲好中华民族与外敌做斗争的故事。在几千年的历史上，中华民族历来就是一个善于斗争、敢于抗争的优秀民族，黄河流域广大人民在抵御外敌入侵的过程中不怕牺牲、排除万难、共赴国难的英雄气

---

① 郑海鸥：《弘扬黄河文化 讲好黄河故事》，人民网，2020 年 9 月 25 日。
② 《求是》杂志编辑部：《让黄河成为造福人类的幸福河》，《求是》2019 年第 20 期。

概，造就了"患难见真情"的中华民族精神。鸦片战争后，帝国主义通过坚船利炮打开中国大门的同时，加紧进行文化渗透，妄图麻醉和瓦解中国人民的意志。在此过程中，中华传统文化与西方文化的发生激烈冲突。为捍卫中华文明，中国人民进行了艰苦卓绝的斗争。这种斗争一方面激起了中国人民反抗侵略的战斗意志，另一方面也唤醒了中华民族的民族意识，进一步展示了黄河文化的历久弥坚。在抗日战争中，一曲《黄河大合唱》极大地激发了全国各族人民的抗日激情。我们要充分发挥文化的引领功能，更加自觉地推动黄河文化的大繁荣、大发展，让中华儿女在带入感和沉浸式体验中不断增强家国情怀，更加坚定文化自信，努力为实现中华民族伟大复兴凝聚起磅礴力量。

第三，要讲好中国人民治理黄河和建设黄河的故事。"黄河宁，天下平"，黄河治理在历朝历代都是一个难题，新时代建设黄河、开发黄河任务更重。相传在4000多年前的尧舜时代，就开始了对黄河治理的不断探索。春秋战国时期，直至秦、汉、隋、唐、明、清，政府投入了大量的人力、物力，但由于多种主客观因素的影响，黄河屡治屡决的局面始终没有得到根本改观。近代以来，在传统黄河治理技术的基础上，中国共产党带领全国人民开展了大规模的黄河治理与开发工作。在国内革命战争时期，面对复杂的革命形势，中国共产党审时度势，积极开展黄河治理工作，取得了较为突出的成绩。中华人民共和国成立后，中国共产党统筹人力、物力和财力，协同推进防洪、水利、电力和供水工作，黄河治理水平和治理能力不断提升。先后四次大规模的堤防建设，龙羊峡、刘家峡、小浪底等一批水利枢纽工程的兴建，引黄济津、引黄济青、引黄入冀等一批重要项目的实施，以及积极推进生态保护和合理开发，黄河的治理实现了重大突破。在新时期，认真学习和宣传这些感人至深的人和事，大力弘扬其背后蕴含的黄河文化与黄河精神，对于科学分析当前黄河流域生态保护和高质量发展形势、实现黄河治理模式的根本性转变具有重大而现实的意义。

三 传播好黄河文化声音

弘扬主旋律，传播好声音，才能激发正能量。"黄河文化热"近年来持续升温，我们必须承担起记录新时代、书写新时代、讴歌新时代的神圣使命，从黄河流域的伟大创造中发现新的主题、捕捉新的灵感，为我们这个伟大的时代画像、立传、明德①。

第一，要创新黄河文化传播的方式。任何一种文化的传播，都是从一个群体散布到另一个群体，丰富多元的传播方式更能容易使对方接受，也更容易产生共鸣。长期以来，黄河文化的传播以单一的文字形式为主，传播方式缺少互动，教育效果非常有限。当前，由于黄河文化发源地、传播方式和路径以及影响扩散因素正在发生复杂的变化，要求我们必须不断丰富黄河文化的传播形式，综合运用文字、图片、视频等多种形式，辅以现代信息技术和传播手段，努力实现黄河文化传播形式由传统方式向现代化转变，尤其是伴随着现代科学技术手段的不断普及，以及文化传播的媒介增多，必须使黄河文化的传播方式更加切近老百姓的生活习惯和接受习惯，才能使得老百姓听得懂、愿意听，真正让黄河文化飞入寻常百姓家。

第二，要拓展黄河文化传播的渠道。文化传播渠道主要包括物质流、人流和信息流三种不同的渠道，它是伴随着社会的发展和科技的进步而不断丰富的。早在原始社会末期，各部落之间主要通过简单的商品交换方式进行文化传播，直至近代资本主义向全世界的拓展。因此，物质流是出现最早、持续时间最长的文化传播方式。近代以来，伴随着科技发展和社会进步，人们在利用书籍、报纸等纸质文献等传播黄河文化的同时，充分发挥微博、微信、微视频等媒介，积极发挥历史遗址、名胜古迹、博物馆等文化载体的重大作用，把黄河流域的发展进步和沿黄流域广大劳动人民的精彩生活表现好、展示好，广泛凝聚实现中华民族伟大复兴的正能量。

第三，要构建黄河文化传播的矩阵。伴随着移动互联网技术的快速发展，传媒方式、内容形式和载体形态正在发生深刻变化，电视、广播、报纸等传统媒体已经很难满足黄河文化传播的需要，从而微信、微博、

---

① 常雪梅、程宏毅：《习近平：坚定文化自信 把握时代脉搏 聆听时代声音 坚持以精品奉献人民 用明德引领风尚》，《人民日报》2019 年 3 月 5 日。

论坛等新媒体快速、同步、互动的优势就得以显现。在此背景下，我们必须主动适应形势发展的需要，从阵地建设、内容创新、品牌策划、栏目打造、媒体融合等不同的视角，积极打造"内聚合力，外树形象"的新型文化传播矩阵，为黄河文化的快速传播打造平台。要关注不同地域、不同民族人民的生活习惯和接受习惯，不断丰富黄河文化传播的话语风格和话语体系，让全国各族人民听得懂、听得进、听得明白，进而愿意听、主动听，不断提升黄河文化的传播力。要注重黄河文化传播的复杂多样性，坚持线上线下同时发声，多种媒体主动发声，各种平台广泛传播。

四　推动好黄河文化普及

党的二十大报告指出要"增强中华文明传播力影响力"[①]。因此，积极开展黄河文化普及，大力推进黄河文化宣传，对于坚定中华民族文化自信、统一起不同社会群体的思想和行动具有重大意义。

第一，要充分发挥学校在黄河文化教育中的作用。学校是文化传承创新的重要阵地，是进行黄河文化教育的主渠道。充分发挥黄河文化中的育人要素，打造特色鲜明的校园文化，能够为学校内涵发展和可持续发展注入内在动力。早在 2014 年，教育部就明确指出："把中华优秀传统文化教育系统融入课程和教材体系。"因此，让黄河文化回归教材、回归课堂，才能真正回归正途。我们必须将传统文化融汇到教育体系中，融汇到教育教学中，才能真正使之成为固本工程、铸魂工程。我们必须创新黄河文化的教育方式，通过喜闻乐见的方式，让学生明白黄河文化的深刻内涵，让黄河文化真正根植于学生的内心，汇聚成为实现中华民族伟大复兴不懈奋斗的磅礴力量。

第二，要注重实践活动在黄河文化教育中的作用。通过实践活动让学生深刻体验黄河文化的力量，是培养公民社会责任感和担当精神的重要抓手。要在实践活动中加强黄河文化教育，首先要搭好平台。要充分

---

① 习近平：《高举中国特色社会主义伟大旗帜 为全面建设社会主义现代化国家而团结奋斗》，《人民日报》2022 年 10 月 26 日。

发挥博物馆、黄河文化遗址、黄河风景区等文化平台的重要作用，让广大人民在真实体验中感受黄河文化的博大精深，在特设情境中领略黄河文化的独特魅力，进而坚定人们对黄河文化的自信。其次要选好载体。为了使黄河文化教育更接地气、更有生气、更具灵气，要充分发挥秦腔、豫剧、晋剧等区域性特色文化的重要作用，通过百姓喜闻乐见的方式使黄河文化教育生活化，从而保证良好的教育效果。最后要建好机制。要建立投入保障机制、长效激励机制和合作共建机制，努力实现黄河文化教育的常态化、制度化。

第三，要注重在重要时间节点加强黄河文化教育。要充分利用春节、清明节、端午节等重要节日，融入黄河文化教育的要素，加强学生社会主义核心价值观教育和爱国主义教育；要充分利用开学典礼、毕业典礼、科技文化艺术节开幕式等重大仪式，融入黄河文化的要素，加大对黄河文化内涵的解读；要充分利用祭奠、庙会等仪式活动，加大对黄河文化的宣传，在喜闻乐见的活动中影响人们的思想和行为；要充分利用"七一""八一"等重要纪念日举行形式多样的庆祝和纪念活动，让人们了解黄河在中华民族文明史上的重要地位，让黄河文化在新时代熠熠生辉。

第 三 章

黄河文化的思想政治教育价值

思想政治教育价值论以其在社会发展中的地位和作用为首要基本理论问题，紧紧围绕其本质、观念、特征、形态、生成根源、评价、实现及其规律等问题展开研究①。黄河文化的思想政治教育价值是黄河文化在高校思想政治教育中功能或者作用的直接体现，彰显了高校的文化育人与价值引领。广大青年学生从黄河文化中汲取优秀的养分，有利于个人综合素质的提升、良好人格的形成和理想信念的坚定，从而有利于树立科学的世界观、人生观、价值观。与此同时，将文化认知、文化认同转化为文化自觉与文化实践，可以实现对学生正确的价值引领，坚定文化自信，助力学生成长成才。因此，黄河文化与思想政治教育相互联系、相互作用，将文化育人和价值引领的工作纳入思想政治教育的全过程，才能更好地落实立德树人根本任务。

第一节　政治引领价值

强化政治引领，才能固根守魂。黄河文化的政治引领价值集中体现为对广大青年学生理想信念的教育和指导作用，是高校思想政治教育的核心问题。习近平总书记将思想政治工作比喻为"总开关""钙""扣子""空气"和"盐"，体现的就是政治引领价值。黄河文化是中国共产党带领全国各族人民治黄斗争的产物，它以一幕幕生动感人的革命事迹

---

① 项久雨：《思想政治教育价值论》，中国社会科学出版社 2003 年版，第 215 页。

启发教育人们奋勇争先，以无形的精神形态激励人们积极向前①。因此，黄河文化自形成之日就具有显著的政治引领价值属性。我们必须积极发挥黄河文化在宣传马克思主义指导思想、弘扬社会主义核心价值观等方面的积极作用，努力用黄河文化支撑伟大事业、塑造良好风尚、滋养个人发展。

一　促进马克思主义指导思想的宣传

马克思主义是社会主义核心价值体系的灵魂，是高校落实立德树人根本任务的根本遵循。当前，以人工智能为代表的新信息技术打破时空和物理界限，世界范围内意识形态斗争形势变得越发错综复杂。在今后很长一段时间内，中国在争夺意识形态话语权、夺取道义制高点等方面存在着较为复杂的斗争②。马克思主义从五四运动开始传到中国，以李大钊为代表的中国先进分子积极宣传马克思主义，成为五四运动最鲜亮、最深邃的内涵之一。因此，马克思主义指导思想指引了中国的革命和建设，是中国共产党意识形态的重要思想基础，更是中国共产党带领全国各族人民为实现中华民族伟大复兴而不懈奋斗的强大思想武器。

黄河文化内涵丰富，既包括中华民族优秀传统文化，也涵盖中国共产党领导人民所创造的革命文化、社会主义先进文化等③。从世界层面来看，在中国历史上黄河文化通过政治、经济、外交和民间交流等多种方式不断向日本、韩国等东亚国家乃至东南亚等各地辐射，尤其是以"四大发明"为代表的先进生产技术从这里走向世界，为世界文化的繁荣和发展做出了积极的贡献。从历史层面来看，在中国共产党带领中国人民抵御侵略和解放战争的过程中，黄河流域的陕甘宁边区等中国重要的战略决策中心，晋绥、晋察冀、晋冀鲁豫等革命根据地更对中国革命的胜利发挥着不可替代的作用，诞生了"延安精神"等黄河红色文化。中华

---

① 吴文杰：《习近平关于思想政治教育工作的五个比喻析论》，《思想理论教育导刊》2017年第5期。

② 秦书生、李毅：《习近平高校立德树人思想的逻辑阐释》，《现代教育管理》2018年第8期。

③ 李庚香：《准确把握黄河文化与中原文化的关系》，《光明日报》2020年8月21日。

人民共和国成立后，中国共产党领导中国人民积极推进科学化、系统化的治黄战略，为黄河文化的传播与发展注入了新的活力。毛泽东、邓小平、江泽民、胡锦涛等多次考察黄河，推动了黄河文化的发扬光大。从现实层面来看，党的十八大以来，习近平同志高度重视黄河治理和黄河文化的传承，多次到沿黄省区视察并做出重要指示，积极推进黄河文化的创造性转化、创新性发展。他多次要求各级党委和政府要深入挖掘黄河文化的时代价值，努力让黄河文化得到更为广泛的传播，让黄河精神成为助力中华民族伟大复兴的不竭动力。

当前，世界正面临着百年未有之大变局，人们的思想意识也相应地发生了深刻的变化。在此背景下，马克思主义作为一种科学的思想武器，这把"总开关"丝毫不能松动，这把"总钥匙"必须牢牢握紧。我们要充分发挥黄河文化所具有的政治引领功能，用黄河文化所蕴含的思想、精神和道德武装自己，树立崇高的理想信念，不断提升个人品德修养。我们要充分运用发挥黄河文化所具有的意识形态本质，利用现场参观和学习考察等多种不同的方式，让广大青年学生更加坚定理想信念，自觉把个人理想融入国家理想、民族伟业，汇聚实现中华民族伟大复兴中国梦的强大精神力量，努力使其政治价值更好地凸显出来。

二 促进社会主义核心价值观的弘扬

价值观念是行动的指南。不同的价值观念会产生不同的行动方略。社会主义核心价值观作为中国特色社会主义文化的综合体和精华体，应当成为社会主义核心价值观理论与实践研究中的聚焦点①。与此同时，社会主义核心价值观融合了国家、社会、个人三个层面的道德准则，能够引导广大青年学生的思想和行动，维护国家的安定和团结，必将成为新时代加强和改进大学生思想政治教育的关键所在。因此，高校作为为党育人、为国育才的重要阵地，必须让学生明白社会主义核心价值观的本质、性质、属性、内涵、脉络等问题，引导他们在自觉践行社会主义核

---

① 王学俭：《新时代如何践行和培育社会主义核心价值观》，《人民论坛》2017 年 12 月18 日。

心价值观中不断增强理论、道路、制度和文化自信①。

　　世界上任何一种文化，都是人类在长期的生产生活实践中所创造的，是一定社会的政治和经济的反映，又反作用于特定的经济与政治。黄河文化作为一种精神诉求、价值理念和行为方式的综合，其最终目标是人类的社会实践活动与社会发展需求更加统一，这与社会核心价值观的目标是一致的。黄河文化作为一种源于生活、扎根于民间的文化表现形式，大多数情况下是以人物和实际场景的形式展现群众生活，更加容易被广大青年学生接受，更加能够与他们产生共鸣，进而增强他们的爱国情怀。黄河文化作为展示中华文化的亮丽名片，能够提升广大学生的思想境界和爱国情怀，因而是弘扬爱国主义精神的重要场所和媒介。黄河文化作为黄河流域天人合一的和谐密码，能够陶冶人民群众心灵，教育和引导人们更加珍惜今天的幸福生活。因此，将黄河文化中的精神品质等无形资源融入高校思想政治教育，能够丰富社会主义核心价值观的内容，让广大青年学生接受中华优秀传统文化的精神洗礼，更好地践行社会主义核心价值观。

　　当前，中国社会正处于各种矛盾错综复杂的转型期，如何进行调整或者化解成为一个重要的时代课题。在黄河文化指引下，我们必须积极弘扬"团结、务实、开拓、拼搏、奉献"的黄河精神，引导广大青年学生认真做好职业生涯规划，进一步明晰自己未来的发展愿景。我们要充分发挥黄河文化产品育人化人的重要功能，不断传递积极的人生追求、高尚的思想境界和健康的生活情趣，使黄河文化成为涵养社会主义核心价值观的重要源泉。

三　促进各民族团结统一和共同繁荣

　　黄河流域地理位置独特，文明历史悠久，文化底蕴深厚，各个民族交融汇聚，共同缔造、发展、巩固了伟大的祖国。只有保持民族地区的团结和稳定，才能保证国家政治大局的稳定，也才能促进社会的发展。因此，黄河文化具有鲜明的地域性和民族性，是先人留给我们的丰厚遗

---

① 王金海：《高校践行社会主义核心价值观十个路径》，《光明日报》2016 年 9 月 13 日。

产，也是中国经济社会持续健康发展的巨大优势。自鸦片战争以来，面对强敌入侵，黄河流域广大仁人志士为了民族地区的统一而进行了不屈不挠的斗争。在抗日战争、解放战争时期，黄河流域的优秀儿女为了民族统一和国家安定，前赴后继，英勇抗争，过上了人民当家做主的日子。黄河水奔腾不息，留给了黄河儿女丰富的治河历史、珍贵的治河经验和战天斗地的民族精神。正是有了这种斗争精神，中华民族在跌宕起伏中才不会沉沦，才从任人宰割的局面逐渐走向世界舞台中央①。

黄河文化见证了几千年中华文明的发展历史，黄河文化的发展繁荣是中华民族的伟大复兴的重要条件。当前，积淀几千年的黄河文化已经对外投射出软实力，成为推动民族复兴的重要方式。作为中华民族的象征，黄河、长江、长城等都已经成为炎黄子孙共同的根脉之地，黄河文化已经深深融入中华民族的文化血脉。民族团结是国家与各族人民的生命线，是国家发展进步的基石，是中华民族的最高利益。黄河流域多民族聚居人口约600多万人，占流域总人口的10%。长期以来，"万姓同根、万宗同源"的根亲观念早已深入骨髓，一首《保卫黄河》唱出了抗战时期多个民族团结共敌外侮的豪迈气概和决心信心。在新形势下，深入研究和阐释黄河文化有利于揭示中华文明起源、昭示中华民族共同体发展路径和中华民族多元一体的演进格局。

新时代面临新问题，复杂程度前所未有，更加需要我们团结一致、凝聚力量。我们要站在保护传承弘扬黄河文化、坚定文化自信的高度，站在延续历史文脉、铸牢文化强国之魂的高度，打造好新时代黄河文化地标。我们要不断促成黄河文化的整合、增值、积淀和变迁，不断提高黄河文化在国家治理体系中的参与能力，不断增强黄河文化的话语权，维护国家文化安全。我们要深入开展有深度、有广度、有温度的民族团结进步教育，共同凝聚起实现中华民族伟大复兴的磅礴力量。

---

① 杜振兴：《在新时代继续发扬斗争精神》，《新丝路》（下旬）2020 年第 10 期。

第二节　经济引领价值

经济建设是中心，发展才是硬道理。当前，世界多样化趋势日益明显，国内外经济形势极其复杂，各种繁杂多样的经济现象不断出现。应对这样一个复杂的经济发展局面，我们必须系统学习马克思主义政治经济学的基本原理和方法论，以便在风云变幻的经济发展大潮中更好地认清社会经济发展的形势，把握社会经济发展的规律，更好地回答新时代中国经济发展的理论和实践问题。马克思主义认为，经济基础决定上层建筑，发达的社会生产力是实现人的自由全面发展的根本所在。只有具有充分的物质条件，人的全面发展才有保障，这也是思想政治教育的重要价值所在。黄河文化的经济引领价值主要是通过黄河文化引导、规范、教化和调节等作用的发挥，提醒人类坚持社会主义市场经济的正确方向，维护社会市场秩序和公平正义，等等。高校在落实立德树人根本任务的过程中，充分发挥黄河文化经济引领价值，教育和引导广大青年学生深刻理解社会主义市场经济的基本特征，时刻擦亮社会主义市场经济的鲜明底色，不断为国家发展、民族复兴贡献才智，这都是其经济引领价值的具体体现。

一　保证社会主义市场经济的正确方向

习近平总书记在庆祝改革开放 40 周年大会的讲话中强调："要牢牢把握改革开放的前进方向。"从古至今，古老而年轻的中华文明之所以延续不断，根源在于作为其核心的中华文明润化万物和柔和包容，成为延续中华民族的文化血脉。作为上层建筑的承载者，黄河文化所承载的创造精神、奋斗精神、团结精神等，为社会主义市场经济的发展提供了动力支持，发挥了定向引领的作用。社会主义市场经济是中国特色社会主义的重要组成部分，是社会主义基本制度与市场经济制度有效结合的产物，是中国经济发展的必然选择。改革开放 40 多年以来，为了激活经济发展的活力，国家不断深化经济体制改革，激活了全国经济发展的"一池春水"。因此，社会主义市场经济体制是一项前无古人的伟大事业，是中国特色社会主义的理论和实践创新，是实现中华民族伟大复兴中国梦的重要保证。目前，中国正面临着疫情防控和经济发展双重压力，我们必须从推进经济高质量发展的实际出发，不断完善具有中国特色的社会主义经济体制，努力推动经济发展步入长期稳健发展轨道。

当前，国内外形势复杂多变，国内经济转型和国际逆全球化的压力不断增大，中国意识形态领域面临的风险挑战依然十分复杂严峻，尤其是在经济领域更为复杂。一方面，一些人皈依西方自由主义经济理论的方向，大力宣扬新自由主义，大力鼓吹"私有制优越论"，干扰社会主义改革的方向。另一方面，还有一些人竭力夸大市场经济存在的缺陷，企图否定国家改革开放政策。这两种论断都存在极大的片面性，我们必须始终保持清醒头脑，不断增强忧患意识，加强对习近平新时代中国特色社会主义思想的宣传阐释，为开展意识形态斗争、反对历史虚无主义提供源头活水和理论武器。黄河文化作为中国共产党领导人民群众进行革命、建设的产物，是在中国共产党领导全各族人民破壁图强、砥砺奋进的伟大实践中形成发展起来的，是中华民族几千年自强不息的奋进历程所创造的文化成果，是中华民族复兴的精神基础和持久动力，也是我们在新时代坚定文化自信的重要根基，能够引导社会主义市场经济行稳致远、科学发展。

因此，运用黄河文化开展思想政治教育，能使广大青年学生看清楚过去走过的路，以便于更好地把握好今天的路，走好明天的路。尤其是在社会主义市场经济发展过程中，市场经济面临着价值观、国际竞争和反腐败斗争的考验，面临的形势更加复杂。我们必须始终不渝坚持中国共产党的领导，坚持社会主义道路，坚定社会主义市场经济的信念，用我们的智慧和汗水再创中国经济腾飞的奇迹。尤其是在面对社会主义市场经济在发展过程中出现的假冒伪劣、坑蒙拐骗等不合理现象时，不为干扰迷惑，做到坚守政治方向不偏航。黄河文化凝聚了中华民族的优良传统，提倡爱国主义、集体主义，为了党和人民利益要敬业奉献，这些正确的价值观都有利于教育广大青年学生。黄河文化的这些价值观念，都是党和群众在社会实践的过程中形成的，是人民群众的宝贵财富。无论时代怎样变迁，黄河文化对营造良好经济环境、促进经济发展有着极其重要的意义。

二　激发推动经济快速发展的精神动力

马克思主义认为，生产力决定生产关系，经济基础决定上层建筑，这是一个普遍存在的客观规律。由文化转化而来的物质力量对经济发展是推动作用还是阻碍作用，归根到底要看产生物质力量的文化是否正确地反映客观事物，是否能够满足经济发展的需要。在经济全球化的背景下，黄河文化蕴含着丰富的发展理念和实践逻辑，能够保证经济发展的方向正确的同时，积极为破解经济发展面临的困境提供了智慧力量。实践越发展，人们就越发认识到黄河文化的重要作用，其蕴含的"团结、务实、开拓、拼搏、奉献"的精神，为推动经济健康发展提供了新的精神动力。在当前国际环境复杂多变的背景下，黄河文化蕴含的"同根同源"的民族心理和"大一统"的主流意识，能够为国家的发展和进步提供精神动力和智力支持①。

当今世界正经历百年未有之大变局，新一轮科技革命加快了世界发展格局的调整和重塑。中国共产党高瞻远瞩，在对大国博弈日益加剧、国际秩序和国际体系深度重构、人类社会发展面临的新机遇和新挑战等世界发展大势敏锐洞察和深刻分析的基础上，审时度势做出了重大判断。面对发展模式的调整，我们必须因势而谋、应势而动、顺势而为，只有这样，才能增强我们加快发展的决心和信心。针对当前复杂的国际、国内经济形势，我们必须自觉把思想和行动统一到中央对形势的判断和工作的总体部署上来。我们一定不要忘记中国是个发展中大国的基本国情，一定要清楚中国所走的道路不可能和别的国家一样，尤其是要进一步强化中国特色，让黄河文化伴随着充盈澎湃的社会实践不断丰富完善，在新时代下熠熠生辉②。党的十八大以来，习近平总书记着眼生态文明建设全局，不断明确黄河流域治理的思路，黄河流域水沙环境、生态环境和

---

① 苗长虹、艾少伟、喻忠磊：《黄河文化的历史意义与时代价值》，《河南日报》2019年11月1日。

② 王震中：《黄河文化内涵与中国历史根脉》，《中国社会科学报》2021年1月29日。

人民生活水平发生了很大的变化。但是，我们必须清醒地认识到，彻底治理好黄河仍存在一些突出困难和问题。从客观角度来看，洪水的威胁仍然存在，生态环境面临的问题仍然很多，水资源的保护难度依然很大。从主观方面来看，人为影响的因素仍然存在，黄河治理任重道远。我们一方面要把黄河治理作为重大的战略目标，不断加强顶层设计和重大问题研究，确保保护和治理的系统性、协同性与整体性。另一方面要切忌急躁蛮干、大干快上，破坏来之不易的良好局面，要真正让古老黄河文化在现代工业文明的激荡中焕发出新的活力。

因此，将黄河文化融入高校思想政治教育，就是要让广大青年学生在传承中华优秀传统文化的基础上，坚持中国特色社会主义文化发展道路，并将之转变成推动经济建设的精神动力。一是树立为人民谋幸福的价值观。要始终坚持人民的主体地位，以最坚定的人民立场努力实现物质生活和精神生活的和谐统一。因为在没有解决好吃、喝、住、穿等基本生活保障的情况下，很难从事好政治、科学、艺术、宗教等重要工作。千百年来，黄河流域广大劳动人民以不屈不挠、战天斗地的精神和人定胜天的理念与黄河做斗争，涌现出了许多先进模范人物。著名的水利科学家李仪祉、人民治黄事业的开拓者王化云等，他们"团结、务实、开拓、拼搏、奉献"的精神，深深融入了发展人民、服务人民、为人民群众谋取幸福的价值观。二是强化重视经济工作的思想观念。经济工作是党的中心工作，只有集中精力把经济建设搞上去，人民生活水平才能上得去。黄河文化蕴含着丰富的经济建设思想和经济建设案例，中华民族的伟大复兴需要以黄河文化为代表的先进文化的发展繁荣为重要条件。三是增强发展经济的坚强决心。经济发展必须有信心的支撑，沉着应战的定力，否则难以取得良好的发展成效。无论环境多么复杂、困难挑战多么严峻，只要对策正确、坚定信心，就一定能克服困难、化危为机。当前，尽管经济发展面临着重重困难，但党中央坚强领导是我们最大的底气。面对异常艰难的局面，精神的力量比黄金重要。运用黄河文化开展思想政治教育，能够激发克服困难的勇气和决心，激励我们直面新情况和新问题，以坚毅的战略定力与驾驭全局的智慧引领大国经济，以坚定的民族自信与坚持不懈地奋斗实现发展梦想。

三　维护社会市场秩序和公平正义

当今世界国际形势复杂多变，经济全球化、文化多元化日益凸显，人工智能、大数据发展，我们面临的风险挑战之严峻前所未有，整个世界已进入风险社会。面对错综复杂的矛盾和问题，如何保持良好的市场秩序、社会秩序、网络秩序，人民群众充满了期待①。为此，国家坚持从加快完善现代市场体系入手，坚持简政放权，赋予市场更多的自主权。通过加强和创新社会治理，有效预防和化解各类矛盾纠纷。不平衡、不协调、不规范等问题得到一定程度解决，有效地激发了经济社会发展的动力活力，在很大程度上促进了社会的公平正义。因此，我们必须用改革的思维和法治的办法，促进边界重组和秩序重构，始终坚持把解决社会公平正义问题作为实现社会和谐的基本前提和根本途径。

当前，全面深化改革的不断推进，党中央、国务院出台了许多规定，下放了许多审批权限，激发了部分市场主体活力，较好地推动了经济社会发展。随着改革进入攻坚期和深水区，一些浮在表面的、容易解决的问题都已解决，一些局部、难度不大的改革也已经完成，剩下的都是难啃的"硬骨头"。我们必须把"深化"作为改革总标尺，立足全面、多点突破、克服困难、稳中求进，努力解决好改革落实中最为关键的"最先一公里"和"最后一公里"等问题。在市场准入审批方面，必须下大力气解决好市场准入审批事项多、审批程序繁、审批周期长、存在行业垄断现象等问题；在市场行为监管方面，要以最有力的举措消除经营者主体责任落实不到位、垄断行为和不正当竞争行为时有发生等现象；在市场监管执法方面，要规范执法程序、公开执法信息、严格执法行为等，坚决抵制执法过程中不作为、乱作为、简单粗暴以及过度执法等问题。黄河文化凝聚了中华民族几千年优秀传统文化，提倡爱国主义、集体主义、敬业奉献、敢于斗争等精神。无论时代怎样变迁，黄河文化绵延赓续、历久弥新，对营造良好经济环境、促进经济发展有着极其重要的意义。

---

① 马奇柯：《切实维护好市场秩序社会秩序网络秩序》，《重庆日报》2016 年 3 月 22 日。

因此，黄河流域广大劳动人民爱国爱家、互帮互助的价值追求，对于促进市场公平竞争、维护市场正常秩序具有重要的引领和促进作用。黄河文化是黄河儿女丰富的治河历史、珍贵的治河经验和战天斗地的民族精神的写照，是一种上层建筑的载体，它引导着社会主义市场经济的方向。黄河文化是中华儿女在战天斗地的进程中形成的，展示了中华民族顽强拼搏、敢于斗争的伟大精神，在中华民族历史进程中发挥着无可比拟的作用。黄河文化与中国的改革和变革同步伐，它以雄辩的事实证明中国选择社会主义市场经济是正确的选择，符合最广大人民的根本利益。社会主义市场经济在发展过程中，出于各种各样复杂的原因，必然会出现一些与人民利益相背离的不合理现象。在此背景下，必须发挥黄河文化的软实力，注意发掘黄河文化中蕴含的伟大精神，推动黄河文化在新时代发扬光大，使之成为中华民族共同的情感载体、精神资源与文化动力，推动社会主义市场经济秩序的不断完善。

四　助力区域经济实现高质量发展

当今世界，文化与经济相互交融，文化已经成为推动区域经济健康发展的重要动力，文化与经济的互动表现为"经济文化化"和"文化经济化"，文化与经济相互交融、相互促进，有力地推动了国家经济快速发展。"经济文化化"主要突出的是文化要素的主导性、决定性作用，这些要素主要包括习俗、知识、科技、信息、发展观念、审美、创意、心理等，这也是目前各个国家和地区推动经济发展又一路径。"文化经济化"是要突出文化因素在经济发展中的价值，通过在文化发展中不断融入经济因素，让文化成为推动经济快速发展的现实生产力，这些都是"文化经济化"的具体体现。因此，经济文化化和文化经济化是新时期推进"文化经济"发展的两个方面，这两个密切连接、不可分割①。经济发展落后如果单单从表面来看是物质贫困，但是我们透过这些表面的现象发现，其根本在于精神层面的贫困。如果忽略精神层面的励志益智，往往治标不治本，管一时难管长远。

----

① 代金平、何宏兵：《文化与经济的互动》，《当代世界与社会主义》2008 年第 3 期。

当前，中国正处在改革发展的特殊机遇期，要充分发挥黄河文化的经济价值，以区域经济发展带动全流域经济发展，进而助推全国经济高质量发展。黄河流域位置极为重要，可以充分发挥东联西进、承南接北的交通区位优势，为推进现代产业结构的转型升级和发展方式的及时转变提供了良好的机遇。但是，长期以来黄河流域发展体系不完善、发展质量不高、区域发展不平衡等问题非常突出。黄河流域历史文化资源丰富，拥有发展文旅产业的先天优势，但事实上并未能将资源优势转化为产业优势，对推动经济社会发展的重要作用发挥不够显现，已经成为制约经济发展的主要障碍和短板。我们必须坚持因地制宜、精准功能定位、创新发展思路，不断探索富有地域特色的高质量发展新路子。我们必须不断提升黄河文化的内涵和品质，加快形成新兴产业和文化业态，实现黄河治理保护的系统性、整体性、协同性，以保护和展示黄河文化为核心，把黄河打造成为区域最重要的生态廊道和沿黄文化旅游带，为区域生态文明建设永续发展提供助力。同时，应抓住历史契机，大力弘扬黄河生态文化，抓好大保护，推进大治理，为全面建成社会主义现代化强国提供生态保障和文化助力。

因此，黄河流域生态保护和高质量发展与黄河文化之间的关系密切，黄河文化作为一种传统的财富对黄河流域社会经济发展起到重要的推动作用，已经成为推动黄河流域经济社会发展的动力和源泉。因此，我们应该把黄河流域生态保护和高质量发展与黄河文化有机结合起来。在大学生思想政治教育中，我们可以通过收集黄河文化资料，对广大劳动人民治黄的故事、相关原始材料加以整理，以人民群众喜闻乐见的方式进行广泛传播，以广大青年学生更容易接受的方式，增强其教育效果，特别是可以借助现代媒体和先进技术，让广大青年学生在直观的感受中接受黄河文化，加强英雄人物先进事迹和革命烈士爱国情怀的熏陶，不断增强其社会责任感和使命感。

第三节　道德引领价值

道德引领文明，文明推动进步①。当代中国已经是世界第二大经济体，这个举世瞩目的成就来源于中国人民的勤劳勇敢和聪明智慧，更是依靠高水平的道德和规则意识所提供的精神支撑。黄河文化所包含的明德、自强、求是、力行等思想，是中华民族几千年来优秀文化的灵魂与核心，更是新时代引领高等教育事业发展的最为鲜明的文化特质和教育思想。因此，我们必须充分发挥黄河文化的道德引领价值，在教育引导广大青年学生正确认识世界和中国发展大势中，树立正确的世界观、人生观和价值观，自觉把"小我"融入"大我"，勇做走在时代前列的奋进者、开拓者。

一　推进社会主义核心价值体系建设

核心价值体系是一个社会意识形态的主体和灵魂，是维系一个社会和谐进步的基础和基石。中国特色社会主义核心价值体系吸收了中华民族五千年优秀传统文化的结晶，顺应了新时代建设社会主义文化强国的潮流，是推动中国革命、建设和改革开放伟大实践的重要精神财富。黄河文化与社会主义核心价值体系目标相同、作用一致、内在统一，在实际工作中可以相互促进、相互作用。运用黄河文化推进社会主义核心价值体系建设，可以通过中国共产党百年奋斗史宣传马克思主义，最大限度地统一思想、凝聚人心，形成推动中国特色社会主义的巨大动力。可以通过中国共产党带领中华民族的伟大复兴之路，凝聚力量的旗帜、激励创造的旗帜，坚定中国特色社会主义共同理想，使中华民族伟大复兴之路越走越宽。可以通过各民族在维护国家统一、民族团结、主权独立、领土完整中所形成的民族意识、民族品格、民族气质，大力弘扬以爱国主义为核心的民族精神和以改革开放为核心的时代精神，激励全体中华儿女为中华民族伟大复兴而努力奋斗。特别是要积极推进中华民族传统

---

① 夏鲁惠：《高校立身之本在于立德树人》，《中国发展观察》2021 年第 13 期。

美德与时代精神的有机结合，真正搞清楚在社会主义市场经济条件下，我们在经济发展过程中坚持提倡什么、反对什么。通过树立明确的价值取向、道德准则，为全体社会成员正确判断行为得失指明方向。在此基础上，积极推进四者的相互联系、相互贯通、有机统一，共同构成完整的社会主义核心价值体系，为社会主义意识形态建设明确方向和灵魂、内核和主题、精髓和主旋律、价值坐标和道德标准。

当前，中国全面深化改革进入攻坚期和深水区，利益主体矛盾交织，改革的艰巨性、复杂性和纵深性可以说是前所未见。在这样一个极其复杂的社会背景下，西方敌对势力对中国实施西化分化的图谋从没停止过，价值观领域的博弈是激烈的、长期的、复杂的。面对价值观领域的渗透和反渗透，我们必须通过凝魂聚气、强基固本坚守好价值观领域这块阵地，尤其是在高等学校，要始终坚持立德树人根本任务，引导广大青年学生树立以社会主义核心价值体系为内容的价值取向。然而，由于国与国之间的交流日益频繁，互联网等现代科学技术快速发展，从而使得不同文化之间的交融甚至碰撞非常激烈，整个社会的价值取向呈现多元性、多向性、多层性、模糊性和不稳定性的发展态势。面对这种复杂的形势，广大青年学生的理性思辨和分析选择能力还不够强，往往难以做出正确的选择。黄河文化是在马克思主义中国化的历史进程中产生发展的，承载着马克思主义的丰厚意蕴。黄河文化见证了中国特色社会主义道路的生成和发展，是中国特色社会主义道路的有力宣传者。黄河文化物质形态是党和人民正确世界观、人生观、价值观的物化见证，蕴含着正确荣辱观的深刻内涵。用黄河文化引领以社会主义核心价值体系为核心的道德建设，可以引导广大学生做出理性的判断，有效解决广大青年学生内心的矛盾和价值冲突问题，促进健康成长。

因此，运用直观生动和具有感染力的黄河文化开展思想政治教育，可以使广大青年学生在耳闻目睹和亲身体验中受到启迪、激励和鼓舞，更好地在认知上领悟中华优秀传统文化的博大精深，在情感上认同马克思主义的真理性，在信仰上坚定共产主义远大理性信念，在实践上坚定文化自觉和文化自信，明确了自己肩负的历史责任，逐渐提高马克思主义理论水平和无产阶级思想觉悟。运用黄河文化开展思想政治教育，让广大青年学生深刻感悟和理解人类社会发展的基本规律，强烈感受中华人民共和国来之不易，从而进一步增强促进发展的责任感、使命感。运用黄河文化开展思想政治教育，通过向广大青年学生展示中华民族辉煌灿烂的斗争历史，激发他们的国家自豪感、自尊感和责任感，激励他们自觉把时代精神与中华民族精神结合起来，自觉把以改革创新的时代精神融于血液，树立远大的理想和抱负。

二　促进社会主义文化自觉和自信

建设社会主义文化强国，需要高度的"文化自觉"和"文化自信"，努力营造一个和谐向上、合作共赢的良好氛围。然而，要树立高度的文化自觉和文化自信，首先必须从中华优秀传统文化中汲取智慧，与此同时，要对世界不同国家和民族的文化采取开放包容的态度，还要积极推进新时期社会主义文化建设，所有这些都是展示大国气度和风范的思想基础和先决条件。更是推动中华先进文化对外传播、增强中华文化国际影响力、塑造良好国家形象的精神力量①。黄河文化的产生是伴随着文化自觉和文化自信而展开的，中国共产党领导人民群众多年的奋斗历史就是坚持文化自觉和文化自信的历史。运用黄河文化，促进社会主义文化自觉和文化自信，必须从中华文明五千多年的悠久历史汲取智慧，必须从黄河流域源远流长、灿烂辉煌、博大精深、开放包容的优秀文化中寻找答案②。

文化自信和文化自觉是两个不同层面的概念，文化自信是对文化认同和肯定，文化自觉是对文化觉悟和觉醒。因此，文化自觉先于文化自信，文化自信建立在文化自觉基础之上。特别是在近代社会以来，中国人民的文化自觉过程绵延不断，文化自觉达到了空前广泛和深刻的程度，严复、鲁迅、章太炎、梁启超等一大批文化名家，他们以高度的文化自信和文化自觉，对中国传统文化进行了深刻的反思，对中国的文化自觉

---

① 温朝霞、杨师帆：《文化自觉和文化自信：建设社会主义文化强国的精神动力》，《探求》2013 年第 2 期。

② 张友谊：《从文化自觉到文化自信》，《光明日报》2017 年 11 月 29 日。

产生重要启迪。中国共产党历代中央领导集体创造性地提出了一系列促进社会主义文化发展的方针政策，大力解决社会主义文化建设中的新情况、新问题。早在中央苏区时期，毛泽东就一针见血地指出："创造新的工农的苏维埃文化。"邓小平、江泽民、胡锦涛等对中华文化的历史、现在和未来做了进一步深入的分析和认识，从而更加自觉地传承创新中华民族的优秀文化，不断提高自身文化修养，促进社会主义先进文化的繁荣发展。党的十八大以来，党中央做出了一系列重大决策部署，提出了新时代文化建设的基本方略，中华民族的文化自觉达到空前高度。运用黄河文化进行思想政治教育，可以使人民群众充分认识到文化建设的重要意义，自觉地把文化建设当成凝聚民心的精神纽带和促进经济发展的精神动力，尤其是要充分发挥黄河文化在增强社会主义文化自信中独一无二的优越性。

因此，我们要在文化自觉的基础上始终坚持马克思主义的指导地位，积极吸收古今中外优秀文化的合理因素，不断强化社会主义文化自信，尤其是要秉持客观、科学的态度，推进黄河文化的创造性转化、创新性发展，努力使黄河文化最基本的文化基因与高校立德树人根本任务的实现相适应、相协调。一要深入挖掘黄河文化深厚的文化积淀和厚重的文化内涵。黄河文化继承了中华民族在几千年的相互交往和融合中创造的辉煌民族文化，要积极挖掘黄河文化中的育人因素，结合实际对广大青年学生进行辩证唯物主义教育、进行爱国主义教育与国情教育、进行理想信念与人生观教育。二要深入挖掘黄河文化中的革命文化和先进事迹。黄河文化蕴含着丰富的革命史、斗争史和英雄史，以这些史实为主体的革命文化，散发着令人神往的文化魅力。我们要通过喜闻乐见的方式，在更大的范围内让更多的青年学生接触、了解和欣赏。三是深入挖掘黄河文化中的文化精品和文化故事。要充分利用黄河两岸丰富的文化旅游资源，全力讲好新时代黄河文化故事，更加坚定我们的文化自信。

三　维护国家政治和文化安全

政治和文化安全是国家安全的重要组成部分，是国家政权和社会制度得以维系的重要保证，和经济安全、军事安全一样重要。一个国家政治安全坍塌、文化阵地缺失，整个社会的凝聚力和战斗力就会削弱，社会风险和社会危机就会爆发，从而对国家安全造成损害。黄河和黄土高原是华夏先民的繁衍生息之地，是大自然对中华民族的慷慨馈赠。我们要充分领悟黄河文化的忧患性与福祉性，让黄河更好地造福人民。我们必须从战略高度充分认识国家政治和文化安全的战略地位，认真学习领会习近平关于黄河文化的重要论述，以高度的责任感做好新时代国家政治和文化安全工作。

目前，中国政治和文化安全面临两重风险。一是来自外来文化的威胁。第二次世界大战后，以美国为首的西方敌对势力不断加大政治的文化含量，试图损害我们的民族情感和民族精神，形成了对国家政治与文化安全的严重威胁。伴随着时代的不断发展和科技的进步，生产要素在全球的范围内加速流动。在全球化的影响下，一方面，民族文化在交往中相互借鉴、相互吸收，推进世界文明成果向前迈进。另一方面，民族文化在交往中相互较量、相互排斥，明显改变世界文化格局与文化秩序。在这场生死较量中，西方发达国家往往掌握话语霸权，凭借经济、科技等方面的优势，加紧对中国进行腐蚀和渗透，影响着人们的政治理念、思维方式、生活方式以及消费习惯，构成了对中国文化安全的严重威胁。二是来自本国文化内部的危险。在国内，全面深化改革的道路矛盾交织、利益格局多元，凝聚思想共识的难度有所增加。舆论空间上存在多元社会思潮，还没有完全杜绝杂音，对主流意识形态形成了严重的挑战。网络空间的管控还不很到位，推进网络空间和平、安全、开放、合作、有序是摆在我们面前的一个重大课题。

因此，我们坚持党对政治和文化安全的绝对领导，推动国家安全责任落到实处。要坚持以人民为中心的安全工作宗旨，充分调动广大人民群众的积极性、主动性和创造性，筑牢维护国家安全的铜墙铁壁。要坚持底线思维，着力防范化解各类重大风险，坚决防止发生"黑天鹅""灰犀牛"事件①。黄河文化隐藏着丰富的革命历史、革命事迹和革命精神，

---

① 李莹：《坚持总体国家安全观 履行好维护国家安全的政治使命》，《辽宁日报》2021 年 4 月 15 日。

展示着中国共产党艰苦创业的光辉事迹，展现着中国共产党在波澜壮阔的改革开放中取得的一个又一个伟大胜利。运用黄河文化开展思想政治教育，可以让我们认清西方霸权主义通过文化渗透"和平演变"的阴谋范式，全面认识中国政治和文化安全所面临的形势，坚决抵制西方腐朽文化的侵蚀和中国落后文化的感染，全面构建抵制西方政治和文化侵蚀的安全防线。

第四节　生态引领价值

生态兴则文明兴，生态衰则文明衰。生态文明是以人与人、人与社会、人与自然的和谐为基础，是人类文明发展到一个新的阶段所取得的物质和精神成果的总和。伴随着中国经济发展迈入高质量发展阶段，中国社会主要矛盾正在发生深刻的变化，广大人民群众对生活"质"的要求不断提高，对生态文明提升的要求越来越高。然而，由于生态环境的恶化与公民改善生态环境的愿望之间的矛盾仍在持续，正确处理人与自然的关系也应该是一项重点内容。高等学校要充分发挥思想政治教育优势，积极引导广大青年学生树立生态文明思想，正确处理人与自然关系，是新时期高校思想政治教育的重要内容。黄河流域广大劳动人民在开发黄河和治理灌区的过程中积累的相关知识与经验，渗透着尊重自然、顺应自然的理念。在新时代，我们继承和发扬古代灌溉文明注重"人与自然交互作用"的理念，正确处理经济发展中人与自然的关系，努力实现人与自然的和谐共生。擦亮黄河文化的生态引领底色，实现思想政治教育指导思想、教育方式和路径等方面的变迁和重构，是加强和改进新形势下高校思想政治教育，努力培养能够担当民族复兴大任时代新人的重要抓手。

一　增强生态文明意识

人的全面发展与社会和谐是相互统一的关系，没有社会的和谐，人的全面发展就没有基础，同样，没有人的全面发展，社会的和谐也就没有意义。当今社会发展存在着环境污染、贫富分化等诸多的问题，其根本原因在于人的全面发展与社会和谐相背离。因此，生态文明意识是社会主义生态文明体系的重要内容，是实现人与自然、社会三位一体协调发展的重要保证。长期以来，黄河文明虽然落后于工业文明的发展趋势，但是整体精神却与生态文明的内在要求一致。在黄河流域，古代先辈已经开始强调生态文明建设的重要性。因为人类为了生存与发展，曾经对自然无限破坏，从而加剧了自然灾害的发生，已经引起了人类的高度重视。人类用自己勤劳的双手共同建设我们赖以生存的生态环境，从而实现人与自然的和谐共处，达到共赢。近些年来，伴随着人类资本的无限扩张，生态环境受到严重破坏，导致了自然灾害的加剧。党的十八大以来，中国共产党结合时代的发展和中国的具体国情，在深入研究马克思主义生态文明思想的基础上，充分发掘马克思主义生态文明观的当代现世的价值，从而使得理论和实践都得到很大的突破。因此，黄河文化蕴含着丰富的生态文明建设思想。在促进人的全面发展这一价值目标上，两者价值同向、目标一致、方向一致。在人的全面发展和社会和谐进步的今天，运用黄河文化加强和改进大学生思想政治教育，必须融合中华文明和时代特色，重视发挥其在增强人们生态文明意识中的功能。

中华人民共和国成立以来，为实现生态的有效治理，历代党和国家领导人高度重视生态环境建设，积极开展植树造林、兴修水利、垦荒种粮等爱国主义运动，在满足人民需要的同时实现了生态的和谐发展。毛泽东等共产党人在第二次全国苏维埃代表大会上就提出"农村每人植树十株"的伟大号召，并公布了《保护山林条例》。1958年再次提出"要使我们祖国的河山全部绿化起来"，并积极开展植树造林运动。1982年，邓小平专门题词"植树造林，绿化祖国，造福后代"，并积极开展立法工作。江泽民同志告诫全党如果不注意环境保护，就要付出更沉重的代价，甚至会造成对子孙后代难以弥补的损失。胡锦涛同志要求全党要高度重视生态文明建设，努力形成节约能源和环境保护并重的产业结构和消费方式。党的十八大报告更是把生态文明建设纳入中国特色社会主义"五位一体"工作布局。2021年4月30日，习近平总书记在主持中央政治局集体学习时进一步强调："深入打好污染防治攻坚战。"① 因此，由于历代国家领导人的教育示范和号召，全国各族人民站在对国家和子孙后代负责人的高度积极推进生态文明建设，谱写了许多可歌可泣的感人事迹，体现了对国家崇高的责任感和使命感，体现了对人类和后代高度负责的长远目光和奉献精神。在黄河流域，坚定贯彻共抓大保护、不搞大开发方针，推进黄河干流及主要支流废弃矿山生态修复，促进了黄河流域生态环境和生态保护质量的持续提升。

运用黄河文化开展思想政治教育，把人类与环境和谐共生，"天人合一"的理念内化于广大青年学生，提高他们的生态文明意识，是落实立德树人根本任务的重要环节。高校要充分认识到生态文明对大学生的引领作用，不断完善课程设置，强化社会实践，营造良好文化氛围，教育引导广大青年学生自觉做生态文明的使者，努力促进人与自然的和谐②。

二 强化生态文明行为

黄河流域连接着青藏高原、黄土高原和华北平原，是中国生态环境保护的重要屏障。改革开放以来，国家经济持续健康发展，广大人民生活水平持续改善。但是，由于长期的粗放式发展导致资源、环境浪费严重，各种矛盾和问题日益凸显，严重制约了现代化宏伟目标的顺利实现。面对来自大自然的报复，唯有以生态文明超越传统工业文明，正确处理发展过程中存在的困难和问题，才能在新的起点上实现全面协调可持续发展。推进黄河流域的生态文明建设，首先要切实解决好了流域人民群众的防洪安全、饮水安全、生态安全等问题，同时也才能为全国其他地方类似问题的解决提供可借鉴、可推广、可复制的治理模式。开启全面建设社会主义现代化国家新征程，黄河流域已经形成的一套生态文明建设经验，已经成为推进绿色发展和高质量发展的重要经验。因此，不管

---

① 习近平：《努力建设人与自然和谐共生的现代化》，《求是》2022 年第 11 期。

② 朱艳、何明：《大学生生态文明观念培养现状与路径分析》，《哈尔滨职业技术学院学报》2018 年第 6 期。

有多么艰难，我们都不可犹豫、不能退缩。我们必须下大决心，坚定信心，认真打赢黄河流域生态环境保护攻坚战。

目前，国家积极推进生态文明建设，先后出台了一系列重大决策部署，广大人民群众的生态文明意识不断增强，整个社会生态文明水平稳中求进、持续向好。然而，由于经济发展水平、生产方式和价值观念的影响，生态文明建设还面临着许多挑战。中国的环境保护事业与国家改革开放事业同步推进，经历了问题导向、规模治理和系统推进三个不同的阶段。改革开放初期，由于资金、条件、人才和技术条件的限制，主要针对一些重点地区和常规问题进行保护，覆盖面相对较小。20世纪90年代末期，国家经济实力显著增强，资源消耗和环境保护问题引起党和政府的高度关注，国家开始实施规模治理，治理理念、治理水平和覆盖范围不断提升。党的十八大以后，国家开始从顶层设计的角度进行试点探索，生态文明治理进入一个新的发展阶段，取得了更加突出的成绩。然而，由于发展过程中新矛盾、新问题层出不穷，目前生态文明建设正处于压力叠加、负重前行的关键期，我们还有不少的困难要克服，还有不少的硬骨头要去啃，还有不少顽瘴痼疾要去治理。如果在这个阶段稍有松懈，将来治理的难度会更大、成本会更高、后果也会更加严重。我们必须以舍我其谁的历史担当，咬紧牙关、爬坡过坎，自觉承担起义不容辞的责任。

因此，我们必须认真学习贯彻习近平生态文明思想，切实增强推进生态文明建设的责任感、使命感，尤其是要充分发挥发挥黄河文化的培根铸魂功能、引领发展功能和民生保障功能。一方面在大学生中深入开展生态文明教育，教育引导大家牢固树立生态文明观念，以高度的生态文明建设自觉投身美丽中国建设。另一方面要坚持"环境就是民生，青山就是美丽，蓝天也是幸福"的理念，不断增强全民绿色意识、环保意识、生态意识、节约意识，让大家树立高尚的生态道德情操，把建设美丽中国转化为全体人民自觉行动。

三 优化生态文明环境

黄河流域得天独厚的生态资源与特色文化资源相结合，不仅能宣传爱国思想，也能通过实现经济利益使人民生活水平得以提高，还能推动精神文明建设，可谓功在当代，利在千秋。因此，我们必须从系统工程和全局角度出发，充分考虑上中下游的差异，上游坚持以水源涵养区等为重点，中游要突出抓好水土保持和污染治理，下游要做好对湿地生态系统的保护工作。

近年来，国家大力推进生态文明建设，采取问题导向、目标导向的渐进政策，生态文明建设和生态环境保护进入大变革、大发展的阶段，人民群众的获得感、满意度不断提升。一是生态环保意识明显提升，由过去的"要我环保"逐步转变为"我要环保"，全国上下生态环保的思想意识更加自发自觉、行动更加积极主动。二是生态环境质量明显改善，森林覆盖率、空气质量优良天数和 PM2.5 平均浓度、水环境质量都在发生改变，尤其是一系列生态环境法规的颁布，搭建起生态文明制度体系的"四梁八柱"。三是老百姓生态环境幸福感获得感明显升高，集中解决了群众身边的突出生态环境问题，中华大地正呈现出山青、水秀、河畅、岸绿、景怡的美丽风光。

黄河文化与生态文明建设思想是一致的，与新时代高校思想政治教育联系密切、相互作用。第一，要深入学习宣传贯彻习近平生态文明思想。积极推进生态文明思想进课堂、进教材，不断提高运用党的创新理论指导做好生态环境保护工作的能力①。第二，要坚定不移贯彻新发展理念。当前经济形势复杂多变，带来了许多的不确定性和风险挑战。我们必须坚持倒逼、引导、优化和促进的生态保护机制，正确处理好经济发展与生态保护的关系，积极倡导绿色低碳的生活方式。第三，要着力构建生态环境治理体系。要站在治理体系和治理能力现代化的角度，统筹考虑"十四五"乃至更长时间生态环境改善要求，积极推进生态环境保护立法和执法工作，努力构建现代化的生态环境保护格局。

---

① 生态环境部党组：《以习近平生态文明思想引领美丽中国建设》，《人民日报》2020 年 8 月 14 日。

第五节　个体引领价值

当今社会，人类的发展主要面临如下矛盾和问题：一是物质世界极端丰富和精神世界极端贫困之间的矛盾日益突出；二是人的发展过程中面临道德断裂和价值重建的困境；三是人的发展面临自由与枷锁的悖论。在各种价值观冲突不断以及社会大变革、大调整的背景下，思想政治教育被寄予厚望①。面对各种困难和压力，人们期望通过卓有成效的思想政治教育来化解个人精神世界的矛盾和价值观冲突，完善道德品质，构建精神家园，不断为人的发展答疑解惑，促进个体的自由全面发展。黄河文化具有重要的政治引领价值、经济引领价值、道德引领价值和心理引领价值，同时具有突出的个体引领价值。发挥黄河文化的个体引领价值，其主要目的在于促进文化育人作用的发挥，其最具本质意义是体现思想政治教育向人的回归。

一　科学理论教育

理想信念的坚定，来自思想理论上的清醒坚定。一个人要想练就"金刚不坏之身"，必须掌握科学的理论思维，时刻保持清醒的头脑，不断培植自己的精神家园。当前，世界多极化不断彰显，经济全球化步伐加快，信息技术、网络技术影响加大，加之国内经济体制改革和社会深刻变革导致利益调整，大学生思想政治教育面临的问题和矛盾前所未有。这些问题如果不能及时得到调整，就会使思想政治教育和管理工作面临着新的困境，从而导致校内不稳定因素增加，尤其是国家在积极推进全面深化改革的过程中，新的观念和旧的思想观念相互交织，容易给广大青年学生思想认识上造成迷茫或者不适。面对这种复杂的现实情形，运用黄河文化蕴含着的科学理论与先进思想武装广大青年学生的头脑，帮助他们树立正确的世界观、人生观和价值观，从而分清主流和支流、主观与客观、正确和谬误。主要原因如下：第一，黄河文化具有马

---

① 付安玲：《思想政治教育个体价值论》，人民出版社 2018 年版，第 4 页。

克思主义理论的思想性和革命性特征。黄河文化在理论上吸收了马克思主义思想文化，在实践上弘扬了爱国主义文化和红色文化，在新时代传递了民族团结、国家复兴的时代精神，是新时代民族精神和时代精神的集中反映，能够在高校思想政治教育中发挥教育引导功能。第二，黄河文化具有马克思主义理论的科学性与真理性特征。中国共产党的百年历史，就是不断用先进的理论武装头脑，积极推进理论创新的历史，并且沿着正确的道路继续前进。运用黄河文化开展思想政治教育，有利于指引广大青年学生正确认识自然、社会和人类发展规律，正确地认识自己、认识世界，不断提高推进改革和发展的能力。第三，黄河文化具有马克思主义理论的先进性与人民性特征。人民是黄河文化的创造者，是推进黄河文化创新发展的决定力量。运用黄河文化开展思想政治教育，有利于广大青年学生坚持科学的理论思维，自觉抵制一切错误言行，自觉树立正确的价值观，始终坚守社会主义意识形态的主导地位。

二　道德认同教育

在中国所有大江大河体系中，黄河不是流域面积最大的，也不是干流长度最长的，但是对中华民族的影响是其他河流难以比拟的。作为体现中华民族革命建设的关键符号和关键要素，其中的每一段革命历史、每一处革命遗址、每一个革命事迹、每一件革命文物、每一种革命精神都展现着中国共产党的光辉历史，代表着广大人民群众的高尚道德品质，对后人留下的都是一笔具有示范作用和道德认同教育的宝贵精神财富。因此，运用黄河文化加强当代大学生的道德认同教育，对于引导他们更加全面准确地认识中华民族的过去、更加清醒地认识中华民族的现在、更加把握好中华民族的未来具有重大而深远的历史意义，是培育中国特色社会主义事业合格建设者和可靠接班人的必然要求[①]。广大青年学生对优秀传统道德高度认同，但是务实、理性的现代意识明显增强。走进新时代，世情、国情正在发生深刻变化，广大青年学生的认知能力

---

① 张晓昀：《加强大学生优秀传统道德认同教育》，《中国高等教育》2016 年第 10 期。

和认知水平正在发生改变。我们必须准确把握青年学生的心理和行为的发生发展规律，积极运用黄河文化丰富的道德行为内驱力和感染力，不断激活他们的道德需要和动机，促使他们个体道德行为不断改善和提升。一是采用目标激励。黄河文化蕴含的主流意识、道德水准、民族精神、价值追求等优秀道德品质，凝聚着中华民族几千年的哲学智慧和实践经验，在新时代闪烁着人性之光、人性之力、人性之美，为激励广大青年学生追求真善美的价值追求树立了标杆。二是采用榜样激励。千百年来，黄河流域涌现了尧、舜、禹、秦皇、汉武等无数风流人物，以及吉鸿昌、吴焕先等一大批民族英雄。在黄河流域这块广袤的土地上，他们牢记国家和民族利益，时刻把集体和他人利益放在首位，谱写了一幕幕壮美的乐章。他们的感人事迹是中华民族几千年战天斗地的真实写照，是新时代进行道德教育的典范和示范教育素材。三是采用情感激励。运用治黄过程中战天斗地的历史，可以提升广大青年学生克服困难、战胜挫折的能力，激发他们积极进取、团结向上的情感正能量，努力培育良好的道德需要和情感动机，进而打造个人良好的道德品质。

三　心理健康教育

在现代生活中，由于复杂的社会背景、社会竞争日益强烈等因素容易造成心理失衡等不和谐现象越来越多，加强和改进大学生心理健康教育迫在眉睫。黄河文化中的"和合"思想、坚忍不拔的精神、积极向上的生活态度，是新时期开展大学生心理健康教育的重要载体。近些年来，由于社会环境的复杂多变和竞争环境的加剧，大学生心理健康问题日益突出。究其原因，主要是环境变迁、学业期望、人际关系、自我认知、家庭环境等方面。因此，运用黄河文化开展思想政治教育，可以深刻挖掘其蕴含的独特魅力和深层价值，不断提升广大青年学生的心理素质和健康水平。第一，有利于青年学生坚强意志的塑造。坚强的意志包含了高度的自律、自觉、坚韧和果断，是一个人在成长过程中的重要精神力量。黄河文化是党和人民面对挑战、威胁、失败甚至死亡而坚忍不拔、顽强拼搏的真实写照，在新时期有利于助推人们塑造坚强意志，正确面对困难挑战、迎接挑战，从而牢牢掌握自己的命运和国家民族的前途。第二，有利于青年学生乐观心态的培养。培养乐观、豁达的性格，才能让大学生时刻保持良好的心理和精神状态，是大学生成长成才的重要保证。黄河文化蕴含的革命乐观主义精神有利于广大青年学生面对困难时增强信心、培养自信、战胜挫折。第三，有利于青年学生创新思维的培育。创新是中国革命、建设和改革取得伟大胜利的根本保证和制胜法宝。黄河文化蕴含丰富的创新精神，体现在沿黄军民改造黄河、保护环境的工程建设中，是推进新时代先进生产力积极向前的基石。在创新已成为时代象征性符号的如今，运用黄河文化教育广大青年学生增强创新意识，是加强和改进大学生思想政治教育的关键所在。

第 四 章

黄河文化融入高校思想
政治教育的理论基础

　　黄河文化璀璨多元、博大精深，是中华民族精神的集大成者，是青年大学生思想政治教育的重要资源和载体。高校是立德树人的重要场所，将黄河文化融入青年大学生思想政治教育，能够培养青年学生的综合素养，增强他们的文化自觉和文化自信，充分凝聚起实现中华民族伟大复兴各种力量，能够有效激发中华优秀传统文化的生机与活力，能够更好地培养青年大学生的健全人格、促进学生的健康成长。通过梳理中国共产党传统文化思想的理论基础、中国共产党传统文化思想，并辩证分析黄河文化与思想政治教育二者之间的关系，有利于从学理上奠定黄河文化融入高校思想政治的理论基础。

第一节　中国共产党传统文化思想的理论基础

　　20 世纪初，中华传统文化在多种主客观因素的作用下呈现出式微现象，文化自信对实现民族自立自强的重要作用日益凸显，受到越来越多的重视。马克思主义自五四运动以来，在中国的传播呈现星火燎原之势，指导着中国革命和建设事业的发展，并不断与中华优秀传统文化相结合，显现出越来越强的生命力。在这一进程中，马克思主义与中华优秀传统文化不断进行结合，赋予其新的时代内涵和价值①。

一　马克思恩格斯的传统文化观

纵观马克思、恩格斯的系列经典著作，应该说是内容丰富、常学常新，有着无穷的生命力。但是我们细细品味，其中直接涉及"文化"和"传统文化"等概念的内容还很鲜见，尤其是关于中华优秀传统文化的内容更是少之又少。马克思、恩格斯没有给文化下过明确的定义，但在其立场、观点中贯穿着关于文化的阐释，尤其是有关传统文化的描述。因此，我们只有从马克思、恩格斯所处的时代背景出发，并从当时德国社会的实际出发，才能对马克思、恩格斯的传统文化观进行深入的研究和思考，并以此指导社会的实践活动。

（一）总体特征的渐进性和继承性

马克思在其著作中详细论述了对传统文化的总体认识。如马克思沿用摩尔根的主张，将古代社会划分为"蒙昧期""野蛮期"和"文明期"等三个不同的发展时期，呈现出循序渐进的特点，充分体现出传统文化的渐进性特征。而且，他将每一个时期具化为初级阶段、中级阶段和高级阶段。从各个阶段的内在逻辑来看，各个阶段相互联系、相互促进，其发展趋势呈现出由低级向高级演进的显著特征。

恩格斯在《致瓦尔特·博尔吉乌斯》的信中指出："人们自己创造自己的历史，但他们是在既定的、制约着他们的环境中，是在现有的现实关系的基础上进行创造的。"② 从这里可以看出，人民群众创造历史进程中基于特定的现实关系，并受制于特定的环境，沿袭了"各经济发展阶段的残余"。虽然恩格斯并没有明确提到"传统文化"这一概念，但涉及的内容本质上就是传统文化。传统文化的诞生离不开特定的时间和空间，是人民群众在长时间生活和实践中的经验总结和升华。而且，随着时间和空间的变化，这种经验的总结和升华也会发生一定的变化，一部分顺

---

① 陆睿：《马克思主义在中华优秀传统文化发展中的应用》，《中国集体经济》2019 年第19 期。

② 《马克思恩格斯选集》第 4 卷，人民出版社 2012 年版，第 649 页。

应了历史潮流变化而得以传承下来，一部分不适应社会变迁而被淘汰，而一部分经过改造也延续下来。

（二）基本态度的去芜与存菁

马克思、恩格斯指出，自然环境因人的活动印下理性的印迹，而文化是自然的"人化"。在资本主义社会，资本家和劳动者存在天然的对立关系，劳动者创造出的产品都属于资本家，不再属于劳动者自身①。因而，马克思、恩格斯在指明文化本质内涵的同时，重点从人的本质力量对象化的角度，深刻揭示了资本主义文化的特征。因此，资本主义与社会主义最本质的区别在于生产关系的不同。资本主义将一切社会活动的目的归于追逐物质利益，从而使得社会关系逐渐异化，拜金主义、奢靡之风盛行。而社会主义则有本质上的不同，生产关系决定了社会主义社会在注重物质基础的同时，也高度关注人的精神文化需求。

马克思、恩格斯认为，只有共产主义革命才能从根本上消除资本主义文化。为此，他们在《共产党宣言》中明确指出，共产主义革命就是同传统的所有制关系实行最彻底的决裂；在发展过程中要同传统的观念实行最彻底的决裂，这就是著名的"两个彻底决裂"②。这既是《共产党宣言》理论内核，也是科学社会主义的理论精髓。具体来说，就是要消灭共产主义（社会主义公有制）之前人类发展史上出现过的一切所有制形式。因此，实行"两个彻底决裂"的精神实质就是要对以资本主义所有制为代表的传统所有制形式进行理性批判，吸收其中对建立新型所有制有借鉴意义的部分，坚决摒弃具有剥削属性的社会意识，并在此基础上提出未来社会的所有制形式和文化观念。

在这里需要特别说明的是，"彻底决裂"不是要把共产主义的实现与传统的所有制形式"一切割裂""全盘否定"，而是要辩证地看待、批判地继承，因为并不是所有的物质存在都具有意识形态的色彩，并非一切思想观念都是阶级统治的产物。共产主义的实现是一个漫长的历史过程，我们必须尊重客观规律，保持健康的心理状态。因为"两个彻底"中

---

① 《马克思 1844 年经济哲学手稿》，人民出版社 2014 年版，第 47 页。
② 《马克思恩格斯选集》第 1 卷，人民出版社 1972 年版，第 271—272 页。

"彻底"指的是最终的结果，而非过程的"求急求快"。这既是基于实现共产主义革命的客观要求，又源于马克思主义科学长期坚持的方法论。正如马克思在《哥达纲领批判》中所指出的，社会主义社会是"从资本主义社会中产生出来①"，必然带着资本主义脱胎出来的那个旧社会的痕迹，我们就必须根据时代的发展变化对其进行批判和变革。所以"两个彻底决裂"蕴含了共产主义的革命态度，明确了共产主义的革命任务。中国共产党人在带领人民进行革命和建设的过程中，必须认真把握"两个彻底决裂"的思想精髓，绝对不能另起灶炉，陷入历史虚无主义的泥沼。对待传统文化思想，绝不是全盘否定和故步自封，而是要去芜存菁。要兼顾国情和历史发展规律，保持共产主义总方向不变，充分借鉴和吸收其中有益的成分，走出具有中国特色的社会主义道路。

（三）内在规律的多元并存和跨越式发展

社会生产力的发展是有客观规律可循的，马克思、恩格斯在明确传统文化基本态度的基础上对其发展的可能性进行了深入分析。在早期人类社会，生产力水平极为落后，加之交通不便，区域之间文化交流交融有限，民族文化的独立性保持相对完整。随着社会生产力的发展和进步，区域、民族与国家之间交往日益频繁，不同民族之间文化交流日趋频繁，各民族在文化交融互通中实现本民族文化的发展。与此同时，由于自身条件的限制，不同民族之间发展极不均衡，个别地区在发展过程中呈现出相对滞后性，从而使得文化差异在所难免。但是文化作为一种精神层面的东西，其在本质上保持着内在的一致性。也就是说，任何一种文化在其产生、发展、成熟过程中都必须经历类似的过程，都经历一个由低级向高级转变的过程。在文化的转变过程中，无论是文化的发展模式，还是发展阶段，都呈现出多元共存的发展样态。他们从不同角度出发，论证了传统文化发展过程中的客观规律，即经济文化落后的国家可以通过吸收先进国家的文化，实现跨越式发展。俄国革命的发展过程，充分证明了马克思、恩格斯预见的正确性。俄国也正是从资本主义社会的较低阶段一跃转化为社会主义更先进的文明阶段的国家。

---

① 《马克思恩格斯选集》第3卷，人民出版社2012年版，第363页。

二 列宁的传统文化观

作为马克思主义的信仰者和践行者，列宁虽然并没有明确提出过"传统文化"这一概念，但其用"旧社会遗留给我们的材料"① 来定义"传统文化"。李宁立足俄国文化建设的实际，深刻剖析了传统文化的特征，形成了科学对待传统文化的思想体系，成为第一个真正将马克思主义传统文化观付诸实践的人。

（一）文化具有历史继承性

20 世纪初的俄国，社会动荡不安，一场社会的大变革迫在眉睫。作为西方资本主义的薄弱环节，俄国的发展严重滞后于其他资本主义国家，"俄国的前途到底在哪里"成为广大知识分子思考和辩论的重大问题。经历了十月革命的胜利后，工人阶级革命运动蓬勃开展，各种不同的思想流派和各种不同的政治主张纷纷出现。建立新苏维埃政权之后的国家建设，一方面需要尽快恢复经济，另一方面文化建设也是极其重要的一环。在这样一个大变革、大发展的背景下，以列宁为首的苏联布尔什维克必须处理好一个后发国家面临的重大问题——如何处理传统与现代的关系。

在对待传统文化问题上，列宁以马克思和恩格斯关于传统文化基本理论为指导，与俄国社会主义建设的实践紧密结合，形成了具有鲜明特色的传统文化观。列宁认为，社会形态是动态发展变化由低级到高级的过程。在这一过程中，并不是每一历史阶段的转变都会创造出新的文化，而在在批判继承的基础上赋予文化新的内涵。他强调，文化作为一个国家经济发展的软实力，其中先进的部分会对于新的经济基础具有促进作用，而落后的部分则对经济基础具有腐蚀瓦解作用。因此，列宁指出不能片面、孤立、静止地否定一切传统文化，而应该实事求是、辩证发展。他指出，任何一种文化的发展必须要有其适合的土壤，必须在一定的社会和自然环境中展开。在当时的俄国，科学文化普及率非常低，文盲占比非常高，进行社会主义文化建设困难重重。此外，传统文化的现代转

---

① 《列宁选集》第 4 卷，中共中央马克思恩格斯列宁斯大林著作编译局编译，人民出版社2012 年版，第 282 页。

型必须充分结合时代特征和现实需求，要与生产实践紧密结合，要与新的时代特征紧密结合，还要赋予其新的内容和实现形式。列宁在《关于民族问题的批评意见》《论无产阶级文化》中指出，只有对人类解放中所创造的所有文化加以改造，才能适应时代发展的迫切需要，努力建设无产阶级的先进文化。因此，他要求对待传统文化既要防止极左，又要防止极右。对待西方文化不能一棍子打死、盲目排外，但也不能故步自封、盲目迷信。

在列宁看来，文化的传承与创新一脉相承，文化的发展本质上在于传承和创新的统一。在文化发展的过程中，我们一方面要坚持在既有条件下的创造，另一方面要坚决防止凭空杜撰和主观臆造。他强调：发展无产阶级文化，一方面要加强对传统文化的批判继承，另一方面要加强与革命实践的结合，努力在革命实践中赋予其无产阶级属性。任何一种新文化的产生都不能离开对旧文化和外来文化的扬弃，应该辩证地处理好继承与创新二者之间的关系。列宁旗帜鲜明地指出，任何全盘否定资本主义文化的观点的人，都不是真正的马克思主义者。

（二）批判错误文化思潮

俄国十月革命期间，伴随着政治、经济和社会的深刻变革，整个社会的价值观念和意识形态也在发生重大变化，尤其是各类资本主义思潮泛滥，各界在十月革命的历史必然性、苏维埃俄国文化发展和文化转型等许多问题上存在诸多分歧，俄国国内各利益群体对传统文化发展各自主张也不尽一致。典型的是，代表小资产阶级利益的自由主义民粹派标榜大力继承革命先辈的优良传统，继承、发展马克思主义的同时又积极主张推进改革，试图通过曲解马克思主义，来推行他们的政治主张，造成了严重的不良影响。在这种复杂的背景下，一些俄罗斯民族沙文主义者在保护本民族传统文化之时，出现了盲目排外，全盘否定资本主义文化的错误倾向。在无产阶级阵营内部也出现了所谓的"无产阶级文化派"，意图建立一个全新的、去除全部旧文化的无产阶级文化社会。面对这些不和谐的声音，列宁明确指出强烈反对这些观点，认为传统文化是社会进步的基石，任何社会都离不开传统文化的滋养。要建设强大的社会主义俄国，就必须坚持传承和创新相结合，努力把一切将有利于社会主义建设的文化都利用起来，为国家经济建设提供坚强的思想保证。为此，在《共产主义运动中的"左派"幼稚病》一文中，他以深刻的政治智慧，全面系统总结了俄国革命斗争的成功经验，对各种错误社会思潮一一进行了批判。俄国十月革命后，列宁结合实际进一步将一系列传统文化思想付诸实践，并在实践中反复检验、锤炼，使其传统文化观更加成熟、完善，形成较为科学系统的传统文化观，为整个社会主义阵营（尤其是中国共产党）治国理政提供了重要的理论基础和思想借鉴。

第二节 中国共产党的传统文化思想

黄河文化等中华优秀传统文化的形成并不是一蹴而就的，而是在几千年的历史长河中不断凝练和总结的，并随着时代的发展而赋予其新的时代内涵，是中华民族生存和延续，屹立于世界民族之林的内在支撑与不竭动力。包含黄河文化在内的中华传统文化，如何发挥其治国理政和教化育人的功能，是党中央在治国理政中必须要面对的重大理论和实践问题。自中华人民共和国成立以来，尽管经历过曲折，对传统文化的认识出现了一些偏差，但未从根本上影响到传统文化作用的发挥，也未从根本上动摇传统文化的重要地位。在探索中国特色社会主义文化建设道路的实践中，中国共产党始终坚持马克思主义的立场、观点和方法，把马克思主义基本原理同中国具体实际相结合、同中华优秀传统文化相结合，形成了全面、系统、科学的传统文化观，对新时代传承和弘扬黄河文化等中华优秀传统文化具有重要的指导意义。

一 早期中国共产党的传统文化思想

中国共产党自成立之日起，就把反帝反封建当作自己的历史使命。同时，传统文化也面临着现代化转型的迫切需要。正是在这种背景下，早期中国共产党人如何看待和定位传统文化，如何把反帝反封建任务和传统文化改造有效结合起来，是时代赋予早期中国共产党人的历史使命。

早期中国共产党人的传统文化观，是早期的中国共产党人站在马克思主义的立场上，结合中国特色社会主义建设的实践形成和发展起来的。

早期中国共产党人认为，中华传统文化表现出三个特质。首先，中华传统文化具有民族性。中华传统文化起源于远古时期的农业文化，形成于中国人民改革建设发展的过程，已经深深融入中华民族的性格之中，普遍地影响着中华民族改革发展的各个层面，在理性认识西方资本主义文化优势、反思中华传统文化问题所在的同时，中国共产党人从未放弃寻求中国传统文化与现代化的结合点，通过残酷的革命斗争实践证明，只有实事求是地把握住民族性的观念和政策才是行之有效的。早期中国共产党人对中国古代史和传统史学的研究也充分体现出民族特性，不同民族的特性和品质展示出不同的生活方式和处事方式，为后来中国共产党正确的驾驭和解决民族问题奠定了良好的基础。其次，中华传统文化具有多元性。中华民族共同体是几千年来各民族交流交融共生的结果，在这一共同体中，各民族文化在互相融合中构筑中华文化共同体的同时，也保留了自身民族的文化特质，呈现出多元文化竞相发展的局面。最后，中华传统文化具有开放性。这种开放性表现为自我消化、整合和完善，将不同地域文化统一接纳为中华文化内容的方方面面，传播到世界各个地方①。

近代以后，部分国人意识到中国传统文化的不足，不同政党和群体选择了不同的道路，有改良说、西化说等。在这种情形下，中国共产党人通过对传统文化批判地继承，并且在此过程中具体问题具体分析，形成了自己的亮点共识，不断推动传统文化创造性转化、创新性发展。

二　革命时期和建设时期共产党人的传统文化思想

在革命时期和建设时期，以毛泽东为主要代表的中国共产党人形成了一元多维的传统文化观，他们积极运用马克思主义的立场、观点和方法分析传统文化，对其精华与糟粕进行科学和具体的分析，为形成了一系列正确的原则和根本的方法打下了坚实的思想基础②。

---

① 《李大钊全集》第 2 卷，人民出版社 2006 年版，第 215、241 页。
② 李保玉：《新中国 70 年来五代领导人传统文化观的思想精髓及历史发展》，《齐齐哈尔大学学报》（哲学社会科学版）2020 年第 2 期。

一是理性看待传统文化。在对待中国传统文化的态度上，中国共产党坚持守正创新，不断开创中国特色社会主义文化的崭新局面。从中国共产党成立到苏区和延安时期，在国内和党内有相当一部分人认为中华传统文化是愚昧和落后的代名词，他们主张摆脱传统文化的束缚，彻底甩掉这些革命的"精神包袱"。针对这种历史虚无主义思想，中国共产党旗帜鲜明地进行了反对和抵制。毛泽东同志始终坚持马克思主义的传统文化观，把中华优秀传统文化作为提升民族自信心的必要条件。因此，他强调必须尊重传统、尊重历史，并且发表了一系列的论述论断。可见，毛泽东同志以理性的态度对待传统文化，在尊重历史的基础上，客观看待传统文化的作用。

二是批判性继承传统文化。作为优秀传统文化的忠实传承者和弘扬者，中国共产党始终坚持的方法和原则就是"批判性继承"。自毛泽东成为一个马克思主义者初始，就坚持把"一切优秀传统文化看成和自己血肉相连的东西"，明确提出要坚持以马克思主义为指导，努力成为"一切文化、思想、道德的最优秀传统的继承者"。在《新民主主义论》中，他系统论述了新民主主义时期的文化纲领，提出对待传统文化要"剔其糟粕，取其精华"。在1945年中共七大报告《论联合政府》中，系统回答了事关中华民族前途命运的关键问题，再次提出对传统文化"不能盲目搬用"。在延安整风运动时期，在针对党的高级干部思想作风问题的一系列重要讲话中，进一步丰富了其"批判性继承"中华传统文化的思想。1960年毛泽东再次明确提出"要把封建主义的东西和非封建主义的东西区别开来"。由此可见，关于传统文化"批判性继承"的思想，是马克思主义中国化的具体体现，是推进中华传统文化继承和创新的关键所在。它不但科学回答了为什么要批判性继承，还具体回答了怎样批判性继承的问题。历史充分证明，坚持"批判性继承"才能系统领悟毛泽东同志的传统文化思想，才能为全面把握中国共产党中华传统文化观奠定坚实的理论基础。

三是活学活用中创新传统文化。在中国走向近代的思想探索中，西方自由主义思潮与中国文化传统本源不同，文化发展脉络迥异，因此必然产生很大的排异性。同时，新儒家思潮又同中国传统文化同质化程度较高，难以引领中国实现社会变革。马克思主义倡导一种全新的世界观和方法论，既"异"又"同"，令国人耳目一新。为了教育引导广大人民正确认识与理性对待外来文化和其他主义，毛泽东提出了"古为今用，洋为中用"的发展原则。要求我们在学习、继承、弘扬传统文化的过程中，要紧密结合中国革命和建设的实际，千万不能机械地照搬照抄。要求我们对待外来文化应该秉持审慎态度，要积极吸收其中的合理成分和有益部分，千万不能凭感情盲目排外，更不能一刀切。毛泽东的传统文化观坚持了马克思主义辩证法的原则，对于我们更好地坚持传统文化的守正创新，促进中华文化的不断发展、持续繁荣具有重要而深远的意义。尤其是在对黄河文化的认知上，1936 年 2 月毛泽东东渡黄河，在东征前写下了为世人所流传的不朽诗篇《沁园春·雪》。当时，面对敌人的围追堵截、面对白雪皑皑的冰雪世界，他胸中豪情激荡，从而留下了"大河上下，顿失滔滔"的千古名句，而诗中的"河"就是指黄河。毛泽东转战陕北时，指出"没有黄河，就没有我们这个民族啊"！1948 年，毛泽东说："在这个世界上，我们什么都可以藐视，但是唯独不可以藐视黄河。"1959 年，毛泽东再次高度评价黄河，并指出"一定要把黄河的事情办好"。可见，在毛主席心中黄河之于我们这个国家、这个民族的重要意义。

三 改革开放时期共产党人的传统文化思想

1978 年关于真理标准问题首先在思想文化领域拉开序幕，中国社会进入改革开放的新时期，传统文化的发展也进入了一个新的阶段。文化认知的变革必然带来文化实践的革新，邓小平、江泽民、胡锦涛等党和国家领导人发表系列讲话，积极传承发展中国传统文化。为顺应改革开放和市场经济发展的新需要，国家一方面积极学习借鉴西方科技文化，另一方面高度重视民族文化建设，促进了传统文化的繁荣与发展。

（一）邓小平理论中的传统文化思想

作为中国共产党第二代中央领导集体的核心，邓小平从中国社会主义事业建设的实际出发，把中国传统文化中"实事求是"这个具有普遍恒久意义的命题与马克思主义思想紧密结合，在传承毛泽东关于传统文

化的思想与方法的基础上，结合改革开放和现代化建设的实际推进传统
文化的传承创新，形成了一系列对待中华传统文化的新思想。

一是采取有力措施肃清封建主义思想文化遗毒。中国是世界上封建
社会历史最长的国家，几千年的封建文化为人类文明做出突出贡献的同
时，也留下了沉重的社会包袱。中华人民共和国的成立，结束了几千年
的封建专制，经济基础、政治制度、社会环境等封建主义思想文化所依
托的基础也不复存在了。但是，由于中国封建社会的影响根深蒂固，从
而使得这种"遗毒"对国家和人民事业的影响巨大。在推进改革开放和
现代化建设事业的过程中，邓小平坚持从中华民族丰厚的人文主义精神
中汲取养分，从而使得心系天下的忧患意识绵延不绝，不断散发出人文
主义的芬芳。但是，他也清醒地认识到肃清封建专制文化遗毒的长期性、
艰巨性和复杂性。他始终认为，封建流毒对改革开放和现代化建设的影
响巨大，必须引起我们的高度警惕，并且要采取有力措施彻底肃清。
1980 年 5 月 24 日，邓小平接受李维汉的建议，就"反对封建主义思想"
这个问题进行了深入的思考与部署。在同年 8 月 18 日召开的中央政治局
扩大会议上，邓小平明确要求彻底肃清封建残余影响，划清社会主义和
封建主义的界限，封建文化遗产中民主性精华同封建性糟粕的界限，封
建主义流毒同我们缺乏科学制度、经验、方法的界限，采取切实可行的
措施从根本上肃清封建主义思想文化的遗毒①。

二是积极推进中华传统文化与社会主义精神文明建设相结合。
邓小平是一位伟大的战略家，他提出的建设社会主义精神文明思想是马
克思主义基本原理与中国文化建设和改革实际相结合的产物，是一个伟
大的思想创新。邓小平多次强调，社会主义精神文明建设与中华传统文
化相互联系、相互作用，必须大力传承中华优秀传统文化，努力建设社
会主义精神文明。在改革开放初始，面对人们对许多问题的认识模糊的
状况，邓小平提出要善于运用"钻研、吸收融化和发展"的方法和原则，
弘扬中华优秀传统文化。这里的"钻研"就是要进行深入的研究和分析，

---

① 韩振峰、李卿：《新中国成立 70 年来中国共产党传统文化观的演变与创新》，《东岳论
丛》2019 年第 9 期。

分清精华与糟粕；"吸收"就是将其中有用的部分为我所用；而"融化和发展"则是把优秀传统文化与经济社会发展的实践结合起来。因此，"钻研"是为了更好地"吸收"，而最佳"吸收"的效果则是"融合和发展"。邓小平在不同场合的很多讲话，不同程度上强调了中华传统文化的重要作用，为中国共产党的传统文化观开启了新的篇章。

三是面向现代化、面向世界、面向未来发展中华传统文化。传统文化中的"仁义礼智信"等普适性文化，西方文化中的合理成分都应该成为中国先进文化的重要组成部分，促进了中华传统文化价值体系的完善与发展。"三个面向"体现出传承和改造中华传统文化要有时代意识，这是邓小平对待中华传统文化所坚持的一个重要原则。在20世纪80年代，针对国家经济发展形势和人民生活状况，邓小平明确指出一切工作都要为现代化建设服务。因此，在当时背景下，中国一方面通过继承和发展中华优秀传统文化增加发展动力，另一方面通过面向世界和未来大胆吸收人类一切文明成果为我所用，促进了物质文明和精神文明的繁荣与发展。

（二）"三个代表"思想中的传统文化

党的十三届四中全会后，面对国际国内出现的重大现实问题，党中央下大力气聚精会神抓党的建设，同时对如何正确认识和对待中华传统文化问题从理论和实践两个层面进行了卓有成效的探索。江泽民同志以一名马克思主义政治家的战略眼光，坚持运用马克思主义的方法和态度正确认识和对待中华传统文化，提出了一系列的正确的观点和理论，形成了江泽民关于正确认识和对待中华传统文化的思想。

江泽民同志基于党的历史方位，立足国内国际形势变化，结合党的发展现状，明确提出了"三个代表"重要思想，具有鲜明的时代特征。"三个代表"重要思想主要包含三个方面的内容，其中"始终代表中国先进文化的前进方向"是其核心内容，因为没有先进文化就不能建设中国特色社会主义，这一极具创造性的论断树立起了中国共产党在思想上、精神上的旗帜，突出了文化建设的时代性、实践性和先进性。江泽民同志高度重视中国特色社会主义先进文化建设，曾在不同的场合多次强调，必须坚持守正创新之道，大力弘扬中华优秀传统文化，努力创造光耀时代、光耀世界的中华文化。在毛泽东诞辰 100 周年大会上，江泽民结合教育、科学、文化事业实际，提出要继承优秀民族文化传统，大力繁荣社会主义文化。要坚持改革创新，积极发展文化事业和文化产业，多出精品，多出人才，推动社会主义文化的繁荣发展。在"三讲"教育活动中，江泽民强调要大力弘扬重视学习、讲求政治、追崇正气的优良传统，把中华优秀传统文化作为"三讲"教育的重要思想来源，进一步强化对党员干部的思想武装。在党的十五大报告中，他站在党和国家事业发展大局的高度，指出要通过文化繁荣来凝聚和激励全国各族人民，进一步强调"有中国特色社会主义的文化是综合国力的重要标志"。在中国共产党成立 80 周年之际，他站在历史和现实的高度提出发展社会主义文化的重要意义，再次强调"必须继承和发扬一切优秀的文化"。在党的十六大报告中明确提出在先进文化的建设中，要"坚持培养和弘扬民族精神"，并对中华民族精神做了新的提炼和概括。可见，继承和发扬中华优秀传统文化是建设中国特色社会主义先进文化在新时代条件下的发展与创新，而建设中国特色社会主义先进文化是继承和发扬中华优秀传统文化的源泉和基础，两者相互联系、相互促进。

为了推进中华传统文化在建设中国特色社会主义先进文化实践过程中作用的发挥，江泽民多次结合中国现代化建设的实际进行了系统论述。这些论述，归根结底就是要继承、借鉴和创新。

（三）科学发展观中的传统文化思想

胡锦涛认为文化是一个民族的血脉，中华优秀传统文化是社会主义文化建设的重要源泉，是发展社会主义先进文化的重要源泉和深厚基础。他指出："中华文化历来包含鼓励创新的丰富内涵"，因此我们必须坚持推陈出新、革故鼎新，努力赋予中华优秀传统文化在新时代新的内涵。中华优秀传统文化对实现民族自立、推动民族进步具有重要意义，必须运用创新思维促进传统文化的创新发展，以激发民族精神，增强社会的创造力，不断促进社会主义文化建设。胡锦涛坚持用历史的观点看待中华传统文化，努力将其核心思想与社会主义文化建设的实践结合起来，为繁荣发展具有中国特色的文化发展道路提供了依据。

一是提出与中华优秀传统文化相契合的新发展理念。胡锦涛在认真总结中国现代化建设经验基础上，积极顺应时代发展潮流，提出了"五个统筹"、协调发展的新理念。他强调，文化建设必须始终坚持以人为本的基本理念，始终关注人的素质提升和全面发展。这实际上就是从中国古代民本思想的现代演绎。中华文明历来高度重视维护人民群众的利益，坚持人民利益高于一切，充分尊重人的尊严和价值，让改革发展成果惠及绝大多数人。科学发展观中的"全面协调"思想，其本质就是要弘扬中华传统文化中的"和合文化""和为贵"等思想，说到底就是要各行各业有序发展。而"可持续发展"的思想，本质就是要注重长远，使子孙后代能够永续发展，这也是中华传统文化中"和谐"思想的体现。由此可见，科学发展观与中华优秀传统文化相互促进、相互作用。

二是提升国家文化软实力以弘扬传统文化。胡锦涛坚持用科学发展观统领文化建设，首次提出了"国家文化软实力"的战略论断，是中国共产党关于发展思想的伟大理论创新，为推进文化建设、文化发展、文化繁荣具有重要的理论意义和现实意义。胡锦涛认为，由于实行改革开放政策，束缚经济发展的体制机制问题得到有效解决，国家经济实力显著增强，人民群众生活水平显著提升，国家的文化软实力和国际影响力逐步提高。但是与世界发达国家相比，中国的文化建设还有很大提升空间，国际地位（尤其是国际话语权）还有待进一步提高。为此，我们在提升经济硬实力的同时，一定要高度重视文化软实力的提升，努力铸就同经济发展相适应的精神世界。因为文化从表面上来看的确很"软"，但是它却是世界各国制定国家发展战略的一个重要参照系，是国家走向富强、文明的重要标志。对此，胡锦涛同志统揽全局，深谋远虑，依靠敏锐的洞察和清醒的认识积极推进文化软实力的提升。在其担任中共中央总书记期间，积极推进文化体制改革，加紧制定文化建设规划，"文化软实力"一词首次在政治层面上被提出，并被写入党的十七大报告中。因此，胡锦涛同志着眼于党对中华优秀传统文化战略定位的精准把握与深刻认识，以高度的文化自觉和文化自信，努力提升中国传统文化的辐射力和影响力，推动中华优秀传统文化迈出国门、走向世界①。

　　三是构建社会主义和谐社会。和谐是一个国家良治的最好证明，是人类孜孜以求的共同理想，也是一个马克思主义政党不懈追求的崇高理想。加强社会主义和谐社会建设，是胡锦涛根据国际国内形势的发展变化，在全面分析机遇和挑战的基础上提出的一个重大战略思想。胡锦涛多次强调，中国文化是一个多元和合体，创建和谐文化必须汲取中华传统文化中"仁义礼智信"等核心思想。2006 年在《社会主义先进文化引领下大力建设和谐文化》一文中，他强调要"弘扬民族优秀文化传统，发掘民族和谐文化资源……"②。特别指出在构建社会主义和谐社会的过程中，一定要注重中华优秀传统文化的传承创新，这是马克思主义社会和谐理论中国化的必然选择。社会主义和谐社会建设所需要的思想观念、价值理念等必须从中华优秀传统文化中汲取养分，只有这样才能真正引领中国人民的精神和价值追求。

四　新时代中国共产党人的传统文化思想

　　党的十八大以来，以习近平同志为核心的党中央紧紧围绕中华民族伟大复兴这个主题，以提振民族精神为目标，坚持把思想文化建设与中国梦紧紧联系起来，筑牢中华民族不屈的脊梁。提出关于文化建设的一系列新思想、新观念，立足于党情、国情、世情的深刻变化，在继承和发扬历届领导集体关于中华优秀传统文化的思想和方法的基础上，赋予文化建设以新的使命，为新时代文化建设找到了发展目标和努力方向，吹响了新时代文化强国的号角。从总体上来看，习近平总书记关于传统文化的核心在于文化底色与传承担当，侧重于教育研究和传承创新体系建设，努力构建了一套内外结合、全面复兴的传统文化政策。

　　一是深化中华优秀传统文化的价值定位。中华优秀传统文化无论在国际还是国内，都有着不容忽视的影响力。习近平总书记指出，作为中

---

　　① 李保玉：《新中国 70 年来五代领导人传统文化观的思想精髓及历史发展》，《齐齐哈尔大学学报》（哲学社会科学版）2020 年第 2 期。

　　② 胡锦涛：《在中国第八次文代会第七次作代会上的讲话》，中国政府网，2006 年 11 月 10日。

华民族的文化根脉，中华优秀传统文化中蕴含的思想观念、道德规范和人文精神等，对解决目前人类面临的许多现实问题都具有参考价值。进入新时代，我们要将中华传统文化置于中华民族复兴和中国特色社会主义事业的宏大视野中来审视，深入挖掘其中的当代价值、世界意义，让传统文化更好地融入现代生活，继续为民族复兴凝心聚力铸魂。为此，习近平总书记分别从民族复兴的角度、中国特色社会主义发展的角度、国家治理的角度发表了系列新思想、新观点、新论断，如此高度的价值定位是历史上从未有过的。从民族复兴的角度，习近平总书记将其提升为"民族的基因""民族文化血脉"和"精神命脉"，认为其中蕴含的思想观念已经渗透到广大人民的灵魂深处，必将为国家富强和民族复兴提供源源不断的势能和动力。习近平总书记认为实践发展永无止境、解放思想永无止境、改革开放永无止境。中国特色社会主义道路的建设离不开近代社会从站起来、富起来到强起来的曲折探索和生动实践，只有弘扬中华优秀传统文化，才能进一步凝聚全民族力量，为全面深化改革提供取之不尽、用之不竭的精神动力。从国家治理角度，习近平总书记认为中华优秀传统文化具有阐述问题、启迪思维、贯通古今的作用，要从中汲取历史智慧和政治智慧，为国家发展、民族振兴注入强大的精神力量。

二是深入阐发中华优秀传统文化的精髓。习近平总书记认为，中国传统文化的精髓隐含在中国传统文化的表象下面，简单地凭经验、价值观是难以理解的，必须坚持辩证地继承、创造性转化、创新性发展。为了更好地继承中华优秀传统文化，他明确提出了三个"讲清楚"：要讲清楚中华优秀传统文化的历史渊源、发展脉络、基本走向，讲清楚中华文化的独特创造性、价值理念、鲜明特色，以及讲清楚中国人的宇宙观、天下观、社会观、道德观。这三个"讲清楚"历史逻辑、实践逻辑、理论逻辑相结合，高度科学地回答了新时代如何更好地继承和发展中华优秀传统文化，对于我们正确理解习近平总书记关于正确对待中华传统文化的方法论思想，更好地坚定对中国特色社会主义的信念奠定了坚实的思想基础。

三是坚持创造性转化和创新性发展。如何对待本国历史、如何对待中国传统文化，习近平总书记在党的十九大报告中明确指出要"创造性转化和创新性发展"。这是习近平立足中国现代化建设的实际，回应时代关切提出的新时代传统文化观，是中华优秀传统文化在新时代绽放光彩的正确路径。在纪念孔子诞辰 265 周年国际学术研讨会上，习近平总书记提出"四个必须"，即必须立足中华优秀传统文化本身，必须坚持以人民为中心的发展思想，必须立足于新时代的实践和要求，必须坚持交流互鉴、开放包容的理念，扎实开展对中华优秀传统文化的学理研究，"努力实现传统文化的创造性转化、创新性发展"。任何一个国家的强盛都离不开文化的支撑，任何一种文化都不会因为历史的变迁而消亡。我们必须把传统、现在与未来贯通起来，积极关注人类社会在发展过程中面临的共同难题，不断提升中华优秀传统文化的影响力、凝聚力、感召力。

综上所述，中国共产党的传统文化观充分体现了理论性与实践性相统一、传承性与创新性相结合、民族性和国际性相融合的特点，是中国共产党批判与继承民族传统文化的具体体现。我们必须始终坚持马克思主义立场、观点和方法，科学评价、认识中华优秀传统文化，把其中一些核心理念、基本命题和中华民族伟大复兴的伟大实践结合起来，在不断汲取其他民族文明养分中不断推动中华优秀传统文化的现代转型，为中华民族伟大复兴提供强大的精神动力。

第三节 马克思主义与中华优秀传统文化的关系

党的十八大以来，以习近平同志为核心的党中央坚持以马克思主义为指导，出台了一系列政策和措施，积极推进中华优秀传统文化的传承和发展。但是对于传统文化的传承和发展在社会上仍有一些不同意见。部分人甚至以偏概全，不能一分为二地看待传统文化，看不到传统文化的优势所在。甚至极个别人错误地把马克思主义与中华优秀传统文化割裂开来，这种观点本质上就没有认清楚二者之间的内在关系。对于怎样正确认识马克思主义与中华优秀传统文化之间的关系已经不仅仅是一个纯学理性的问题，而是关乎怎样继承中华优秀传统文化的一个重大问题，更是事关马克思主义如何中国化、时代化、大众化的关键问题①。不少专家和学者指出，有效处理二者之间的关系，既涉及中华优秀传统文化的弘扬、传承和发展，又关系到马克思主义如何中国化、时代化和大众化的问题，更关系到中华优秀传统文化如何转换为推动中国特色社会主义事业发展的无穷动力问题。

一　马克思主义改变中华民族的命运

没有先进理论的指导，任何一个民族都难以站在世界的高峰。十月革命一声炮响，马克思主义就传到了中国，中国人民的命运、中华民族的命运发生了巨大变化。习近平总书记指出："马克思主义真理的力量激活了中华民族历经几千年创造的伟大文明。"② 正是有了马克思主义科学理论这一有力武器，才得以使中国在革命、建设和改革的过程中战胜了各种艰难险阻，取得了一次又一次胜利，才使得中国人民从延续民族文化血脉中开拓前进，从而创造了人类历史上前所未有的发展奇迹。

近代以来，中华儿女为改变中华民族的命运进行了艰苦卓绝的探索，均以失败而告终。失败的主要原因归根结底在于阶级局限和思想局限。直到马克思主义传到中国，中国人民才找到翻身解放的精神旗帜，才为中华民族的复兴打开了一扇窗，让正在困苦寻找方向和出路的一批先进分子看到了曙光。在马克思主义的指导下，中国共产党找到了革命斗争的思想武器，从而凝聚起民族解放的强大精神支柱，自觉担负起争取民族独立、人民解放和实现国家富强的历史使命，实现了由落后挨打走向繁荣复兴的伟大胜利。100 年来，马克思主义的人民性和实践性铸就了辉煌的成就，构建起以伟大建党精神为源头的精神谱系，指导着党和国家事业不断开辟新的局面，尤其是马克思主义和中华优秀传统文化在历史进程中有机融合，孕育出革命文化、社会主义先进文化。如果没有马克思主义激活中华传统文化中优秀的文化基因，中华优秀传统文化就无法

---

① 姚燕平：《如何看待马克思主义与中华优秀传统文化的关系》，https://www.sohu.com/a/248432737_711956，最后浏览日期：2018 年 8 月 17 日。

② 习近平：《在庆祝中国共产党成立 100 周年大会上的讲话》，《求是》2021 年第 14 期。

至今依然焕发生机。因此，从这一角度讲，正是由于中华优秀传统文化的博大精深，才使得马克思主义在中国的传播有了坚实的文化基础，并从根本上改变了中华民族的命运，使中国的发展呈现出勃勃生机。

二 马克思主义与中华优秀传统文化相互融通

在人类发展历史上，中华民族长期处于领先地位，创造了灿烂的古代文明，形成了一套完善的治理制度和治理体系，对周边国家形成了榜样和示范作用。这些制度包括郡县制度、科举制度等，传承了中华民族大道之行、天下为公的大同理想，弘扬了中华民族德主刑辅、以德化人的德治主张。这些思想影响了中国几千年，至今还发挥着重要作用，是中华优秀传统文化的重要组成部分，是中国古人对治国理政实践的经验总结，与马克思主义中国化的基本观点是内在契合和高度统一的。

除了国家制度和国家治理思想之外，中国人民日常生产生活中形成的道德规范、价值理念、人文精神等，也蕴含着社会主义的某些特征，体现出马克思主义的观点。尽管这些内容在发展过程中受到一些客观条件的限制，还存在着许多不完善的地方，但其核心观点与马克思主义的基本观点存在着很多契合融通之处，这也是马克思主义与中华优秀传统文化结合的关键所在。正是有了这些理论的坚实支撑，中国共产党始终坚持实事求是的思想路线，把马克思主义基本原理与中国历史文化实际相结合，在实践中不断弘扬中华优秀传统文化，并将之转化为推动事业发展的无穷动力，用于指导中国革命、建设和改革的伟大实践。

党的十九大报告明确指出"发展中国特色社会主义文化，就是以马克思主义为指导，坚守中华文化立场，立足当代中国现实，结合当今时代条件"①，宣示了党中央发展中华文化的立场、方向和决心。亮明了党中央对待中华优秀传统文化和马克思主义指导思想地位的鲜明态度。坚守中华文化思想，是中华文化永续发展的历史要求、实现中华民族伟大

① 习近平：《决胜全面建成小康社会 夺取新时代中国特色社会主义伟大胜利——在中国共产党第十九次全国代表大会上的报告》，人民出版社 2017 年版，第 41 页。

复兴的现实要求、贡献人类社会发展的客观要求①。中华优秀传统文化与马克思主义是对立统一的关系。中华优秀传统文化的创造性转化、创新性发展推动马克思主义中国化进程，并为马克思主义中国化发展扩大群众基础，以及提供新思路和原动力。党带领广大人民革命、建设和改革的伟大实践，反复证明了马克思主义理论的科学性以及中华优秀传统文化具有蓬勃的生命力。随着中国迈入新发展阶段，建设中国特色社会主义事业需要坚守马克思主义基本立场，充分发挥中华优秀充分文化的凝心聚力的作用。

三　马克思主义为中华优秀传统文化指引发展方向

中华优秀传统文化的现代转型需要高度的文化自觉、自立和自信，其中最核心的问题就是要正确处理马克思主义与中国传统文化的关系。从世界观和方法论的角度来看，马克思主义能够为中华传统文化的现代转型提供科学的方法和路径。在中华民族数千年的发展史上，中华传统文化取得非凡成就，其影响力遍布东亚、东南亚等地区，并辐射到全球各地，为人类文明发展提供了经验和借鉴。近代社会以来，由于中国封建统治的腐朽没落，以及西方资本主义的快速崛起，中国的社会发展渐渐落后于世界潮流，尤其是在鸦片战争后，西方列强依靠先进的科技优势，凭借其坚船利炮掀起了瓜分中国的狂潮，中华民族遭逢亡国灭种的空前危机。在这种复杂的社会背景下，中国人民开始了解国际形势，积极探索救亡图存的道路。太平天国运动由于内部腐败严重以及农民阶级自身的局限性，洋务运动由于未从根本上变革落后的封建制度，还有戊戌变法、辛亥革命均以失败告终。只有马克思主义传入中国之后，中国共产党领导苦难深重的中华民族独立自主、自强自立，进行了艰难的探索，才走上了正确的发展道路，中国社会才发生了根本性变化。历史实践证明，作为科学的世界观与方法论，马克思主义为我们科学地认识世界提供了价值标准，为充分激活中国传统文化基因指明了方向。正是在马克思主义的科学指引之下，中华传统文化才在现代世界重新焕发出灿

---

① 赵传海、吴颖：《坚守中华文化立场的三重意蕴》，《学习论坛》2020 年第 8 期。

烂的光彩，并在新的时代背景下赋予其继往开来、生生不息的不竭生命力。

第四节 黄河文化与思想政治教育的内在关系

黄河文化蕴含着丰富的文化内涵和深厚的思想传统，是丰富高校思想政治教育内涵和加强青年大学生思想政治教育不可替代的资源，是高校思想政治教育工作的文化积淀，有利于提升思想政治教育工作的质量。而思想政治教育为黄河文化的弘扬和传承又提供了难得的机遇和平台，有利于将黄河文化发扬光大。因此，从这一角度讲，二者相辅相成，互为依托。

一 黄河文化是思想政治教育工作的文化积淀

（一）黄河文化富含思想政治教育文化资源

黄河文化是沿黄流域人民几千年智慧的结晶、历史的积淀和内核的凝练，其文化内涵之丰富是其他传统文化难以比拟的。具体而言，黄河文化以儒家文化为主体，同时也融合了墨、道、法、兵等多家思想精髓，并融会了流域内各民族文化，形成了极具代表性的中华优秀传统文化共同体，体现了中华文化强大的吸引力和凝聚力，对世界范围内的文明都有不同程度的辐射力和影响力。正是因为其特质，奠定了在中华文化中的核心地位，成为中华民族文化自信的源泉。黄河文化有着丰富的思想政治教育资源，可以为高校开展思想政治教育提供有力支撑，并在精神形塑上发挥着独一无二的作用。

思想政治教育作为一种社会实践活动，其目的就是要塑造青年大学生的价值观、人生观和世界观，为社会主义现代化建设提供合格人才。从黄河文化的基本形态来看，黄河文化中包含有政治文化、组织文化、物质文化、民俗文化、文学艺术文化、科技文化、旅游文化和产业文化等。比如，政治文化中有不同时期的治国理念和治国方略；组织文化中蕴含的价值观念、行为准则等，是社会主义核心价值体系的一个重要组成部分；物质文化中的黄河流域生态保护和高质量发展；民俗文化中的传统民俗；文学艺术文化中的文学经典和文化典籍，其丰富的哲学思想为思想政治教育提供了方法论；科技文化中促进生产力发展的技术，为提升学生科技素养、培养学生爱国热忱提供养料；旅游文化中对生态的保护和开发；产业文化中的文创类项目工程；等等，这些文化类型可以从不同层面对青年大学生产生一定的影响，能为青年大学生的健康成长提供丰富的精神养料。从这一角度讲，黄河文化可以为思想政治教育提供理论指导和路径选择，并为思想政治教育提供价值基础和价值导向。我们之所以选择把黄河文化融入高校思想政治教育，最根本是因为黄河文化的独特价值所在，以及其能为高校思想政治教育提供丰富文化资源的独到优势，可以全方位实现对学生的培养和教育，而这些是其他传统文化难以比拟的。

（二）黄河文化为思想政治教育提供文化语境

黄河文化积淀深厚，内涵丰富，形式多样，与新时代大学生思想政治教育有许多的契合之处，彰显出独到的育人功能。正因为黄河文化的这种育人功能，能通过发挥其价值作用于青年大学生的精神塑造和素质培养，从而为高校思想政治教育提供必要的文化语境。根本上而言，思想政治教育是一种有别于其他教育内容的活动，其主要目的是通过社会实践活动来解决人的思想认知问题，并以此指导人的实践活动。青年大学生生活在当代，必然受到周围环境的影响，其价值观念必然为某种价值观所主导，而这种价值观亦必然受其背后的文化支撑。因此，如果我们不占领大学生的思想政治教育阵地，青年大学生的主流价值观必然会受到其他文化的影响，或受到其他不良文化的侵蚀，进而对青年大学生的健康成长带来不利的影响。因此，从这一角度讲，文化具有重要的思想政治教育功能，对青年大学生的价值观念的形成和行为规范的引导，具有举足轻重的作用。此外，通过精神的作用和文化的机制，能够对当代大学生的思想、行为和生活产生积极的影响，更好地促进学生健康成长成才①。时至今日，社会上的任何文化现象，都无法脱离现实而存在，

---

① 郭萌、崔林：《论中国传统文化中的思想政治教育资源》，《技术与创新管理》2009 年第30 期。

都源于黄河文化等中华优秀传统文化设定的语境，这些传统文化所蕴含的传统的思想意识、文化取向，潜意识、深层次地影响青年大学生的思维方式和价值取向等。

　　源于现实需要的高校思想政治教育，难免受到当下各种思潮的影响，其中最大的因素就是传统文化，思想政治教育的质量和效果就难免受制于传统文化，这其中，黄河文化的影响应该是独一无二的。而加强高校思想政治教育，必然需要对黄河文化等中华优秀传统文化进行再评价、再择取，然后加以弘扬和传承。在几千年的历史积淀过程中，中华传统文化以其独特的方式渗透到社会的各个领域，成为影响人们思想行为和日常生活的强大力量①。作为中华优秀传统文化现实接受者和传承者，青年大学生的思想意识、价值观念等无时无刻不受到传统文化的影响，其行为也为传统文化所刻画。从历史的角度来看，思想政治教育作为一种历史性的综合性社会实践活动，在引领文化发展方向、促进社会核心价值体系建设方面必然发挥重要作用。我们必须摆脱其存在和发展的民族文化传统的制约，促进其与更为宽广深厚的历史文化背景相联系。黄河文化等中华传统文化既有民主性精华，也有封建性糟粕。在弘扬和传承黄河文化的过程中，我们应该采取更加有针对性的措施，积极挖掘其中对加强和改进大学生思想政治教育有益的部分，进而创造出立足现实、古今融合的思想政治教育资源②。

　　（三）黄河文化是思想政治教育创新的动力之源

　　黄河文化在理论上创造性地吸收了马克思主义思想，在实践中弘扬了红色文化和爱国主义等文化内涵，体现出鲜活的生命力，对整个民族发挥了持久的影响。这种影响不但体现于个体的思想意识和行为方式，而且对当前青年大学生的精神追求和价值取向有着根本性的影响。其在充分彰显中国文化软实力的同时，也发挥着对国家文化发展的强大推动力。因此，高校思想政治教育工作必须站在党和国家事业发展的大局，

----

①　郭岱光：《弘扬中华传统文化与加强大学生思想道德修养的研究与实践》，《教师》2009年第 6 期。

②　郭萌、崔林：《论中国传统文化中的思想政治教育资源》，《技术与创新管理》2009 年第30 期。

积极从黄河文化思想宝库中汲取力量，不断完善思想政治教育的载体，不断提升思想政治教育的质量。

思想政治教育工作有其特殊性所在，需要根据时代的特征和教育的需要，并结合青年大学生这个教育客体的特征而不断创新和发展。大学生由于处于人生成长的关键时期，心智尚未完全成熟，极易受到多元文化的影响和冲击，黄河文化可以充分发挥其以文化人、以文育人的作用，创新地运用到思想政治教育工作当中去，这也为黄河文化的创新性发展和应用提供了契机和可能。同时，思想政治教育的发展离不开黄河文化等中华优秀传统文化的支撑，因为这些优秀的传统文化可以为思想政治教育工作提供源源不断的精神动力。

（四）思想政治教育是构建黄河文化传承发展体系的重要途径

自党的十七届六中全会提出"建设优秀传统文化的传承体系"之后，党中央在多次重要会议持续做出安排。党的十八大报告再次提出"建设优秀传统文化传承体系，弘扬中华优秀传统文化"，进一步明确了相关任务。党的十八届三中全会客观分析了中国优秀传统文化在当下社会建设中的重要作用，党的十八届五中全会又强调要落实构建中国优秀传统文化传承体系。2017年，中共中央办公厅、国务院办公厅专门印发了《关于实施中华优秀传统文化传承发展工程的意见》，进一步推动优秀传统文化的传承发展。可以看出，党和国家高度重视优秀文化传承发展工作，多次提出建设中国优秀传统文化传承体系，将先进文化建设放到社会主义现代化发展的重要位置。而思想政治教育具有文化传承和意识形态教育的双重功能，黄河文化作为思想政治教育的重要文化教育资源，可以通过思想政治教育发挥其文化传承功能，助力中国特色社会主义文化事业建设，同时又是主流意识形态宣传和教育的主要阵营。因此，充分发挥其文化传承功能，可以有效地满足建设中国先进文化的需要。

我们党和国家历来重视青年大学生学习中华优秀传统文化，主要是因为一方面中华优秀传统文化在历史知识、文学知识等方面有着得天独厚的丰富内容和资源优势，另一方面中华优秀传统文化在价值引领和道德教育等方面有着特殊的特殊功能和教育效果。青年大学生必须在认真学习科学文化知识的同时，不断丰富完善自身在精神、道德、理念等方面所欠缺的部分，以便在纷繁复杂的文化背景下辨清是非，进而做出正确的价值选择。在目前国际交流日益频繁的背景下，积极推进中西方文化的交融、补充和发展，才能让广大青年学生更加清楚地认识到自己目前所处的时代，不断完善自己的知识结构，努力培养高尚的道德情操和健康的精神人格。因此，思想政治教育工作者必须牢记立德树人这个根本任务，积极担负起发展、传播、实践中华优秀传统文化精神的重任，不断促进高校思想政治教育工作的改革创新，为学生全面成长成才奠定坚实的基础。

二　黄河文化是思想政治教育创新的历史机缘

（一）世界话语转换的现实需要

黄河文化以其无与伦比的魅力诞生于黄河流域，并以其顽强的生命力生存在中华文化体系中，在延续文化的同时不断与时俱进、自我创新，使中华优秀传统文化傲然屹立于世界文化之林。然而，自明清以来，随着政治经济文化中心的转移，尤其是进入 19 世纪下半期，随着自给自足的自然经济的解体和封建政体的日趋崩溃，黄河文化逐渐失去往日光彩，陷入了尴尬的境地。到了近代，在面临救亡图存的情境下，黄河文化等中华传统文化甚至部分被视为导致国家落后的根源，对黄河文化等中华文化的认知也产生了偏差，致使对传统文化的身份认同出现了问题，影响到黄河文化等中华优秀传统文化在中华大地上的传承。

在黄河文化等中华文化陷入困境的同时，以西方文化为主导的世界近现代工业文明崭露头角，并随着工业化进程的加快，西方文化也在世界上取得了非常大的影响力，对黄河文化等中华传统文化也产生了一定的冲击。这种冲击是一把双刃剑，在大幅提高生产力、解放人性、确立人类主体意识的同时，也造成了一系列自然和社会问题。充分表现在对资源和环境无休止地过度索取，使人类陷入物化、过于追求物质享受的境地。虽然在一定程度上满足了人类对物质的追求，但在一定意义上忽略了对人精神上的人文关怀，从而造成了资源枯竭、环境恶化等自然问题，以及道德不彰、社会秩序紊乱等社会问题。尽管造成这种局面是多因素综合作用的结果，但工业化文化的影响显然应是最根本的因素之一。正是认识到西方工业文化的局限性，国内仁人志士开始了对西方文化的反思，并重新认识到黄河文化等中华优秀传统文化的重要作用。

无论是从现实的需要，还是从人类的繁荣发展来说，世界都需要对以黄河文化为核心的中华优秀传统文化进行再认知，并发挥其在促进人类文明发展中的积极作用。对中国而言，经过几个世纪的探索，并几经波折和磨难，中华文化又逐渐显露出其勃勃生机，尤其是马克思主义传入中国后，随着马克思主义中国化进程的加快，马克思主义与中华传统文化实现了深度融合，并指引着中华优秀传统文化的发展方向。进入新时代后，曾经对世界文化的推进做出过历史性贡献的中华文化再一次迎来走向世界的新契机。而黄河文化等中华优秀传统文化的复兴，可以说是解决工业文明带来负面影响的良药。

进入 21 世纪后，随着物质文化的极大繁荣，在一定程度上也促进了精神文化的发展，世界上出现了多元文化并存的格局。但是要想以黄河文化为代表的中华优秀传统文化能得到世界认同，并为促进人类文明发展做出更大贡献，必须做好文化的弘扬和传承工作。我们必须深刻认识到，当前以黄河文化为代表的中华优秀传统文化在世界上的传播面临着非常复杂的形势，西方国家本身对中国文化带着刻板的印象，对中国文化带有根深蒂固的意识形态偏见。另外，由于话语权受限，我们文化传播面临着极大困难和挑战，需要我们认真总结经验，创新传播载体和形式，进一步凝练黄河文化等中华优秀传统文化精神内核，在体制机制上进行创新，进一步带动中华文化在世界范围内的传播。虽然，中华优秀传统文化的世界化之路还有一段很长的路要走，但是其影响力在不断扩大，已经显现出在政治上、文化上统一的强大生命力。因此，黄河文化蕴含着"同根同源"的民族心理和"大一统"的主流意识，已经成为华夏文明的主轴和当代世界话语转换的内在追求。我们必须站在国家战略高度，厘清 21 世纪世界文化发展的基本路向，努力实现黄河文化与直接话语权转换的同向同行①。

---

① 顾友仁：《中国传统文化与当代世界的话语转换》，《求实》2009 年第 5 期。

（二）中国道路发展的历史选择

几经探索和努力，中国选择了适合中国国情、符合中国实际的中国特色社会主义发展道路，而这一目标的实现必然需要黄河文化等中华优秀文化作为支撑。这是因为，中华民族独特的文化传统，有别于其他文化类型，其在几千年中形成的价值追求、心理认同、行为规范等已深深的蕴藏于人民心中，并随着时代发展而不断进行调适。需要说明的是，这种调适是在坚守文明核心精神的基础之上的。因此，从这一角度而言，中国的独特文化环境和基本国情决定了中国不能也无法完全照搬西方的发展道路。我们要清醒地看到，有着五千多年连绵不断历史的黄河文化等中华优秀传统文化博大精深、底蕴丰厚，是中国宝贵的文化资源优势，是我们建设有中国特色社会主义社会的文化支撑，是我们强大的文化软实力所在。因此，传承弘扬黄河文化等中华优秀传统文化，增强文化自信和文化自觉，是坚持发展中国特色社会主义道路的必然要求①。此外，黄河文化于当今时代而言还有着特殊的意义所在，其可以利用所蕴含的丰富文化思想和智慧来解决我们当下所遇到的困难和问题，而这种功能是其他因素不可替代的。

传承和弘扬黄河文化，是马克思主义中国化的现实需要，也是推动马克思主义中国化的内在动因。只有马克思主义与中国的历史现实结合起来，找准中国深层次问题的关键所在，才能找到解决问题的钥匙，并且推动中国社会主义事业建设行稳致远。同时，中华优秀传统文化在实践中不断丰富着马克思主义中国化的理论，为马克思主义理论的不断丰富和发展提供了源泉和资源。

坚持马克思主义与中华优秀传统文化的相融合，为马克思主义中国化提供了持久的文化给养，不断地丰富着马克思主义理论形态，使其在当前的中国保持着旺盛的生命力。构建中国特色社会主义理论体系，离不开黄河文化的丰厚滋养。而推进中国特色社会主义伟大实践，更加需要提升文化软实力，更离不开黄河文化等中华优秀传统文化作用的

---

① 谢惠媛：《中华优秀传统文化传承体系的理论与实践支点》，http：//theory. people. com. cn/n1/2017/0406/c40531 - 29191257. html，最后浏览日期：2017 年 4 月 6 日。

发挥。

三　黄河文化与思想政治教育的价值契合

（一）目标同向

文化的教育本质上就是心灵的教育，就是要教人向善、催人奋进。黄河文化作为中华优秀传统文化的一个重要组成部分，传递着"团结、务实、开拓、奉献"的伟大精神，与思想政治教育在价值上有一定的契合性。从思想政治教育的目标上来看，两者都是为了解决"为谁培养人、培养什么人、怎样培养人"这一根本问题，是培养能够承担民族复兴大任的时代新人的重要精神力量。在党的十九大报告中，习近平总书记从全面建设中国特色社会主义现代化强国的高度对青年提出了希望和要求。"有理想、有本领、有担当"已经成为新时期高校人才培养的重要目标。而黄河文化作为中华优秀传统文化的根与魂，在育人上也有独特的作用。其在提高青年大学生的传统文化修养、丰富他们的精神世界、培养他们的文化自信、增强他们服务社会主义现代化建设的能力和本领等方面发挥了无可替代的作用。从这一角度可以看出，弘扬和传承黄河文化，正好契合了高校思想政治教育的根本目标[①]。高校要积极推进黄河文化与思想政治教育的融合创新，要通过课程思政等多种手段，推进黄河文化进课堂，让每一个学生了解黄河文化，积极推进黄河资源的保护。

（二）内容同质

黄河文化蕴含着丰富的爱国主义、集体主义精神和民本思想，这些内容同时含有丰富的思想政治教育素养。当前，全球治理体系正在发生深刻变革，高等教育面临着许多新的发展机遇，迫切需要我们加强广大青年学生的理想信念教育，努力造就完善的人格和良好的品行，能够担当历史使命和社会责任，这与黄河文化在内容上是高度吻合的。"理想指引人生方向，信念决定事业成败"，一个人如果没有坚定的理想信念，就会导致精神上"缺钙"，最终很难成就一番事业。现代中国社会正处于改

---

① 师娅：《论中国传统文化融入思想政治教育的重要性》，《咸阳师范学院学报》2018 年第 2 期。

革发展的转型期，各种矛盾叠加，风险挑战重重，更加需要自强不息、奋发有为的精神状态，尤其是当前社会背景下，青年学生成长环境比较顺利，受到挫折相对较少，一定程度上缺少艰苦奋斗精神和坚韧不拔的意志。黄河文化中"刚健有为"的进取精神可以激发广大青年学生的进取精神和克服困难的勇气，为当前的思想政治教育提供参考和借鉴。

（三）功能同效

思想政治教育功能可以分为两类。一类是个体功能，主要是指思想政治教育在个体的生存、发展等方面发挥的作用，比如个体人格的完善等；另一类是社会功能，主要是通过思想政治教育端正个人对社会的整体看法，从而更好地发挥在政治、经济和文化等方面的作用。其中政治功能主要是通过传导主导意识，调节社会精神生产，促进社会政治的稳定和发展。经济功能主要体现在经济发展过程中方向的保证、经济发展过程中精神动力的提供，以及和谐发展环境的营造等①。而文化功能则包含文化传播和文化选择两个方面的功能。从黄河文化的作用和意义来看，二者在功能上是具有相同效果的，从个体方面讲，黄河文化社会价值的核心，就是教人如何成为人。黄河文化有利于发展人的品行素质、增强人的能动性和创造性，匡正学生的价值追求，塑造学生的理想人格，促进学生的全面发展。从社会的角度讲，黄河文化能促进区域经济和文化发展，有利于促进中国经济和社会建设高质量发展，为维护国家的安全和稳定奠定坚实的文化基础。同时，黄河文化是铸牢中华民族共同体意识、维系国家团结统一的重要精神支柱，对于坚定文化自信、更好地实现中华民族实现伟大复兴和国家统一提供了有力保证。

（四）方法同力

黄河文化中蕴含着丰富的教育方法，这些方法为新时代推进思想政治教育创新提供了路径。这些方法主要包括：一是言传身教与榜样示范相统一。长期以来，传统教育模式忽视了人的主体性，严重影响德育工作的实效。孔子主张以道德示范为特点的教育方式，契合了新时代以德

---

① 史珺：《自媒体对大学生思想政治教育的影响及对策》，硕士学位论文，中北大学，2015年。

为先的教育理念，对提高高校思想政治教育实效具有重要的促进作用。二是道德教育与内心自省相统一。中华传统文化具有完善的"教化"体系，其中心理教化的作用尤为突出。这种方式抓住了人才培养最本质的要求，从根本上保证了人才培养的正确方向。三是德育与智育相统一。德育与智育的关系，体现在教学过程中就是"传授知识与思想品德相结合"，体现在教学原则上则是"科学性与教育性相结合"，对当前高校人才培养仍有良好的借鉴意义。四是注重环境育人。我们耳熟能详的"橘生淮南""孟母三迁"等文化典故深刻揭示了外部环境对人的成长的重要性。五是因材施教。孔子在教授弟子时会根据学生自身的特点加以引导，尤其是在思想政治教育过程中按照学生的个体差异因材施教，这些教育方法至今仍在高校思想政治教育工作中发挥着重要的作用。

第 五 章

黄河文化融入高校思想
政治教育的内在逻辑

黄河文化融入高校思想政治教育有着天然的资源优势，契合了时代发展的内在要求，满足了国家发展的现实需要。从资源角度讲，黄河文化拥有丰富的思想政治教育内容资源、思想政治教育方法资源、思想政治教育载体资源。可以说，黄河文化为高校开展思想政治教育提供了深厚土壤、精神养料和智慧源泉。因此，在选择黄河文化思想政治教育资源时要秉持一定的价值标准，坚持特定的基本原则，明确具体的内容要求。同时，在择取具体文化资源时，要分别围绕思想观念资源、人文价值资源和道德规范资源等进行甄选。此外，在教学方法上要充分体现思想政治教育工作的科学性与艺术性，以切实提高黄河文化融入高校思想政治教育的实效。

第一节　选择黄河文化思想政治教育资源的内在要求

黄河文化延续数千年，并在新时代展现出其独特的时代价值，蕴含着十分丰富的文化教育资源，是其他传统文化难以比拟的。黄河文化内涵之深刻、内容之丰富，更是我们难以想象的。如何在新时代结合广大青年学生的学习、生活、思想实际，有针对性地选择好黄河文化思想政治教育资源，强化黄河文化在青年学生思想政治教育中的重要价值和作用，增进青年学生对黄河文化的认知和认同，做到内化于心、外化于行，是教育主管部门和高校应当考虑的现实问题。但无论出于何种考虑，我们选择黄河文化作为大学生思想政治教育资源，必须从价值标准、基本原则、内容要求等多个不同的维度，认真把握好其内在要求。

一　价值标准

黄河文化蕴含丰富的文化教育资源，其教育价值之高是其他优秀传统文化难以比拟的。但我们也要看到，黄河文化精华与糟粕并存，而且一些价值观念随着时代发展逐渐显得不合时宜，失去了传承和弘扬的价值。因此，对黄河文化资源的择取，要综合考虑国家要求、时代需求和学生自身情况三方面的综合因素，并结合黄河文化融入高校思想政治教育实际，也就是要结合高校工作实际，从文化资源的先进性、时代性、民族性、世界性和继承性等维度进行价值判断。

（一）黄河文化的先进性

判断一种文化先进与否，既要从历史的维度来把握，又要从价值的角度来衡量，努力实现历史尺度与价值尺度的有机统一。从历史角度看，就要适应社会发展规律，能促进社会的整体进步，而非逆流失潮流而动，一般而言，先进的文化具有持久的生命力。马克思主义始终坚持具体问题具体分析的基本原则，在分析特定的社会现象时，都把它放在当时的历史过程和历史环境之中，并依据特定的历史条件进行客观的评判。在特定的历史背景中，是否能促进政治文化经济的发展、是否符合历史的发展潮流、是否走在时代的前列等，都是判断文化先进与否的有效标准。坚持价值尺度，就是要看这种文化体现了哪个阶层的利益，为谁服务，对推动社会发展发挥何种作用，等等。把二者有效地结合，就是这种文化既要能代表先进阶级的利益，又要符合社会发展潮流，能促进社会的发展与进步。

作为中国历史发展中比较突出的一种主体性文化，黄河文化显示出较强的先进性和政治性，对其他类型的文化具有重要的引领作用，并以其强大的吸引力和凝聚力将多种文化融于一体。在客观规律的作用下，对周边文化产生较大的辐射作用，推动了人口流动、商贸往来、文化交流等，对提高民族文化水平、促进民族融合、带动中华文化一体化进程、构建中华民族命运共同体，发挥了积极的促进作用①。因此，黄河文化教育资源整体反映了中国社会和人类发展的方向，发挥了引领当代中国文化发展方向、促进中华民族命运共同体的形成和促进人类文明进步与发展的作用。

（二）黄河文化的时代性

任何文化的发生、形成、发展和成熟都离不开特定的环境和空间，并在一定的社会条件和历史阶段中不断演化，呈现出新的文化形态。在人类发展进程中，由于在发展的过程中面临外部条件和环境的变化，文化之间就会出现交融交锋的情形，进而衍生出新的文化样态，从而推动人类社会不断向前发展。而对文化的传承并不是一味地照搬照抄，对文化的淘汰也不是全盘接受或否定，而是要根据时代发展的需要对文化形态或文化内容中最为核心的部分进行传承、改进和改造。由此可以看出，文化最为鲜明的特征就是时代性，集中展现一个时代的文明的发展和进步程度。

现有的中华哲学文化思想大都与黄河文化密不可分，是黄河流域人民几千年来智慧的结晶。从文化的时代性角度来看，黄河文化伴随着时代的发展而发展，是新时代社会文明的重要资源。建设现代文明，必须弘扬和传承中华民族优秀传统文化，否则，文化建设就失去了交流的根基，就成了无源之水、无本之木②。黄河文化经过几千年的风雨洗礼历久弥坚，但是到了宋朝之后出于国家政治中心南移，加之社会经济发展的原因，逐渐呈现出衰落之势。但是其独特的文化魅力仍然存在，对整个国家的影响依然十分重要。进入新时代后，国际国内形势正在发生巨大变化，黄河文化又被赋予了新的时代价值和内涵。在建设有中国特色社会主义事业的过程中，黄河文化作为凝聚民族力量的软实力，是增强中华民族文化自信的重要载体，能够为中华民族实现伟大复兴提供精神动力。中国特色社会主义文化内涵十分丰富，它既继承了几千年传承下来的农耕文化，又和马克思主义结合，在中国革命、建设和改革事业中创

---

① 田学斌：《黄河文化：中华民族的根和魂》，《学习时报》2021年2月5日。
② 崔学军：《黄河文化的时代价值》，《新乡日报》2020年7月27日。

造出新的先进文化。黄河文化作为农耕文化的集中代表，创造性地吸收马克思主义思想，蕴含着爱国主义、集体主义和红色文化基因，是开展青年大学生思想政治教育的重要宝贵资源①。在开展黄河文化教育过程中，高校要善于将黄河文化与现代多元传播方式结合起来，以青年学生容易接受的方式，将黄河文化的内涵融入特定的表现形式，使得青年学生在习得文化知识的同时，能积极主动地参与到黄河文化的弘扬与传承事业当中，以更好地践行黄河文化精神。

（三）黄河文化的民族性

黄河文化具有鲜明的民族性特点，是以中华多元民族为主体在历史长河中衍生出来的文明，是几千年来中华民族生存与发展的理念以及具体的活动方式集中体现。古代中国受限于科技的发展程度，加之自然条件异常复杂，流域内居民生存和生活面临着极其严峻的挑战。几千年来，黄河流域人民在同自然进行艰苦卓绝的斗争中积极推进自然条件和社会历史规律的融合，不断推动整个民族的生存与发展，逐渐形成了共同的思想基础、行为规范和活动方式。文化的民族性，一方面主要突出的是不同民族作为历史主体的地位作用，以及其在文化创造中所凸显的价值和重要意义②。另一方面主要突出文化的民族独特性，即任何一个民族，由于其生存和发展的自然条件、社会条件各有不同，因而在凝聚本民族生存与发展所拥有的自然特点、风俗习惯、生活方式等方面各有差异，从而使得不同民族的文化体现出丰富性和多元性③。

黄河文化在中华文化中的重要地位不言而喻，是中华民族在与自然长期的交互作用中创造的灿烂文化，是古代中国政治、经济、军事等的中心和重心所在地的文化，更是中国共产党带领全国人民在革命、建设和改革过程中所创造价值的具体体现。因此，黄河文化是实现中华民族伟大复兴、坚持中国特色社会主义制度最为深厚、最为核心、最为可靠

---

① 苗长虹、艾少伟、喻忠磊：《黄河文化的历史意义与时代价值》，《河南日报》2019 年 11 月 1 日。

② 王启臻：《文化全球化与中国文化发展问题研究》，硕士学位论文，山东大学，2008 年。

③ 韦吉锋、陆忠进：《世界性与民族性的有机统一——网络思想政治教育管理的重要原则》，《广西师范学院学报》（哲学社会科学版）2005 年第 2 期。

的文化根基，更是中华民族更加坚定地走向未来的重要保证①。我们要善于挖掘教育资源中最富民族性的内容，充分发挥其教育人、感染人、激励人的重要作用。

（四）黄河文化的世界性

黄河文化是中华民族的瑰宝，更是世界文明的一个重要组成部分。正是有了世界各民族的文化百花齐放和百家争鸣，才有了人类文明的璀璨辉煌。作为组成人类文明的基本单元，各民族的文化都富有其自身特色，也是本民族区别于其他民族文化的根本所在，这就是我们讲的民族性。因此，文化的民族性主要体现在不同民族文化的个体性、独特性（也就是其和其他民族文化比较起来不同的部分）上。正是因为如此，世界上的人类文化都是以不同民族文化各自的形式存在，从而呈现出不同的形态。与此同时，各个民族由于生活在同一个地球、同一个国家，因而其中又贯穿着一条共同的东西，即一般的、普遍的属性，也就是文化的世界性②。

习近平总书记指出，中华优秀传统文化蕴含着丰富的思想观念、人文精神和行为规范，是当代国家治理的重要思想来源之一，同时对解决人类发展过程中面临的其他问题具有重要的促进作用。因此，我们必须把中华优秀传统文化的精神标识提炼和展示出来，把中华优秀传统文化的当代价值、世界意义总结、发挥出来③。黄河文化同世界其他大河文化相比，是唯一延续下来，并始终保持勃勃生机的文明形态，其文化影响力之大，不仅辐射周边地区，而且通过人类活动的交往交流，影响到世界各地。在科技和人文层面，以黄河文化为代表的传统文化，其先进程度远超过其他文明，对引领世界文明的走向发挥了重要影响和作用。尤其是对当今时代，黄河文化所包含的价值目标符合世界人民对美好生活的向往。作为青年大学生，弘扬和传承黄河文化就是要根据时代发展变化不断赋予其持久的生命力，努力使中华传统优秀文化与时代同发展，

---

① 王震中：《黄河文化：中华民族之根》，《意林文汇》2020 年第 3 期。
② 何星亮：《文化的民族性与世界性》，《云南社会科学》2002 年第 5 期。
③ 沈正赋：《宣传与文化的功能定位及其相互关系辨析》，《中国广播》2018 年第 12 期。

不断彰显在世界范围内的巨大影响力和感召力。

（五）黄河文化的继承性

继承性是文化的重要特征之一，也是民族得以延续的根本、文明得以传承和发展的关键所在。中华民族上下五千年，是物质文明和精神文明不断进步和发展的历史，而精神文明就蕴含有丰富的民族文化元素和内容，这些元素和内容就是在民族的发展中不断积累、沉淀和发展壮大的。这就是民族文化的继承性，黄河文化概莫能外，我们今天看到的黄河文化的形态，就是黄河文化在历史积淀中的扬弃，使民族文化中符合科学性的东西得到不断延续和发展。强调民族文化的继承性，还必须以实事求是的态度科学对待历史文化遗产，剔除其糟粕，吸收其精华，这样才能在传承中延续民族文化的科学性和先进性。

中华优秀传统文化具有强大的生命力和凝聚力，黄河文化作为中华优秀传统文化的重要内容更是如此。党的十八大以来，习近平同志站在党和国家事业薪火相传的高度，积极推进中华优秀传统文化的弘扬和传承工作，旗帜鲜明地指出要进行创造性转化、创新性发展。习近平总书记多次强调，中华优秀传统文化是实现中华民族伟大复兴的精神命脉、力量源泉，是推进中国特色社会主义伟大事业的坚实根基、突出优势。2015 年 11 月 3 日，在全国第二届"读懂中国"国际会议外方代表时强调中华民族文化自信是"建立在 5000 多年文明传承基础上"的。中国共产党领导人民在革命、建设、改革中创造的革命文化和先进文化，蕴含着救亡图存、独立自主、艰苦奋斗、开放包容等思想和精神，都是中华优秀传统文化的继承和发扬①。可以说，黄河文化内涵丰富，其孕育的中华优秀传统文化、革命红色文化和社会主义先进文化是中华民族生命力、凝聚力、创造力的全面传承和全景展现。作为青年大学生，要充分发挥黄河所留下的荡气回肠的精神力量，清醒意识到自身承担的责任，推动黄河文化在新时代发扬光大。

总之，在建设有中国特色社会主义的关键时期，以黄河文化为代表

---

① 重庆市中国特色社会主义理论体系研究中心：《充分认识中国特色社会主义文化的特点》，《人民日报》2017 年 12 月 15 日。

的中华优秀传统文化的作用发挥尤为重要。弘扬和传承黄河文化，应积极有所作为，要创造性转化与创新性发展黄河文化，充分发挥黄河文化的先进性特点，充分展现其时代价值，服务于中国特色社会主义伟大事业建设。同时，我们也不能骄傲自大，故步自封，要在与其他文明的互鉴中，注意吸收它们的先进成分，并内化为我们文化的一部分。只有这样，才能保持黄河文化的独特特质和地位，更好地实现黄河文化的有效传承。

二 基本原则

正如之前指出的，黄河文化教育资源的选取要充分考虑国家、社会和学生个人三方面的因素。为什么开展黄河文化教育？这正是国家的要求和时代的需要。如何开展黄河文化教育？我们要充分考虑受教者（也就是青年学生个体）的身心因素和认知特点，以及促进他们价值观全面发展的内在要求。开展黄河文化教育活动，既要考虑国家和社会的现实因素，还要结合青年学生自身成长的需要，只有同时满足这两方面的条件，教育才可能取得真正的实效。因此，符合国家战略要求、契合时代发展需要、适合学生认知特点和契合个人价值追求等，是选择黄河文化教育资源的最基本要求。

（一）符合国家战略要求

中国共产党人自建党之初，就高度重视传统文化的重要作用。党的十八大以来，以习近平同志为核心的党中央始终把其作为坚定中国道路的精神纽带和治国理政的思想资源，积极从推动中华民族现代化进程的角度创新发展中华优秀传统文化。习近平指出，中华优秀传统文化凝结着中华民族最深沉的情感、省思、智慧，培育了中华民族共同体的认同感和自豪感。我们必须站在历史与时代相结合的高度，打通中华传统文化与现代中国发展之间的必然联系，积极推进中华优秀传统文化的历史传承和创新发展。习近平总书记做出的一系列重要论述，为新时代中华优秀传统文化的传承和创新指引了方向。随着时代发展，世界形势发生了更为深刻的变化，以美国为代表的西方势力对中国形成了更为严峻的挑战，妄图在各个方面压制中国的发展。同时，由于网络技术的发展，技术赋能使得文化交流交融交锋脱离于传统模式，变得更加便捷和多元，但是我们要敏锐地注意到，网络空间中传递的文化泥沙俱下，对青少年价值观的形成带来严峻的挑战，迫切需要我们不断深化对以黄河文化为标的中华优秀传统文化重要性的认识，根据时代发展变化深入挖掘文化价值内涵，让广大青年学生深化对中华优秀传统文化的认识，提升其传统文化底蕴，有利于增强他们的文化自觉和文化自信，为推进中国特色社会主义现代化事业发展提供精神动力。

（二）契合时代发展需要

黄河文化等中华优秀传统文化，并不是凭空产生的，而是在人类与自然环境相协调、与社会相融合过程中总结和凝练出来的，并升华成为一种思想文化，带有鲜明的现实和实践特征。从黄河文化蕴含的思想文化中我们可以看到，其中"民为邦本""政在养民"等文化思想，始终关注着发展的现实、时代的需求和社会的发展进步，尤其是其中蕴含着经世致用的优秀传统思想体现出很强的时代性和实践性，一方面更好地呼应了往古的回声，体现出对历史的尊重。另一方面坚持立足当下，面向未来，摒弃了一切不切实际的虚幻未来，积极为国家治理、社会发展和个人安身立命提供精神动力。我们必须积极弘扬改革创新的时代精神，把社会主义核心价值观和"仁义礼智信"等传统文化结合起来，结合时代发展实际赋予其新的时代内涵，给予其创造性解释，努力使其成为解决当代中国社会发展和文化建设的有力资源[1]。

黄河文化蕴含着丰富的精神内涵，是中华民族文化思想的丰富和升华，是新时代中华民族精神的真实写照，具有重要的时代价值。我们必须站在中华民族的伟大复兴和构建人类命运共同体的高度，认真做好黄河文化的保护、传承和弘扬，努力使黄河文化在新时代熠熠生辉。黄河流域先民在世世代代的和谐相处中创造的"天人合一"等自然伦理观，是中华民族宝贵的物质财富和精神财富，有利于我们在历史与现实的交汇中明确新时代，从而更好地敬畏自然、尊重自然，利用自然为人类造福。黄河文化蕴含的"同根同源"的民族心理和"大一统"的主流意识，

---

① 李宗桂：《试论中华优秀传统文化的评价标准》，《社会科学战线》2017 年第 8 期。

缔造了中华民族追求大一统、大融合的民族文化，体现出中华民族追求统一和融合的共同目标①。黄河文化包容开放，使得它不断地从其他地域和民族文化中汲取有益营养成分，不断与周边国家及地区交流交融，为构建人类命运共同体奠定了坚实的历史基础和实践基础。因此，我们要充分发挥黄河文化的文化育人作用，紧密结合时代发展的需要，真正讲好"黄河故事"。

（三）适合学生认知特点

要适应和改造客观世界，必须正确认知世界发展变化的客观规律，这是正确认识客观世界的必要条件。青年大学生正处于人生发展的关键阶段，他们思维活跃、知识面宽、接受新事物快，加之他们出生于网络时代，成长于人工智能等新兴信息技术高速发展时期，学习知识的来源和方式更加多元。但是，认知水平和生活阅历等方面的原因，使他们在某些事物上容易受到不良环境的影响，甚至做出错误的选择。因此，我们必须认真研究当前青年大学生的学习特点、生活特点和心理特点等，掌握他们在不同学习阶段所遇到的困惑和问题，采取有针对性的措施，更好地服务青年学生的成长成才。当前，制约大学生的认知水平和学习效果的因素包括两个方面，一个是主观方面，另一个是客观方面。主观方面可以分为认知因素和非认知因素，认知因素主要是指青年大学生个体认知特点，非认知因素主要是指青年大学生的学习动机、兴趣爱好等。客观方面主要包括外部条件、健康状况等。在学习过程中，如果能够正确处理主客观两个方面因素的关系，努力使得两者同向同行、相互支持，就会取得好的学习效果；反之，学习效果就会变得很差。

特别是在当前价值多元的时代，青年大学生面临着千载难逢的发展机遇，同时挑战也会存在。如何充分发挥黄河文化的资源优势，以什么样的方式和路径让黄河文化真正满足青年大学生的认知特点，如何充分发挥黄河文化在思想政治教育中的重要作用，这是值得深入探讨的问题。

---

① 苗长虹、艾少伟、喻忠磊：《黄河文化的历史意义与时代价值》，《河南日报》2019 年11 月1 日。

（四）契合个人价值追求

个人价值观包括需要、动机、兴趣、信念、人生观和价值观等，是个体对客观世界的积极性特征，是制约和调节个体的所有心理活动的潜在力量和基本动力。个人价值观一方面取决于对象的客观属性，另一方面又取决于个体的实践需要。因此，个人价值观的规范和激励功能的发挥受到多种因素的制约，比如社会因素、家庭因素和学校因素等，这些也是主要影响青年大学生的个人价值取向的关键因素。

认知能力、需要层次等是个体价值观发展的重要前提，并且会随着年龄的增长而不断发展。因此，在选择黄河文化教育资源的过程中，在考虑青年大学生整体需求的同时，还应该考虑到个体的需求。而个体的需求既受到学生个人价值取向的影响，又为个人动机强弱所制约。当黄河文化资源内容的标准超过青年大学生预期，学生对自己行为的预期判断又难以达到要求时，就容易造成学生动机不足，就难以有效调动学生学习黄河文化知识的积极性。反之学生就会降低自己的行为标准，进而弱化黄河文化的教育效果。因此，要充分考虑学生的动机因素，并使之达到合理水平。

三　内容要求

把黄河文化融入高校思想政治教育，一方面要通过思想政治教育来保护、传承和弘扬黄河文化，另一方面要注意把握好选择黄河文化思想政治教育资源的内容和要求。只有这样，才能让黄河文化可听、可学、可信、可遵和可行，从而增强教育的吸引力和感染力。从根本上讲，选择黄河文化思想政治教育资源要把握贴合国家战略、社会现实和时代价值三个层面上的要求，要突出所选择的黄河文化资源内容应该是多元化、生活化、真实化、人性化和实践化。

（一）教育资源的多元化

中国的传统文化悠久丰富、博大精深，它就像一个蕴藏丰富的矿藏，必须经过不断开采、加工，才可能激发它的内在能量。开展黄河文化教育，首先要解决的就是教育资源的多元化问题，让青年大学生接触更多的黄河文化教育资源，有助于拓展他们的知识面，了解黄河文化的丰富性和价值性，加深对黄河文化的理解和认同。同时，由于青年大学生基于自身知识结构和文化素养水平，对黄河文化的需求呈现出多元化、层次性需求的特点。文化价值体系的多元化和道德水平的层次性，也决定了黄河文化思想政治教育资源选择的多元化、层次性。因而，我们要根据青年大学生多元化的需求，根据其不同年级、不同性别、不同兴趣爱好，推出不同层次、不同类型、不同特点的教育资源，进一步丰富教育内容，实现教育资源供给的多元化。比如，可以结合专业特点，化工环境类的可以通过开展黄河生态文化教育，人文社科类的可以研修传统文化礼仪，等等，提高黄河文化教育的针对性，促进教育的多样化发展。

（二）素材选取的生活化

黄河文化是五千年来黄河流域居民生产生活时间中产生发展并绵延传承下来的人生经验和智慧的总结。其来源生活，与我们的生活息息相关，服务和指导每一个青年大学生的生活实践。因此，在选择黄河文化思想政治教育资源时要真正建立起黄河文化教育与青年大学生情感交流的纽带。历史文化不是内容空洞的学习符号，并不是脱离生活而超然存在的，而是和我们的生活息息相关，刻入每一个中华儿女血脉中的。当前，大学生思想政治教育越来越注重结合社会关切、学生关注的热点问题，这不仅是看重其中的教育意义，还有拉近思想政治教育内容与学生生活的考量，这可以从根本上引发学生情感共鸣和增强思想政治教育的吸引力。"生活教育"是陶行知先生教育思想的核心，要求我们按照"贴近生活、贴近实际、贴近学生"的原则，深入浅出，循循善诱，不断创新大学生思想政治教育的内容和方式方法。因此，在选择黄河文化教育资源时，一方面要挖掘和有效整合教育资源，选择黄河文化中极具生活气息的部分，让内容更贴近学生的认知，另一方面，还要从社会现实和学生生活实际出发，坚持问题导向，不断创新方式方法，努力使黄河文化资源作用的发挥具体化、生活化，成为青年大学生生活的有机组成部分。

（三）教育内容的真实化

把黄河文化融入高校思想政治教育的途径是多元的，包括思想政治教育理论课、校园文化活动、社会实践活动等。但无论是何种教育途径，把黄河文化融入高校思想政治教育，要确保和加强思想政治教育的有效性，就必须使黄河文化教育内容真实可信，有确切效果。真实化是黄河文化教育资源选择的重要标准，是中华优秀传统文化教育有效性的基础所在。中国的许多历史记载与文化传承都来自黄河文化，其中既有真实的历史史实，也有不少历史传说和神话故事。但这些都是一代代远古先民记忆的缩影，具有无可辩驳的真实性与先进性。我们开展黄河文化教育，不仅是通过知识的传授，培养学生记忆和辩证思维的能力，而且是通过对历史事件、人物的研究，从中挖掘出光辉的思想和教育价值，促使青年大学生德智体美劳全面发展。因此，黄河文化教育最好的方式就是用真实来教育，要避免使用史记资料中虚构的、失实的或者夸张的内容。因为，历史最大的作用是为后人总结经验教训，在比较分析中选择出未来的最佳解。历史真实就可以起到镜子作用，为后人提供一个总结经验、创新未来的平台。在具体的教育过程中，我们应该根据教育需要、学生实际，使学生深信史实，在黄河文化教育中立足现实，寻找历史与现实的结合点，于无形中提高黄河文化教育的有效性。

（四）榜样人物的人性化

黄河文化在长期发展中涌现出无数英雄事迹，这也在某种程度上构成了黄河文化发展的印记和脉络。但是，由于长期以来我们在榜样教育中忽略了学生的价值观念的多样性与复杂性，从而使得青年大学生选择学习对象及内容的权利受到限制。特别是较多地关注了榜样人物的丰功伟绩，而较缺少对他们内心世界和个人品质的挖掘，从而使榜样教育的作用受到限制。实际上，榜样人物是鲜活的，有跟常人一样的情感和内心世界，我们必须加强对个人权利、自主意识的保护与尊重。从历史上看，能留下印记的榜样人物往往都是意志坚定、有家国情怀的人。对榜样人物的"人性化"，是对他们的丰满和充实，让学生意识到他们并不是假大空的存在。在榜样人物与青年大学生之间架起一座"真实"的沟通桥梁，可以引起学生情感的共鸣，推动学生人格的建塑和完善。黄河文化教育是一种情感教育。在教育的过程中，我们所选树的榜样人物要能充分增强青年大学生的情感体验，青年大学生所产生的情感体验是能帮助他们深刻地记忆和理解所认知的形象，这种记忆是情感的、形象的，能引起学生强烈的情感体验和共鸣，进而生成强大的道德行为推动力。

（五）文化内涵的实践化

黄河文化的内涵极其丰富，从不同的时期、以不同的立场来看，有着不同的解读和回答。但无论何种解读都有一定的合理性和科学性，都体现出一个时代的鲜明特征，有助于我们对黄河文化进行全面而深刻的认识。但把黄河文化作为思想政治教育资源，无论是作为教育主体的高校，还是教育客体的青年学生，都应该对黄河文化有一个共性的认知，那就是黄河文化的内涵要有一定的实践意义，能推进现实社会问题的解决和塑造学生的价值观念，能指导青年大学生的社会实践，能增进青年学生的文化自觉和文化自信。因此，黄河文化资源的选取，要充分考量其文化内涵是否有实践的价值和意义、学生能否通过实践加深对黄河文化的认知和理解、学生的认知和理解能否在实践中予以检验并得到反馈和强化。

第二节　黄河文化思想政治教育内容资源

黄河文化教育资源是高校思想政治教育资源的有机组成部分，其内容资源更表现为中华民族长期以来所形成的科学的政治意识、价值观念和道德品质。黄河文化汇聚了优秀传统文化、革命文化、社会主义先进文化等多种要素，是凝结全国各族人民力量的精神纽带，彰显着中华儿女文化自信的坚实底气，是一种极为宝贵的教育资源[①]。黄河文化思想政治教育内容资源可分为思想观念资源、人文价值资源和道德规范资源，从黄河文化的价值标准来看，在选择青年大学生黄河文化教育资源时，要充分把握其内在要求，根据时代需要、学生需求等适时、适度择取相关资源，以实现教育价值的最大化，推动和实现黄河文化融入高校思想政治教育取得更大成效。

---

① 王国生：《大力弘扬黄河文化 为新时代中原更加出彩凝聚精神力量》，《河南日报》2020年1月15日。

一　思想观念资源

（一）同根同源的民族认同

黄河流域作为华夏民族的孕育发祥地，在不同历史时期都催生出多元的文化样态，蕴含着极为丰富的文化资源，对促进民族认同、增进民族团结、构建中华民族共同体发挥着重要作用。长期以来，居住在黄河流域沿岸的广大劳动人民互帮互助，形成了"同根同源"的民族心理，大家尽管民族不同、文化各异，但是基于对中华民族大家庭的共同认同，形成了以中华民族认同感为纽带的精神文化支柱。作为中华民族的象征，黄河与长江、长城一样是中华民族的骄傲和自豪，已经成为炎黄子孙共同的根脉之地。人们热爱黄河，热爱其历经世事而不衰的坚忍和桀骜，热爱其面对困难而不退的豪情与大气。"万姓同根、万宗同源"，黄河文化作为维系国家统一、民族团结的精神支柱和文化认同，早已融入中华民族的文化血脉，深入中国人民的骨髓。抗战时期，一首《保卫黄河》坚定了陕甘宁边区抵御法西斯侵略和解放战争的决心和信心，唱出了中华儿女保家卫国的精神和气概。黄河文化创造性地吸收马克思主义思想，在实践中不断地丰富完善和健康发展，尤其是不断吸收红色文化、爱国主义等文化内涵，不断传递出民族复兴的时代价值[①]。走进新时代，我们必须大力弘扬黄河文化，进一步激发全民族的家国情怀，让同根同源的民族认同得到强化，努力锻造出维系国家统一和民族团结的精神纽带。

（二）民惟邦本的民本思想

"以人为本"是黄河文化的重要特点，也是中国传统价值观的重要特征。长期以来，黄河流域作为全国重要的政治、经济和文化中心，历代王朝在国家治理过程中形成的"民贵君轻""民惟邦本"等一系列重民、富民、贵民的思想，体现出先贤对民族兴亡的情怀，充分彰显了黄河文化等中华优秀传统文化的价值追求。在庆祝中国共产党成立100周年大会上，习近平号召全党："与人民休戚与共、生死相依。"他说，中国共产党作为工人阶级的政党，没有任何自己特殊的利益，不为任何利益集团、

[①]　曹溢：《让黄河文化熠熠生辉》，《中国纪检监察报》2020年6月15日。

任何权势团体、任何特权阶层谋私利，始终把最广大人民的根本利益放在首位。100 年前，人民缺衣少食、忍饥挨饿，全国文盲率在 80% 以上，"久困于穷，冀以小康"成为千年追求的梦想。100 年来，中国共产党始终坚持以人为本，积极寻求人与自然、人与社会、人与人之间关系的契合点，始终把不断满足人的全面需求、促进人的全面发展作为根本出发点，托起了全球最大的社会保障网，实现了全面摆脱贫困的夙愿。今天，我们更加强调"始终坚持以人民为中心的发展思想"，把让老百姓过上好日子作为一切工作的出发点和落脚点，积极构建多层次的社会保障体系和公共服务体系。我们更加强调"共享"的发展理念，始终站在马克思主义立场上，实现对黄河文化"民本"思想的创造性转化和创新性发展。

（三）和衷共济的家国情怀

黄河流域自古就英雄辈出，有守望相助、扶贫济困的传统美德，有着和衷共济的爱国情怀。而中华民族伟大复兴的中国梦能否顺利实现，关键在于各民族的共同富裕。"全面小康路上一个都不能少"，体现出党对全国人民的庄严承诺，已经深深植根于黄河文化等中华优秀传统文化的家国天下情怀。中国梦是人民的梦、世界的梦，其基本精神的背后蕴藏着深厚的家国天下情怀，体现着中华民族和衷共济的命运共同体意识，更是凝聚着民族振兴的文化血脉。黄河文化中蕴含的"天下兴亡，匹夫有责""位卑未敢忘忧国"等思想，是古代先贤家国天下的理想和情怀，深深地勾勒出国家兴盛、民族富强和百姓幸福这一贯穿于黄河文化绵延数千年的精神主线。这种情怀将个人理想与天下理想紧密地联系在一起，折射出对民族前途、国家命运高度关切的主流价值观，是黄河文化梦基本内涵所昭示出的文化基因，是先贤留给当代国人的宝贵精神财富。因此，作为将国家梦、民族梦和人民梦统一于一体的中国梦，激活了中华民族五千年文明和中华儿女心灵深处的集体意识，是新时代传承黄河文化等中华优秀传统文化的深刻体现①。在新冠肺炎疫情防控斗争中，广大医务工作者白衣执甲、逆行出征，广大志愿者不辞辛苦、积极奉献，向

---

① 刘建武、马纯红：《实现中国梦需要继承和弘扬中华优秀传统文化》，《光明日报》2014年 10 月 22 日。

世界展示了蓬勃向上的中华儿女共克时艰的家国情怀和责无旁贷的责任担当。

（四）和而不同的和平理念

在黄河文化中，"和文化"具有至关重要的地位和意义。准确理解黄河文化的内核，系统阐释黄河文化中"和文化"的丰富内涵，有助于我们更加深入地领会中华优秀传统文化的核心特质和当代价值。在人与人之间的关系问题上，"和文化"主张在寻求人与人之间保持差异的基础上，通过不同关系的调整达成统一，也就是"和而不同"。在人与社会之间的关系问题上，"和文化"主张寻求建立人人各得其所的大同社会，从而实现公正平等。在人的身心关系上，"和文化"主张每一个个体都要不断加强修养，努力实现自我身心和谐。"和文化"体现在国家之间、民族之间的是和平共处、互融互通。因此，黄河文化中的"和文化"，是千百年来黄河流域广大劳动人民智慧的结晶，是中国贡献给世界的一个治世良方，更为人类文明的发展提供了一条光明大道。中国梦之所以是和平之梦、共赢之梦，与黄河文化等中华优秀传统文化中的"和而不同"思想高度统一。中国人民愿意在实现各自梦想的过程中相互支持、相互帮助。中国的发展从来不以否定其他国家和民族的梦想为前提，也不以威胁和损害其他国家和民族的利益为代价，反映了中国梦的特有文化指向。

（五）天人合一的生态智慧

黄河文化蕴含着丰富的生态文化理念和生态智慧。黄河流域自然环境复杂，广大劳动人民逐水而居、与河相伴，在长期的生产生活实践中自觉地去认识人与自然的关系。他们不断探知自然发展变化规律，在顺应自然和改造自然中学会与自然和谐相处，蕴含着"天人合一""乘势利导"等生态哲学和自然伦理观。"天人合一"的核心是人与自然平等，它注重促进人与自然的协调发展，是一种超越人类中心主义的宇宙观。习近平总书记善于从传统的生态智慧中发掘对当今生态文明建设有重要价值的资源，积极运用"天人合一""道法自然"等传统思想智慧来推动生态文明的发展，从而提出了人与自然构成"生命共同体"的思想，要求人类必须尊重自然、顺应自然和保护自然。黄河文化等中华优秀传统文化中"天人合一"的思想是对人与自然关系的经验总结，是新时代推进生态文明建设的重要遵循，对推动生态文明建设具有重要现实意义。随着新技术的不断进步和发展，我们在处理科技与社会协调发展的问题时，应当努力将世界上一切先进文化的科技进取精神和黄河文化等人文精神融会贯通，更好地促进自然与科技、经济、社会和人类自身的协调发展①。

二　人文价值资源

（一）自强不息的奋斗精神

黄河是中华民族的母亲河，但同时在历史上给中华民族带来沉重的伤害，留下刻骨铭心的记忆。有史记录以来，黄河泛滥高达 1600 多次，并有多次改道和迁徙的记录，给沿黄地区人民带来深重的灾难。但英勇的中华民族始终在困难面前不低头，坚持同黄河水患灾害做斗争。夸父追日、精卫填海、愚公移山等神话传说，展现的是原始先民敢于梦想、自强不息的民族品格，蕴含着中华文明经久不衰的密码。进入新时期，习近平总书记又提出新时代黄河流域生态保护和高质量发展战略。要实现这一宏伟蓝图，更离不开国人自强不息的奋斗精神。而这种精神体现在黄河文化中，就是"天行健，君子以自强不息"的进取意识、"变则通、通则久"的创新精神、"敢为天下先"的锐气勇气，以及"六经注我、我注六经"的自觉自信。这些宝贵的精神是中华民族精神的具体体现，是中华民族屹立于世界民族之林的动力源泉。正是由于自强不息的精神，激励中华儿女一次次地推翻压在头上的大山，建立新的政权，推动历史发展；正是由于这种精神，激励中华儿女团结一致，共敌外侮，从而保卫了国家安全和民族尊严。在社会主义革命与建设时期，革命先辈浴血奋战，建立了中华人民共和国，实现了民族的独立。和平建设年代，艰苦奋斗，自力更生，走自我发展的必由之路。随着中国特色社会主义进入新的发展阶段，我们必须始终坚持自强不息的精神，坚决打破条条框框限制和教条主义束缚，把黄河文化精神的精髓融入进我们的血

---

① 王春林：《天人合一：中国传统文化的人文精神及其当代价值》，《广西师院学报》（哲学社会科学版）2000 年第 3 期。

脉，坚持走独立自主、奋发图强的道路，让我们伟大的祖国和人民在新时代高歌猛进，一路前行。

（二）夕惕若厉的忧患意识

"生于忧患，死于安乐"，忧患意识是黄河文化的重要思想，更是中华民族生生不息、绵延不绝的文化基因。在与黄河水患做斗争的过程中，在人力物力的统筹调配中，忧国忧民的忧患意识得到进一步形成和升华。从历史的角度来看，中华人文精神的产生最早是在殷周时期，其原动力就是忧患意识。从思想认知的角度来看，忧患意识产生于人的主体意识的觉醒。当一个人对于一件事情的好坏成败负有责任感的时候，就会从内心产生忧患意识，进一步激发个体担当作为。而从一个人思维发展的角度来看，忧患意识又是一种前瞻性思维。当一个人对于某件事情有了担当精神和责任感的时候，他在潜意识里就会对面临的机遇和挑战做出客观的分析与评价，进而将祸患消弭于无形。中国共产党在革命、建设和改革的实践中，基于对党、国家、人民事业的责任和担当，始终怀有强烈的忧患意识。习近平总书记指出："从忧患意识把握新发展理念。"目前，伴随着国际力量的调整对比和国内形势的复杂多变，我们在发展过程中面临的内外部风险越来越多，必须增强忧患意识、强化底线思维，随时做好应对各种复杂斗争的准备。

（三）革故鼎新的开拓意识

黄河流域孕育了许多伟大创造，为中华民族生生不息注入源头活水。农耕文明、商业文明在这里发端，推动了人类文明进程；天文历法、冶铸陶瓷、建筑纺织等在这里起步，推动世界科技走上了巅峰；四大发明从这里走向世界，让世界认识中国，让中国走向世界。当我们翻开文化典籍的时候，黄河文化中要求人们团结奋进、开拓创新的篇言随处可见。"天行健，君子以自强不息""苟日新，日日新，又日新"等，描述了人类不断创新、不断进步的繁荣景象，体现的是一种不断进取、积极创新的精神。正是这种精神的不断传承与发展，黄河文化才得以历久弥新、经久不衰，展示出强大的凝聚力和生命力。近代社会以来，由于西方列强的不断侵略，中华民族陷入危难之中。为了探索救亡图存的道路，先后有洋务运动、戊戌变法、辛亥革命、五四运动等出现，对中国社会与文化进步产生了积极作用。黄河文化蕴含着无穷的创造力，在几千年的历史中使中国文化高峰迭起，源远流长。一直到今天，为了追赶世界范围内的现代化潮流，我们不断推进改革。从真理标准的讨论开始，到农村的经济体制改革起步，以及全方位的社会与文化变革，都源于这种与时俱进的变易精神①。进入新时代后，改革进入攻坚期、深水区，党的十八届三中全会做出全面深化改革若干重大问题的决定，并取得惊人成效，也是得益于党的勇于开拓精神。

（四）勇于奉献的高尚情操

敬业奉献是黄河文化等中华五千年传统文化的积累与沉淀。纵观古今，有无数敬业奉献的佳话和励志故事，古有治水十三年三过家门而不入的大禹，今有"敢教日月换新天"的焦裕禄，上有王侯将相为民请命、恪尽职守，下有普通百姓兢兢业业、舍己为人。大家以对国家、对民族的深厚情怀，用敬业奉献精神熏陶着每一个中华儿女。不管是神话传说，还是真人真事，中华远古先民用自己的勤劳和智慧展示出为民造福的奉献意识。《诗经》提出"夙夜在公"，描述了古代官员勤勤勉勉、废寝忘食的工作态度；《书经·周官》提出"以公灭私，民其允怀"，体现出古代为政者为了取得百姓信任，用公心铲除私心杂念的高尚情怀；贾谊在《治安策》中提出"国耳忘家，公而忘私"；等等，都蕴含着积极奉献、公而忘私的精神。随后在几千年的封建社会，封建士大夫为了国家的兴旺和百姓的安居，坚持将个人的发展和国家的前途紧密地联系在一起，矗立了一座座奉献的丰碑。习近平总书记在庆祝中国共产党成立100周年大会上庄重指出："中国共产党始终代表最广大人民根本利益，与人民休戚与共、生死相依，没有任何自己特殊的利益，从来不代表任何利益集团、任何权势团体、任何特权阶层的利益。"② 中国共产党从成立之日起就把为人民服务作为自己的目标追求，积极培植伟大的奉献精神。从"红船精神"到"延安精神"等，无不体现着共产党人不畏艰难困苦、勇

① 杨虹：《论中国传统文化中的创新精神》，《湖南商学院学报》2000 年第 6 期。
② 习近平：《在庆祝中国共产党成立 100 周年大会上的讲话》，《人民日报》2021 年 7 月 2 日。

于牺牲的奉献精神。中华人民共和国成立以后，在推进国家建设中所提倡的"螺丝钉"精神、"老黄牛"精神等，进一步彰显了中国共产党敬业奉献、为民服务的崇高追求。党的十八大以来，习近平总书记多次教育党员干部要有"奉献意识"，时刻把老百姓的安危冷暖放在心上，尤其是新冠肺炎疫情暴发以来，中国共产党人团结和带领广大人民群众，展现出伟大的"生命至上，举国同心，舍生忘死，尊重科学，命运与共"抗疫精神，这更是新时代奉献精神的具体体现①。

三　道德规范资源

（一）百折不挠的斗争精神

历史上，黄河"三年两决口、百年一改道"，给沿岸和下游百姓带来了深重的灾难。因此，黄河儿女繁衍发展的历史，充满着艰辛与曲折，是一部与黄河水患不屈不挠抗争的历史。黄河三门峡段屹立于黄河之中的"中流砥柱"，相传是大禹治水时留下的镇河石柱，历经千年荡涤而岿然不动，正是中华民族勇于斗争的真实写照。开封城历经数次被黄河淹没而又顽强原址重建，"城摞城"的奇观，见证了中原人民坚韧不拔的斗争精神②。因此，中华民族五千年的文明史，充满了艰辛和斗争，可以这样说，斗争精神是先辈留给我们最为宝贵的精神财富之一。几千年来，中华民族的先民留下了国宝的治国理政思想，集中展现了中华民族不畏艰险、敢于斗争、突破自我、自强不息的精神品质。从原始的部落联盟到幅员辽阔的中央政权，展示了国家团结进步的精神力量。从历史波澜中跌宕起伏到昂扬向上中充满生机，展示了国家坚忍不拔的意志力量。从近代面临亡国灭种危险到当下走向世界舞台中央，展示了党带领人民浴血奋战的豪迈气概。因此，历经数千年历史沧桑洗礼，斗争精神已经熔铸在中华民族身上，铸就了中华民族独特的民族品格和不朽的精神丰碑。拥有什么样的精神状态与奋斗姿态，决定着会有什么样的结果与未

---

① 习近平：《在全国抗击新冠肺炎疫情表彰大会上的讲话》，《人民日报》2020 年 9 月 9 日。

② 王国生：《大力弘扬黄河文化为新时代中原更加出彩凝聚精神力量》，《河南日报》2020 年 1 月 15 日。

来。党的十八大以来，习近平总书记赋予斗争精神以新的时代内涵，把中国共产党伟大斗争精神提升到一个新的战略高度。中华民族伟大复兴绝不是轻轻松松、敲锣打鼓就能实现的，实现伟大梦想必须进行伟大斗争。

（二）崇德向善的道德追求

五千年的文明史孕育了华夏大地"崇德向善"的道德追求。"德"即德行，"善"即善良，"崇德向善"要求我们修炼良好的品德，生活中用爱对待每个人，这也是黄河流域祖宗崇拜和家庭伦理社会结构所决定的。历史上，为了保证统治阶级的特权，统治者实行了以礼乐德治为特点的宗法分封制，加强中央对地方的统治，这也是德治思想的起源。到了春秋战国时期，崇尚"大一统"思想的儒家文化进一步确立，从而使中华民族"崇德向善"的民族精神传承至今。自此之后，历代统治者都注重以德治理国家和社会，以崇德、向善为核心的精神追求开始逐渐占据主导地位并融入民族的血脉。从而完成了"修身、齐家、治国、平天下"的逐级序进。在这个整体架构的影响下，不断产生一些新的思想和理念，"己所不欲，勿施于人""不患寡而患不均"等①。这些观念以人的品德修养作为重要内容，积极营造互帮互助、大气包容等良好文化氛围，推动社会向善向好发展，实现天下大治的伦理政治之道。而这些先进的思想在黄河文化的发展过程中，始终占据着重要的地位，对提升整个民族的道德水平发挥着极为重要的作用，尤其是"崇德向善"的道德追求在黄河文化中进一步彰显，为中国特色社会主义事业的发展提供了提供了道义上的保障。

（三）孝老爱亲的伦理规范

"孝文化"是黄河文化等中华优秀传统文化的重要组成部分。在黄河文化几千年的发展历程中，无论在任何时期和阶段，"孝文化"一直是其核心元素之一。春秋战国时期，中国的奴隶制开始走向灭亡，封建社会制度正在逐步确立。在当时社会背景下，孔子认为要稳定社会秩序，首先要以家庭为单元，树立"孝文化"以树立家长的权威。他第一次从人

---

① 陈会娟：《黄河文化孕育的恢宏大气的民族精神》，《河南日报》2021 年 3 月 10 日。

文关怀的理论高度，给予了"孝文化"全方位、多角度的阐述，并积极进行倡导和示范。到了两汉以及魏晋和隋唐时期，"孝文化"得到进一步发展，全面渗透到人们日常生活中，已经成为治国理政的重要工具。孝道文化一直在稳步向前发展，到了宋元明清后，由于程朱理学的出现，"孝文化"中出现了一些极端的愚孝状况。但是，作为一种社会高度认同的主流文化，"孝文化"在曲折中继续发展和进步，成为一种永恒的人文精神和普遍的伦理道德。近代社会以来，由于西方文化的侵入和中国现代化步伐的加快，尘封多年的封建专制"孝文化"思想受到严厉批判，民主、自由的思想深入人心。孝老爱亲、尊老爱幼、父慈子孝等家庭伦理道德观念，即新型"孝文化"得到进一步弘扬。目前，"孝文化"的内容和形式已经发生了巨大变化，但其在修身养性、稳定家庭、凝聚社会等方面的本质特点没有改变，成为支撑中华民族生生不息、薪火相传的重要精神力量。

（四）勤俭节约的德行品格

勤俭的美德是中华民族在征服自然、改造自然的伟大社会实践中形成起来的。黄河流域的先民在几千年的发展过程中，面临复杂的自然环境和频发的自然灾害，进行了勤俭自强、艰苦奋斗、血火交淬的艰苦斗争，形成了节约节俭的良好品德，内化为中华民族的行为规范和道德准则。纵观古代王朝的兴盛与灭亡，"太平盛世"就是过"紧日子"过出来的。西汉的"文景之治"，最为突出的特点之一就是严禁浪费，并要求各级官吏"务省徭费以便民"。东汉"光武中兴"同样如此，他坚持整顿吏治，躬行节俭，奖励廉洁，官场风气大为改变。唐代的"贞观之治"更是得益于厉行节俭的警钟常敲，李世民牢记隋朝灭亡的教训，锐精为政，崇尚节俭。宋朝作为中国历史上很特殊的一个时期，经济繁荣却对外关系软弱，但是崇尚节俭的习惯不容置疑。历史表明，无论社会经济如何发展，过"紧日子"始终是化解困难的良法。尤其是经过几十年来的改革开放，国家物质条件比任何一个时代都要丰富，但是勤俭节约的习惯不能丢。我们必须继续发扬勤俭节约的优良传统，正确处理"勤"与"俭"、"开源"与"节流"的关系，大力弘扬传统勤俭文化资源，努力为构建节约型社会提供精神基石和文化资源。

第三节　黄河文化思想政治教育方法资源

随着时代的发展与进步，青年大学生的思想状况、行为方式和价值追求日益复杂化和多元化。相应地，这也为开展黄河文化教育带来了挑战，黄河文化融入思想政治教育的工作的环境、对象和内容等都发生了一定的变化，这就对高校开展思想政治教育的方式提出了更高的要求。方法资源是黄河文化重要的思想政治教育资源，是高校思想政治工作基本原则及其科学性和艺术性的具体体现。在开展思想政治教育时，要做到把单纯的理论灌输与思想交流互动相结合，避免在教育过程中存在方法简单、内容枯燥及与学生和现实脱节等问题，切实提高黄河文化融入高校思想政治教育的实效性。

一　疏导教育法

疏导教育法是思想政治教育中常用的方法，其实质就是通过疏通和引导两种方式，帮助学生端正思想认识，以解决其内心的思想认识问题。所谓疏通，就是让青年大学生不受外部条件的约束和干扰，能充分表达自己的观点与看法。所谓引导，就是在既定教育目的的基础上，把学生的思想和行为统一到既定的教育目标之上。因此，从功能上可以看出二者是辩证统一的关系，疏通是目的，是引导的前提。如果没有正确地做好对学生的疏导教育，学生的思想状况就会出现放任自流的情况，我们就会丧失意识形态工作的主导权。

在黄河文化教育过程中应用疏导教育法时，要特别注重引导学生正确处理好个人和国家、眼前和长远之间的关系。当前学生普遍存在的问题是不能有效地协调好个人利益与国家利益、长远利益之间的关系，主要表现在部分学生入校后表现出的追求个人利益的功利性，只关注个人利益得失或短期的利益，而没有考虑国家的需要等。所以，要特别注重发挥黄河文化资源的教育优势，通过疏导教育法引导学生从眼前的、现实的利益谈起，让学生有一种代入感，不断提升学习兴趣，激发学习动力。然后，通过黄河文化中的历史故事和人物的引导，让学生在人生发展过程中做出正确的选择，避免短视行为对未来的发展带来严重后果，贻害无穷。在黄河文化的发展史上，涌现了一大批正确处理好个人同其他利益之间关系的典型人物。通过发掘他们的事迹，可以引导青年大学生处理好自身各种利益之间的冲突，从而使自己的利益观得以升华。此外，高校思想政治工作者在学习黄河文化理论知识和总结经验的基础上，要善于结合现代信息技术，创新方法载体和形式技巧，使大学生潜移默化接受黄河文化教育的内容[1]。

二　环境陶冶法

环境陶冶法是一种有效的教学方法，主要指通过创设良好的情境、有利的学习环境，潜移默化地培养青年学生的综合能力，提升学生的思想道德水平和观察周边环境的能力，从而促进学生全面发展。环境陶冶法可以分为自然环境陶冶和人文环境陶冶两种方式，具有很强的生命力和持久性、隐蔽性、指向性、复杂性等特点。陶冶法能使青年大学生在创设的环境或情景中自主地活动，在潜移默化中受到教育。这种教育方式，避免了灌输式教育方式的缺点，能充分得到青年大学生的认同，而且效果也比较好，能充分降低青年大学生的逆反心理因素的影响。因此，在使用环境陶冶法时，要注意社会、学校和家庭环境的有机结合，使三者互为衔接和依托，在对比中培育学生多方面的能力。

按照环境陶冶法的分类，一方面，可以通过自然环境陶冶的方式，通过创设和利用美好的自然环境对大学生进行黄河文化教育的形式有很多。如，高校可以组织学生到黄河文化风景区、文化区、博物馆、文物遗址等，让学生通过游览增添对黄河文化的美好情感，增强同学们的文化自豪感和自信心。另一方面，还可以通过人文环境陶冶的方式，依托高校的学风、校风和班风等人文环境，对青年大学生发挥积极的影响。作为思想政治教育主体的教师而言，更要提高自己的职业道德标准，用自己的一言一行来熏陶和感染学生。当然，家庭作为青年大学生活动的

---

[1]　张哲：《浅谈大学生思想政治教育中的疏导教育法》，《淮海工学院学报》（人文社科学版）2012 年第 18 期。

一个重要场所,其教化的风气也十分重要。

三 榜样示范法

榜样示范法就是通过典型人物的思想和行为示范作用,让受教育者从中感受榜样的力量,从而对自己的思想和行为做出调整的一种德育方法。在这种方式的使用过程中,要充分发挥榜样鲜活的时代性、生动的形象性、正向的引导性、情感的感染性等特点,通过寻找契合大学生认知、价值观和思想观念并值得学习和效仿的标杆,让学生随着学、跟着走。因而,如何选择一个适应现实所需、契合学生价值观和认同感的榜样是教育部门和各高校必须认真考量的。

黄河文化中名人众多,以他们为榜样可以有效地发挥示范引领作用。在《中华圣人》中,按学科分类,将古圣人分为两类:社会科学中的帝圣伏羲、谋圣姜尚、道圣老子、儒圣孔子等,自然科学中的科圣张衡、农圣贾思勰、医圣张仲景等,他们在各自领域取得了令人瞩目的成就①。此外,还有治黄人物:三过家门而不入的大禹、"治河三策"的提出者贾让、"治河三策"的第一个实践家王景,等等,为了让黄河造福两岸百姓奉献毕生心血。在革命战争年代和解放战争时期,为了民族独立和国家富强,不畏艰难险阻,不怕牺牲,涌现了一大批革命仁人志士。在社会主义现代化建设事业的伟大征程中,各行各业同样都涌现了大量的典型,为青年学生塑造了诸多可学习的示范和榜样。因此,黄河文化教育活动中,可以结合课堂教学、实践等需要选取榜样人物,进一步加强大学生理想信念教育和爱国主义教育。

四 实践教育法

实践教育法是通过社会实践对青年大学生进行教育的方法。通过组织、引导青年大学生积极深入社会参加各种社会实践活动,可以让青年大学生在实践中加深对理论的了解和认知,深化对理论的运用能力,并反过来指导实践。在实践内容和方式上,既有第二课堂的多种实践途径,

---

① 张放涛:《黄河与中原文明》,《黄河科技大学学报》2008年第4期。

也可以通过社会上的见习、公益活动等，让青年大学生在实践中受到生动的思想政治教育。

在黄河文化教育活动中，实践教育法的运用可以多样化，如，组织黄河文化进校园、进班级、进宿舍开展丰富的校园文化活动，组织大学生走进博物馆、纪念馆、档案馆等提升现场教学感受，建立红色爱国主义教育基地和黄河文化研学基地营地等提升教育效果①。此外，高校可以充分利用社会实践和教学实践等，组织师生进行黄河文化调研、实践、实习和各种展示活动，弘扬黄河文化精粹。通过多种实践教育活动，使青年大学生不断浸润于黄河文化之中，切实地感受黄河文化的博大精深，并汲取丰富的营养成分。

五　自我教育法

思想政治教育作为一个双向互动的过程，一方面要充分发挥教育者的主导作用，另一方面还要发挥受教育者在思想政治教育过程中的主体作用②。自我教育法就是青年大学生自主开展自我思想认识和道德水平教育的方式。不同于其他教育方式，这是以青年大学生为主体的自我教育活动，是对自身施加影响的教育方式。这种教育方式动力源于主体自身的强烈需求，强调学生的自我教育和自我控制的能力，如果方式得当，就可以充分激发青年大学生受教育的积极性③。因此，要增强黄河文化融入高校思想政治教育工作的实效性，就必须在思想政治教育的过程中，真正发挥青年大学生的主体作用。

黄河文化自我教育的方式有很多。一是学习黄河文化中的伦理政治型文化，重点学习"自强不息、革故鼎新、勇于奉献、崇善向德、孝老爱亲、勤俭节约"等品德基因，引导学生认知自我，认清自我，继承黄河文化基因，塑造良好思想道德修养。二是可以充分利用黄河文化等中

---

① 周作福：《新时代高校中华优秀传统文化教育的实践与创新》，《学校党建与思想教育》2019 年第 3 期。

② 黄朝晖、张平：《论自我教育在思想政治教育中的地位和作用》，《安徽农业大学学报》（社会科学版）2002 年第 2 期。

③ 揣晶晶：《中德高校思想政治教育比较研究》，硕士学位论文，山西财经大学，2012 年。

华优秀传统文化，通过对国学经典的阅读、朗诵等，让学生从中感悟思想的力量，达到自我教育的目的。三是结合学校优秀传统文化社团、社会上的国学组织等进行集体自我教育，通过开展集体学习、集体研讨、集体实践等形式实现自我教育的目的，从而强化黄河文化的以文化人、以文育人的作用。四是通过自我实践体验黄河文化、感悟黄河文化。在青年大学生参与活动当中，要抓住一切机会，通过参观博物馆、文物遗址，参与文化体验活动等深入了解黄河文化，来强化自我的认知，加深对黄河文化的认同。五是严格要求青年学生按照黄河文化中的伦理道德内容严格要求自我，通过学习黄河文化中的典型人物及其事迹，参照制定严格的自我约束规则，以此进行自我教育。

第四节　黄河文化思想政治教育载体资源

思想政治教育载体是在思想政治教育过程中承载并能传递信息的方式或者手段，具有承载性、传导性、关联性、互动性和可操作性等特征。然而随着社会的不断发展变化，思想政治教育面临的形势也不断发生改变，思想政治教育的载体必然会随之变化，其地位也相应发生变化。由于体制机制及其他因素的影响，有的载体的重要性会显著增强，有的则会逐渐消亡。黄河文化思想政治教育载体也概莫能外，会因黄河文化教育形势的变化作用显得不同。具体而言，其基本载体主要有管理载体、文化载体、活动载体、传媒载体和网络载体等。

一　管理载体

思想政治教育管理载体主要是高校贯彻执行的法律法规、自行制定的制度规范等，通过这些将思想政治教育的内容和信息渗透到日常管理活动中，从而达到提高思想政治教育的实效的目的[①]。从定义中我们可以看出，思想政治教育管理载体具有鲜明的强制性、阶级性、组织性和规

---

① 孙祥军：《论大学生思想政治教育载体的发展与创新》，硕士学位论文，山东师范大学，2007 年。

范性等特征。我们要充分发挥它在规范学生行为、调动学生学习兴趣、提高学生实践能力等方面的作用，对学生进行深入细致的思想政治教育，促进学生更好地成长成才。

开展黄河文化教育，要善于把思想政治教育与学校管理相结合，寓教于管，充分发挥管理载体的作用。从现实来看，黄河文化由于未能系统融入进高校思想政治教育，因此要进一步完善和改进管理载体，从制度和规范上明确黄河文化教育的重要性。具体而言，一是要围绕学生学习、生活等方面制定完善的管理制度，结合黄河文化的特质，强化对学生的学习目标要求和行为规范。二是要变"管理"为"服务"，进一步转变工作理念，要一切服务于学生全面发展的目标，注重从学生的思想认识和行为动机入手，及时了解和掌握学生思想上存在的问题和情况，从黄河文化中选取贴近学生实际的元素，加强对学生的引导，引导其正确看待加强黄河文化教育管理的重要性和必要性，以及黄河文化与现实社会存在一定落差的现实性。三是要变被动管理为主动管理。充分发挥学生积极参与黄河文化教育管理的热情，加强对学生的养成教育，增强学生自我管理能力，从管理活动中，既达到让学生学到黄河文化相关知识、提高全面素质的目的，又实现增强学生主体意识和责任感的目的。把黄河文化思想政治教育规章制度落到实处，实现规范化管理和运行，必须要高校思想政治教育工作者和青年大学生相向而行，从制度的落实层面强化其监管、考核和检查的作用。

二　文化载体

文化本身是一个动态的概念，所谓文化载体就是以文化进行思想政治教育的内容，从而实现以文化人、以文育人的目的[1]。文化具有鲜明的渗透性、全面性和可塑性等特征，将黄河文化寓于高校思想政治教育之中，有利于增强思想政治教育的吸引力、渗透力，有利于形成与社会主义核心价值观相适应的价值观念。因此，从这一角度而言，文化载体在思想政治教育中的作用是其他载体难以比拟的。

---

[1]　刘元：《浅论新时期思想政治教育的载体》，《广西青年干部学院学报》2004 年第 1 期。

作为中华优秀传统文化的根和魂，黄河文化时空跨度长、流域面积广，是一条承载中华文明基因、传播民族力量的大动脉。黄河文化随历史的发展而不断被赋予新的内涵和时代价值，成为中华民族屹立于世界民族之林的坚实支撑，对人类文明的发展和进步起到非常大的促进作用。从黄河文化的分类可以看出，在生计文化层面，古代生产技术、灌溉工程、四大发明等均产生于此，并从这里走向全国、走出世界；在制度文化层面，以农耕经济为基础建立起来的政治制度、社会制度、治理理念等一直延续到今天，对现代文明的影响依然很大；在意识形态层面，炎黄始祖传说、诸子百家思想等中国历史上影响巨大的思想均诞生于此，已经成为中华文明的精髓①。因此，在开展黄河教育过程中，要结合三个层面的文化载体，并将之融入高校校园文化活动和社会实践活动，并对各类载体予以适当的创新性改造，提高黄河文化载体对大学生的吸引力，增强黄河文化的时代性，潜移默化地发挥对大学生的影响作用，以促进大学生的全面发展。

三　活动载体

活动载体是高校开展思想政治教育的主要方式之一，通过活动载体思想政治教育的主体将思想政治教育的内容或信息寓于活动之中，使学生在活动的过程中受到教育、在活动中得到提高。因此，活动载体具有鲜明的目的性、广泛性和实践性的特征。其中，实践性是最为突出的，因为思想政治教育活动本身就是一种实践活动。活动载体的功能是多方面、多层次的，其有利于将思想政治教育内容或信息"活化"，使学生在活动中接受知识的教育，实现自我的成长。此外还有利于通过将作为教育活动客体的学生主体化，进一步扩大思想政治教育活动的影响面。

黄河文化教育活动载体主要包括文体活动、节庆活动、社会实践、参观游览等活动方式。文体活动是文化娱乐体育活动的总称，满足了人们精神文化生活的需要。如，许多高校开展"悦读黄河"黄河文化主题

---

① 苗长虹、艾少伟、喻忠磊：《黄河文化的历史意义与时代价值》，《河南日报》2019年11月1日。

讲座、诵读、征文、微视频等系列活动，以线下线上相结合的形式讲好"黄河故事"。部分高校通过开设太极拳等活动繁荣太极文化以弘扬黄河文化等①。还有春节、元宵节、清明节、端午节、中秋节等开展的系列活动，都表现了黄河儿女的人伦常情，都是传承中华礼俗的重要实践。社会实践是大学生认知黄河文化的一种重要形式，同学们可以通过走访、调研和实习等方式加深对黄河文化的了解与认知。近两年，不少高校开展了"学习黄河文化、讲好黄河故事""弘扬黄河文化、凝聚青春力量"等主题社会实践活动。黄河文化经历几千年留下了灿烂的文化资源，通过参观游览文化遗址、博物馆等可以使大学生通过切身体验增强民族自豪感和加深对黄河文化的认同和接纳。

四　传媒载体

传媒载体就是通过报纸、杂志、书籍、广播、电视等各种传播工具传输思想政治教育内容或信息，具有覆盖面广、传递迅速，实效性强和影响力大等特点。传媒载体有利于满足青年大学生的广泛社会需求，促进学生思想与时俱进，有利于提升学生的精神生活质量和促进社会主义精神文明建设。正是得益于传媒载体作用的充分发挥，思想政治教育才能做到在资源极其有限的情况下迅速扩大教育的覆盖面和目标群体。

近年来，中央出台一系列政策和措施加大中华优秀传统文化传承发展的力度，为进一步提升工作的成效，要求综合运用报纸、电台、互联网等各类载体，创新宣传的方式方法，大力彰显中华文化魅力。报纸和书刊作为最传统的传播媒介，虽然受到其他媒介的严重冲击，但由于其可信度高、权威性强，在黄河文化教育过程中仍然能发挥重要作用。广播媒介具有及时性、广泛性和感染性强等特点，广播的内容广泛、信息量大，多频道、多波段，通过节目的编排和播音员生动的播音，能够提高节目的吸引力和充分满足学生对黄河文化知识的需求。电视节目中的《朗读者》《见字如面》《中国诗词大会》《典籍里的中国》等节目的热播，在当下的电视节目生态中可谓独树一帜。此外一些地方电视台（如

---

① 闫德亮：《传统节日是中华民族重要的文化载体》，《河南日报》2020 年 2 月 4 日。

河南电视台）打造的系列文创节目，对传统文化进行 IP 打造等，为黄河文化等中华优秀传统文化的弘扬和传承开创了一条新路。

五　网络载体

网络载体作为传媒载体中的一种独特的形式，近些年在弘扬和传承黄河文化等中华优秀传统文化方面发挥了越来越重要的作用。同传统媒介载体不同，网络载体具有海量化和开放性、信息传播和更新的快捷性、传播手段的兼容性、传播方式的交互性等特征。借助于网络载体的优势，思想政治教育的内容或信息得以广泛和极其快速的传播，并形成了与线下相对应的线上网络虚拟空间，各种文化形态在虚拟的空间场域中快速发展，衍生出大学生网络思想政治教育生态。因此，网络载体是新时代创新思想政治教育模式的重要载体。

在现代的互联网语境下，作为"网生代"的广大青年学生，接受信息的方式越来越多样化，黄河文化要在网络时代取得良好的传播效应，亟待注入具备时代特征的新载体、新形式。随着数智时代的到来，开展黄河文化教育，必须要充分利用大数据、人工智能等新兴信息技术的优势打破时间和空间的束缚，丰富黄河文化的传播形式，对青年学生进行画像，有针对性地推荐个性化的黄河文化内容，从而进一步提高黄河文化传播的效能。此外，借助黄河文化各类资源，搭建网络空间沟通联动平台，促进各方优势互补，全方位立体地展现黄河文化的魅力，这也是在互联网普及之前所无法做到的。因此，在网络化时代，黄河文化挑战和机遇并存。我们要充分运用现代科学技术手段，积极推进思想政治教育进网络，促进黄河文化更加有序、有效地传播。

第 六 章

黄河文化融入高校思想
政治教育的现实动因

高校思想政治教育作为弘扬和传承黄河文化的一个重要途径，将黄河文化融入其中既能提升青年大学生的传统文化素养，又能促进他们综合素质的全面发展。同时，将黄河文化融入高校思想政治教育，能够为高校提供丰富的思想政治教育内容资源。从这一角度讲，二者是相辅相成的关系。黄河文化和思想政治教育尽管概念和内涵不同，在内容上又有本质上的区别，但从系统论的角度来看，二者属于相互独立又紧密联系的系统。因为在教育教学的实践过程中，文化建设和思想政治教育的任务和目的是一致的，都是为了调动社会各界的主动性，在提升个体文化素养的同时，推动社会主义文化事业发展，共同致力于建设中国特色社会主义事业。

第一节　黄河文化融入高校思想政治教育的
必要性和可行性分析

黄河文化作为中华文化的主体，凝聚着中华优秀传统文化、革命文化、社会主义先进文化的核心要素，彰显着中华儿女同自然环境、同一切敌对势力做斗争的坚实底气，成为社会主义核心价值观的重要基础与来源。思想政治教育则是铸魂育人的教育，必须深入开展马克思主义、党的路线方针政策及规章制度教育，从深层次解决人在发展过程中面临的各种突出问题。因此，二者在价值观的塑造上是相通的，有高度的关联性。

一 必要性分析

（一）培根铸魂的内在要求

黄河全长 5000 多千米，流域面积近 80 万平方千米，既是华夏文明的重要发祥地，也是中华民族形成的摇篮。从历史上看，自夏到北宋，黄河流域一直是政权的政治、经济和文化中心，孕育形成了丰富的传统文化。北宋以后直至中华人民共和国成立前，虽然黄河流域的影响逐渐式微，但仍孕育出革命文化、红色文化等，为实现中华民族的解放提供了强大动力。中华人民共和国成立后，在推进中国特色社会主义的伟大实践中黄河流域在建设社会主义伟大事业中又形成了社会主义先进文化。黄河文化的发展史充分说明，黄河文化具有培根固本、凝心聚力的价值和功能，有助于激励青年大学生对中华民族的认同感、自豪感和归属感[①]。

1. 有利于增强大学生的爱国意识

在任何时期，爱国主义都是中华民族的精神核心。新时代，爱国主义更是凝心聚力的兴国之魂，是中华民族风雨同舟、自强不息的精神支柱。随着经济全球化进程的加快，西方等发达国家借助国家软实力不断输出自身价值观，给我们国家带来严重的意识形态安全挑战，影响到处于价值观形成阶段的青年大学生。同时，世界也出现了以美国为首的逆全球化违背时代潮流等现象，他们一切以本国利益为先，借助自身综合国力试图限制或遏制他国发展。双重环境的存在，对爱国意识的形成产生了严重的挑战。一方面，全球化会削弱和淡化爱国主义精神的影响，比如学生过洋节、盲目崇尚西方文化等；另外一方面，逆全球化思潮又会催生非理性爱国思想和行为，如对西方合理性因素的片面反对等，都不利于形成健康的爱国主义观念。

---

① 谷建全等：《做好黄河文化保护传承弘扬这篇大文章》，《河南日报》2019 年 10 月 28 日。

黄河文化作为中华民族的根与魂，其孕育的时代精神和价值是中华民族精神的重要组成部分。其中，时代精神中就包括爱国主义精神。在中华民族的发展史上，黄河流域人民为了民族的生存和发展，同自然环境和敌对势力做了艰苦卓绝的斗争，诞生了无数仁人志士，涌现了可歌可泣的伟大事迹。治黄史上的夏禹、王景、贾让、司马光、王安石、郭守敬等，为了"除黄河之害，兴黄河之利"，为保护黄河两岸民生，促进治黄事业的发展做出了巨大的贡献。在民族危急存亡时期，涌现了一批以民族利益为重，不计较个人利益得失的革命战士，如吉鸿昌、吴焕先、杨靖宇、彭雪枫等一大批民族英雄，他们用大无畏的牺牲精神书写了人生赞歌。在社会主义现代化建设时期，直至新时代，在各行各业有涌现了无数的先锋模范人物。因此，弘扬黄河文化蕴含的爱国主义精神，有助于增强大学生的爱国情怀，从而为实现中华民族的伟大复兴凝聚力量。

2. 有利于提高大学生战胜困难的毅力

唯物主义告诉我们，任何事物的发展都不能一蹴而就，需要面对诸多挑战，经历多重风险的考验。人的成长同样如此，在青年大学生成长的过程中，挫折和困难也在所难免，关键在于我们如何应对。从理论上讲，挫折和困难对人的发展带来一定的负面影响，制约了个体发展所取得的高度。但从另外一个角度讲，挫折和困难会砥砺人的心智，磨砺人的意志，也会给个体人生带来宝贵的财富。在人的发展过程中，只有在困难中经历风雨，才能在人生的道路上走得更平稳。

然而从当前的环境来看，由于缺少挫折教育，部分高校的心理辅导教育中心或相关的思想政治教育机构未能充分发挥其作用，工作过程中存在内容片面、方式单一等情况，未能达到预期效果。不少青年大学生在面临一些所谓困难和问题时，显得无所适从，甚至是走向极端，选择结束自己的生命，这既是对自己、对家长的不负责任，更是辜负了国家和社会的培育和教育。这显示出青年大学生的抗压能力、承受挫折能力还有非常大的提高空间。

黄河文化所展现出的与环境斗、与敌人斗的斗争精神，对现今的青年大学生的挫折教育具有一定的启迪意义。在黄河变迁的几千年中，一部黄河史就是一部治黄史、斗争史。黄河在繁荣流域民生经济的同时，也给两岸带来无尽的灾难。但黄河流域的人民不屈不挠，坚持与环境做斗争，向难而行，展现了中华民族英勇顽强、不怕困难的精神。在抗日战争和解放战争时期，面对敌人的凶残和极其不利的条件，广大爱国将士没有被困难吓倒，顽强拼搏、奋勇杀敌，终于取得了民族的独立和自强。对今天的大学生而言，向历史学习，从中汲取养分，学习先辈不屈的奋斗精神对自身的成长不无裨益。将黄河文化精神融入高校思想政治教育，有利于大学生正确看待自身得失，增强自身抗压和承受挫折的能力，从而促进自身的全面发展。

3. 有利于坚定大学生的理想信念

理想和信念是一个人取得成功的关键，是青年大学生成长成才的精神支柱和动力源泉，具有突出的导向功能、激励功能和凝聚功能。在纪念五四运动 100 周年大会上，习近平总书记要求青年"让理想信念在创业奋斗中升华"。在中国共产主义青年团成立 100 周年大会上，总书记再次提出"百年征程，塑造了共青团坚守理想信念的政治之魂"，所有这些深刻说明了理想信念的重要性。从现实来看，青年大学生的理想信念受到国内外环境的影响和多元文化的冲击。青年大学生的价值取向更加复杂、功利和多元。从整体上看，青年大学生的理想信念是积极向上的，符合国家和社会的期待。但同时我们要深刻地认识到，青年大学生的理想信念还表现出迥异于先辈的另一面，他们关注个人理想的实现要甚于社会理想，其注重个人价值的实现，如个人的感受、工作的好坏、环境的好坏、是否能充分展示自己等都成为他们主要考虑的目标，而并没有十分有效地处理和个人理想同国家期许之间的关系。不可否认的是，不少学生由于受到西方一些不健康的社会思潮影响，理想信念有所弱化，关注消极因素甚至从根本上动摇了理想信念的基石，以至于走到国家和社会的对立面。

无论是治黄史、还是斗争史，抑或是文化史，黄河儿女所展现出来的崇高理想对青年大学生树立理想信念有着很好的启迪作用。把黄河文化融入高校思想政治教育，关键在于让广大青年学生充分认识到理想信念对于社会主义现代化建设的重要意义，从而坚定中国特色社会主义共同理想、坚定共产主义必胜的信念。

4. 有利于培养大学生的艰苦奋斗精神

2020 年中共中央、国务院出台的《关于全面加强新时代大中小学劳动教育的意见》中，在确定青年大学生劳动教育内容要求中，明确要求高校学生"到艰苦地区和行业工作"。这实际上就是要教育引导广大青年学生明确"空谈误国、实干兴邦"的道理，自觉艰苦奋斗、吃苦耐劳的精神，在中华民族伟大复兴的伟大事业中建功立业。对青年大学生而言，面对急剧变革的时代和复杂的国际环境，保持艰苦奋斗的作风尤为重要。从某种意义上讲，艰苦奋斗不再单单是吃苦耐劳的代名词，而是赋予了新的时代内涵。正如习近平总书记指出："只有奋斗的人生才称得上幸福的人生。"[1] 我们必须牢记习近平总书记的殷殷教诲，树立远大理想，并勇于在艰苦奋斗中净化灵魂、磨砺意志、坚定信念。

我们要深刻认识到，新时代是属于奋斗者的时代。没有任何成功是可以走捷径的。在当前国家和民族处于爬坡上坎的攻坚期，青年大学生作为社会主义事业的建设者和接班人，艰苦奋斗精神的培养显得尤为重要。黄河文化所展现出来的治黄精神和革命红色精神，真切体现了黄河儿女的艰苦奋斗精神。正是在这种精神的指引下，中华民族安然地度过了一次又一次灾难，取得了一个又一个胜利成果。和平建设年代里，构建节约型社会、建设和谐生态文明，也需要倡导艰苦奋斗精神。因此，将黄河文化融入高校思想政治教育，让广大青年学生明白幸福生活的来之不易，激发他们艰苦奋斗、勇往直前的拼搏精神，为实现中华民族的伟大复兴而奋斗。

5. 有利于大学生践行社会主义核心价值观

黄河文化中的红色革命精神体现了黄河儿女追求国家独立和民族的艰苦历程，契合了社会主义核心价值观中的"富强、民主"的价值目标。同时，黄河红色文化精神彰显了中原大地等英雄儿女的爱国主义热忱，彰显了社会主义核心价值观中的"爱国"个人价值目标。黄河流域生态保护和高质量发展国家战略的确立和实施，体现了社会主义核心价值观——"和谐"的国家价值目标等，这一切说明，黄河红色文化精神作

---

[1]　习近平：《在 2018 年春节团拜会上的讲话》，《光明日报》2018 年 2 月 15 日。

为革命精神和中华民族精神不可或缺的主要部分，为社会主义核心价值观提供了宝贵的文化养分，为社会主义核心价值观的形成奠定了坚实的文化支撑。把黄河文化中的红色文化精神融入高校思想政治教育，有利于青年大学生理解社会主义核心价值观的实质和内涵，为青年大学生践行社会主义核心价值观提供力量源泉。

（二）实现中华优秀传统文化创造性转化和发展的必然要求

数千年来，黄河文化一直在塑造中华民族的禀赋和特质，并随着时代的发展变化，不断被赋予新的时代价值和内涵，以强大的生命力推动着社会的发展与进步。因此，黄河文化在中华文化中具有十分重要的作用。我们必须根据时代发展变化和事业发展的需要，不断赋予黄河文化新的内涵，充分发挥黄河文化的当代价值和现实作用的过程，努力推进中华优秀传统文化的创造性转化和创新性发展[1]。

1. 黄河文化是对国家发展的深层支撑

文化兴国运兴，文化强民族强。文化的重要性毋庸置疑是一个民族最深层次的精神力量。纵观人类文化发展的历史，从中我们可以清晰地看到，任何一个民族的文化都有其根源[2]。黄河文化自然也不例外，在中华民族发展的五千年历史中，黄河流域人民创造了独特的民族文化，并随着历史进程的加快而不断积累和发展，催生出灿烂的文明之花，从而从根本上推动了民族的繁荣与昌盛。因此，在建设社会主义现代化事业的伟大进程中，把黄河文化融入高校思想政治教育，提高青年大学生对黄河文化的认知和理解，并促进学生在实践中加深对黄河文化的感悟，就是对黄河文化的弘扬和继承的一种有效方式。

2. 创造性转化黄河文化是增强文化软实力的有力支撑

同其他任何传统文化一样，随着时代的发展和变化，总会存在一些消极、落后的元素，或者说是不符合时代要求的内容。黄河文化概莫能外，虽然黄河文化是中华民族的瑰宝，但其中难免存在一些不符合时代

---

① 谷建全等：《做好黄河文化保护传承弘扬这篇大文章》，《河南日报》2019 年 10 月 28 日。

② 郭伟伟：《推动中华优秀传统文化创造性转化创新性发展》，《学习时报》2018 年 8 月 20 日。

要求的元素。因此，对黄河文化中不适应时代发展需要，但经过改造仍然能够为社会主义现代事业服务的部分，要有选择地进行择取，推陈出新，并在此基础上进行创新性转化。我们今天的中国特色社会主义文化，是在吸纳优秀传统文化的基础上对文化进行创新、创造和再生，而非简单地重复和模仿。

我们对黄河文化进行创造性转化，实际是立足于适合现今需要的文化部分，并在此基础上对文化内容进行整理和凝练，通过对内容和形式进行创新和创造，赋予黄河文化以新的时代价值和现代化的表达方式，形成新的生命力。从当前的形势看，世界各国文化竞争的决定因素，关键就在于其民族文化是否有生命力，能否创新推动文化的发展，以适应形势发展变化的需要。而黄河文化富含民族精神的核心内容，其创造性转化对中华民族参与世界民族竞争发挥着至关重要的作用。有利于激发民族文化创新创造的活力，助力于文化强国建设。

3. 创新性发展黄河文化是重塑民族精神的现实动因

毋庸置疑，立足于民族深层次文化基因的黄河文化，必然能随着时代的发展引领民族继续前行。黄河文化在固守积极成分的同时，也被时代赋予了新的内涵和价值，是能适应时代发展的需要，服务于社会主义现代化建设事业的。这就要求我们必须加以继承和弘扬，并进行创新性发展，而能提供这种精神支撑的只能是文化。黄河文化作为中华民族的根与魂，是民族精神和民族文化的集中体现。在过去的几千年中，中华民族之所以能不断取得辉煌的成就，就在于文化的凝聚民心，提供精神支撑的重要作用。

进入21世纪，文化之间的较量，作为无声的战场，已成为国家之间较量的基本形式之一。西方国家长期借助自身影响力试图进行文化渗透，影响青年大学生的价值观念。因此，文化已经成为国家综合实力的重要组成部分。因此，继承与传承黄河文化，在当前对坚定文化自信、收牢意识形态阵地有着重大的现实意义。

二　可行性分析

黄河文化上下几千年，博大精深，内涵丰富。具有鲜明的根源性、灵魂性、包容性、忠诚性特征，构成了一个独特的东方思想体系。全面认识和把握黄河文化的这些特征，积极谋划丰富多彩的学习宣传活动，才能更好地奏响新时代黄河大合唱。因此，要下功夫推进黄河文化的传承创新，是新时代高校思想政治教育一项重要任务。

（一）黄河文化是大学生思想政治教育的优质资源

黄河文化是一座丰富的思想宝藏，资源积淀深厚，内容丰富浩瀚，对于大学生思想政治教育来说，取之不尽，用之不竭。我们要积极挖掘其中铸魂育人的重要部分，不断推动高校思想政治教育创新发展。

1. 斗争史蕴含的爱国主义教育价值

黄河文化的斗争史可以简单分为两部分。一是与自然斗争。黄河自西向东纵贯大半个中国，其破坏力之大、治理之难，几千年来给中华民族留下难以磨灭的印记。据史料记载，自公元前 602 年至 1946 年之间，黄河改道 26 次，每次决口 1.5 年，7 次大改道给沿黄流域地区带来巨大的人员伤亡和财产损失。此外，黄河流经的部分区域，自然环境恶劣，为了生存下去，人们与环境做了艰苦卓绝的斗争，展现了自强不息的民族奋斗精神，可是说民族的生存史就是一部与黄河的斗争史。二是与人斗争。在近现代史中，黄河流域在抵御外敌入侵和解放战争中，催生了红色的爱国主义元素，许多仁人志士为了民族解放和祖国的完全统一，书写了可歌可泣的英勇事迹。可以说，黄河文化就是一部民族救亡图存的奋斗史。

治理黄河，展现了改造自然、与困难斗争的勇气；维护国家统一和民族团结体现了不畏艰难、迎难而上的气势，展现了不成功便成仁的决心和使命担当。中华民族的发展不可能一帆风顺，在未来的发展道路上会遇到各种困难。而黄河文化将给予青年们以启迪，在赋予时代重任的同时，有助于树立多难兴邦、共克时艰的时代价值。

2. 治黄史蕴含的生态文明教育价值

古代黄河治理方略的变迁，大体分为围障、疏导、堤防、分水、束水等阶段，如西汉贾让的"不与水争地"，东汉王景的"筑堤理渠"，宋元时期黄河分流，明清时期"束水攻沙"等理念与实践。民国时期开始借助西方先进科学技术进行治黄实践，如李仪祉等的"上中下游综合治理、除害兴利并举"治黄理念。中华人民共和国成立后，在中国共产党的领导下开始探索开辟新的治河道路，从全流域统筹推动黄河的治理。20 世纪末，黄河面临缺水断流等突出矛盾，国家积极推进黄河的治理开发，维护了黄河的生态环境安全，推进黄河治理体系与治理能力现代化。

正如习近平总书记所指出："自然是生命之母。"人类与自然相互依存、相互作用，是一个生命共同体。因此，人类必须敬畏自然、尊重自然、顺应自然、保护自然，否则就会受到自然的惩罚。因此，加强黄河文化教育，有利于普及可持续发展理念，构建关于自然的道德价值和秩序，并使学生将环保理念内化为自觉行为。在教育的实施过程中，以生态伦理奠定黄河文化教育的价值基础，把生态意识教育贯穿全程，强化生态审美教育，并加强生态法治教育，从而推动生态国情教育，促进学生生态行为的养成，助力于社会主义生态文明建设。

3. 文化史蕴含的人文素养教育价值

黄河文化所蕴含的人文精神是其他文化难以比拟和替代的。在人与黄河长期共存的过程中，诞生了极其灿烂的人文思想，内涵丰富，元素多元。除了主体的农耕文化，也包含宗教文化、哲学文化、政治文化、民俗文化和中医药文化等，涉及自然科学、哲学、社会学、宗教学、历史学和美学等多学科知识，蕴含了丰富的价值观念和人文精神，如天人合一、道法自然的精神特质等，体现了民族的价值取向和终极人文追求，承载了人民对美好生活的向往与追求，这与社会主义核心价值观有思想上的共通性、内涵上的契合性。

通过实施黄河文化教育，可以加深大学生对黄河文化的了解与掌握，有效丰富学生的文化知识结构体系，有助于大学生体会和感受黄河文化的影响力和强大的生命力，激发大学生对黄河文化的强烈共鸣，对提高学生的民族传统文化素养有着较大的助推作用。因此，黄河文化是一座加强大学生人文素养教育的富矿，在扩展学生人文视野的同时，有利于提升综合人文素养、增强学生的民族文化自信。

（二）黄河文化与高校思想政治教育有高度的契合性

黄河文化与高校思想政治教育在教育目标、教育内容和教育方法上有高度的契合性。黄河文化作为中华优秀传统文化的重要代表之一，是人文教育中最重要的组成部分，既能提升青年大学生的爱国情怀，又能提高他们的人文素质和传统文化修养，这与高校思想政治教育有着密不可分的关系。将黄河文化运用于高校思想政治教育是时代发展的需要，是响应中央号召做出的积极探索，更是高校思想政治教育发展的必然要求。黄河文化离不开高校思想政治教育的传承与弘扬，高校思想政治教育也无法缺失黄河文化资源的有力支撑，二者具有高度的契合性。

1. 教育目标的契合

黄河文化积淀着中华民族最深层的精神追求，是中华民族永续发展的主干文化，在培养和塑造人才方面，其偏重个体的全面提升发展，将德才兼备作为评判人才的标准。而高校思想政治教育目标是通过对青年大学生进行系统、全面的思想政治品格教育，以此来促进青年大学生身心健康全面发展。可以看出，无论是黄河文化还是高校思想政治教育，都将提升青年大学生的道德品格作为教育目标之一，将黄河文化融入高校思想政治教育可以促进高校思想政治教育目标的完成。

2. 教育内容的契合

"为党育人、为国育才"是新时代高等学校的重要任务，培养有理想、有本领、有担当的青年才能为国家兴旺发达注入源头活水。黄河文化蕴含的民族认同、民本思想和奋斗精神、斗争精神和革新意识，是新时代推进高校思想政治教育创新的鲜活教材。从这一点上可以看出，高校思想政治教育从内容上就已经涵盖了黄河文化所塑造的精神文化，其也需要将黄河文化作为重大的教育资源，源源不断为其提供中华优秀传统文化的滋养。在现代化建设的关键时期，作为国家未来建设主力军的青年大学生群体来说，学习黄河文化中的政治体制文化和古人的治国理政理念，对未来提升我们的制度和治理体系的优势将发挥着难以衡量的有益助力。

3. 教育方法的契合

黄河文化饱含历代思想家和教育家的成功育人经验，其契合时代要求的教育理念和教育方式，都可以运用到高校思想政治教育当中。当前，高校思想政治教育工作面临着一些挑战，尤其是表现在主课堂和主阵地方面，虽然思想政治教育理论课程注重理论知识的传授与实践教学并重，但在实际的教学过程中，却表现出注重理论知识和教学方式单一的问题。而黄河文化在长期的发展中，其育人模式呈现出多元的育人模式，如因材施教、启发式教学等。因此，将黄河文化与高校思想政治教育的教育方式有效结合，恰恰切合了高校思想政治教育的需要。将黄河文化的教育方式运用到高校思想政治教育中，并结合融媒体等手段将教育方式现代化，正是对高校思想政治教育教学方法上的有益补充。

（三）高校思想政治教育为黄河文化融入提供经验借鉴

任何一种传统文化要想融入高校思想政治教育中，首先都需要满足两个方面的条件。一是这种文化自身具有科学性、思想性，能够促进大学生的成长成才；二是这种文化和高校思想政治教育具有高度的契合性。黄河文化就具备了这种天然属性，在融入高校思想政治教育过程中显得水到渠成。

1. 高校思想政治教育环境有利于黄河文化的融入

社会环境、家庭环境、校园环境、虚拟网络环境等要素构成了思想政治教育环境共同体，为广大青年学生提供了良好的活动和发展空间。这些构成要素作为影响青年大学生健康成长和全面发展的重要因素，时刻影响着高校思想政治教育活动的有效实施。青年大学生的成长成才是以一定的高校环境为前提的，立德树人的根本任务也是这特定的环境中形成和发展起来的。中华人民共和国成立后的几十年中，国内形成了政治方向上坚持党的领导；教育理念上坚持人本教育；教育方式上显性教育与隐性教育相结合；队伍建设上强化师资队伍建设；体制机制上注重传承与创新相结合；等等，为高校加强思想政治教育提供良好的发展环境，尤其是党的十八大以来，中华优秀传统文化的弘扬与传承得到进一步重视，国家采取了一系列的举措，并取得了较为明显的成效。正是得益于这种环境，为黄河文化的生根开花奠定了坚实的基础，成为黄河文化融入高校思想政治教育的有益助力。

2. 其他文化的融入为黄河文化融入提供可行镜鉴

长期以来，高校在思想政治教育方面进行了深入探索，取得了可喜的成效。如有的高校结合地方区域文化传承传统文化，有的结合红色文化对青年大学生进行爱国主义精神教育，有的结合行业文化进行思想政治教育，有的把社会主义核心价值观融入思想政治教育，等等。在融入的过程中，各高校坚持教育内容的主导性、发挥思想政治理论课教学的主渠道作用、理论联系实际、探索文化教育的新方法和新模式、健全教育机制、营造良好的教育环境等，从而提高了高校思想政治教育工作的实效，增强了文化育人的成效。这些经验是在高校思想政治教育在长期的教育实践中形成的，能在教育理念、教育方法、教育环境、管理机制等方面为黄河文化融入高校思想政治教育创造必要的条件。

第二节　黄河文化融入高校思想政治教育的实然境遇

从历史上来看，黄河可以说是国家发展的一个缩影。中华民族发展史实际上就是一部与灾害斗争、战胜灾害并不断取得发展的奋斗史。只有弘扬和传承好黄河文化，才能增强民族自信，不断推动民族文明兴盛与发展。大学生处于人生发展的重要阶段，通过认真学习黄河文化等中华优秀传统文化，能够提升个人思想道德修养和文化素养，增强文化自信，有利于个人的全面成长成才。但是，由于黄河文化自身的特点，在进行思想政治教育的过程中必须找到合适的切入点，需要社会、高校、大学生以及家庭进行认真思考。

一　黄河文化的融入认识不够到位

只有全面了解黄河文化，才能真正实践和传承黄河文化。在实际工作中，大学生对黄河文化认知存在着两个方面的问题：一是对黄河文化缺乏深入了解。从认知认同情况上看，黄河对中华民族的影响巨大，但是要全面了解黄河文化的内涵，需要广大学生通过专门的学习和实践。否则，难以对黄河文化的情感和价值态度上高度认同。当前，大部分学生都是通过阅读文学书籍，但书籍的数量和质量远远满足不了传承黄河文化的需要。不少学生片面认为黄河文化仅仅是在精神层面能发挥作用，因而存在着对优秀传统经典深入学习较少、对黄河文化的内容知识与内涵底蕴难以达到入脑入心的现象。二是践行和传承黄河文化意识不足。黄河文化等中华优秀传统文化内涵丰富，理解起来难度较大，实践起来切入点不好把握。因此，很多学生宁愿把精力集中在专业课的学习，不愿意花太多的时间对一种文化进行深入研究，导致大学生在日常的实践行动中表现得不甚乐观积极，传承意识也相对薄弱。因此当前大学生对于黄河文化的总体认识浅薄是难以有效融入的根本性问题之一。

二 黄河文化的融入渠道存在局限

高校是文化传承的主阵地，必须统筹好课内与课外、线上与线下等渠道，大力开展黄河文化的宣传学习，努力使之成为铸魂育人的重要内容。目前，在黄河文化的传播过程中，还存在以下两个方面的问题：一是开设课程有限。高校课堂作为青年大学生学习黄河文化的主要阵地，开设黄河文化等中华优秀传统文化课程却极其有限。高校通过设置思想政治理论课程对大学生进行理想信念教育和爱国主义教育等，努力为广大学生提供时代精神引领与正确价值导向。当前，本科生开设的思想政治理论必修课有五门，涉及历史的主要是《中国近现代史纲要》，其他涉及黄河文化的课程少之又少。在实际教学过程中教师融入传统文化内容的时间和空间极其有限。由于每个教师专业背景、认知水平的差异，很难系统化地开展有关内容的讲解，没有充分的时间过多地涉及黄河文化系统化内容。虽然会开设一些中华传统文化课程，但本身体量就小，更难以专题讲授黄河文化，加之由于受限于时间空间等客观资源和条件的限制，这些课程若不能以相对新颖有趣的方式讲授黄河文化，则很难取得良好的课堂效果。二是融入的方式僵硬，缺乏多元性和生命力。黄河文化融入高校思想政治教育，需要创新方式和载体，让学生通过喜闻乐见的方式体会到黄河文化的魅力。当前，高校在第一课堂教育中方式相对简单，主要通过大水漫灌的纯理论教学方式，很多时候学生难以在较短的时间内彻底掌握。在第二课堂活动中，主要是通过社会实践、社团活动等方式，看起来热热闹闹，但是由于缺乏教师的深入指导，教育效果也很有限。此外，线上网络媒体是一种新的学习形式，但是更多是通过学生自发的形式开展，没有组织单位、没有固定的形式，教育效果也不明显。因此，必须进一步畅通黄河文化宣传教育的渠道，在寓教于乐的过程中提高大学生的传统文化素养。

三　黄河文化的融入方式较为单一

挖掘好、结合好、运用好黄河文化的思想政治教育资源为开展教育提供了基础。而促进黄河文化融入思想政治教育方式的多元化，是黄河文化融入高校思想政治教育的关键。目前，关于如何融入，还存在两方面的问题：一是教学模式以统一的课堂教学为主。当前青年大学生获取中华优秀传统文化的途径多为课堂教学，即通过教师的课堂传授来习得相关知识。而统一课堂教学往往很难顾及学生的个性化需要，在教学过程中习惯用统一的标准来要求学生和评价学生，这种情况下将黄河文化融入青年大学生思想政治教育，由于学生的个体差异，最终会影响到授课效果。二是教学内容以理论教育为主。很多青年大学生认为黄河文化等中华优秀传统文化对自身的帮助主要是精神层面，由此也可以显示高校更多的是注重传统文化教育的理论和引导，而忽视实践价值的发掘。此外在课堂教学中，教授的教学内容重技能轻德育，有部分大学生选择认为与其了解传统文化不如多花时间学习英语、计算机等实用性较强的课程。长期以来部分高校注重青年学生应用技能提升，忽略对学生人文素养的教育，立德树人根本任务落实不到位，虽然高等教育改革取得了很大的成效，评价学生的手段和方式也越来越多元，但在以成绩为主要衡量依据的教育机制下，思想政治教育的地位仍然难以被真正地被重视，黄河文化的育人作用发挥更是难以提及。

四　黄河文化的融入环境较为欠佳

黄河文化融入高校思想政治教育之中，需要良好的内外部环境进行支撑，内外环境的融合程度，很大程度上影响到黄河文化融入高校思想政治教育的成效。从当前现实看，黄河文化融入高校思想政治教育的环境还存在着诸多方面的不足，主要表现在三个方面：一是高校文化环境建设不足。要建设良好的黄河文化融入环境，高校必须坚持第一课堂与第二课堂、校内教育与校外活动的协同，努力打造健康向上的文化氛围。然而从现实来看，各高校对校园文化环境建设重视程度不一，不少高校的校园文化环境中蕴含黄河文化等中华优秀传统文化元素尤显不足，如博物馆、校史馆等开放程度不够，名人故居、文化遗址等校外实践基地作用发挥不足，基本上没有专门的关于黄河文化等中华优秀传统文化学习的校园网络平台等。二是社会文化环境支持不足。社会文化环境对黄河文化的弘扬和传承的重要性不言而喻。然而从社会文化环境来看，对黄河文化等中华优秀传统文化教育的重视和参与程度不足。是随着改革开放的不断深入，国外一些不良思想观念不断涌入，逐渐消解了优秀传统文化倡导的价值观念和道德要求，特别是诸多不良的价值观念在无形之中引导着人们对传统文化的态度变化。因此，社会需要提高对黄河文化等中华优秀传统文化教育的重视程度。同时，作为政府需要进一步加强监管力度，形成全社会共同参与黄河文化教育的合力，为弘扬和传承黄河文化提供良好的社会环境。三是家庭文化环境功能发挥不足。从家庭文化环境分析，青年学生黄河文化等中华优秀传统文化获取途径受家庭影响极其有限，对大学生的支持度明显不足，尤其是家长的教育程度、文化素养参差不齐，难以和学校、社会形成真正的合力。

第三节　黄河文化融入高校思想政治教育的现状成因

黄河文化融入高校思想政治教育，存在着诸多限制性因素，影响融入的效果。其成因主要表现在日常思政工作中重视不够、目标不清、内容宽泛、手段不足、机制不全和培育不足等方面。在主课堂教育中也存在课堂因素和教学因素等。社会环境中存在社会认同不足、社会影响不足和社会投入不够等。就家庭环境而言，主要表现在教育理念存在偏差、教育内容认知不全和教育理论实践脱序等。而就青年大学生群体而言，存在个人认识不深、缺乏践行意识和知行衔接不够等因素。这些因素的存在，对黄河文化融入高校思想政治教育的成效产生了较大的影响。

一　日常思政工作成因

在日常思想政治教育工作中，由于诸多因素的限制，很多高校存在黄河文化思想政治教育效果不够理想的情况，主要原因就在于重视不够、目标不清、内容宽泛、手段不足、机制不全和培育不足等，进而影响到黄河文化融入高校思想政治教育的效果。

（一）重视不够

随着时代的发展，虽然素质教育的理念已经深入人心，但是还有很多人仍然只重视科教文化等应用学科知识的学习，认为人文知识的学习无足轻重，忽视对传统文化素养的培养。从当前高校的思想政治教育环境来看，思想政治教育工作者往往重视对青年大学生思想政治素养的培养（尤其是注重马克思主义相关理论的教授与指导），普遍忽略了对学生传统文化知识的教育。同时，由于尚未形成全员、全过程、全方位的思政工作大格局，各高校对黄河文化等中华优秀传统文化教育的重视普遍不够，投入严重不足，课程思政的作用并未完全发挥，加之不少高校教育教学人员对黄河文化了解不深、认知不够，对黄河文化的重大教育价值理解不足，致使黄河文化教育在大部分高校仍处于起步阶段，很难真正融入高校思想政治教育的整体格局。不可忽视的是，虽然当前国家空前重视中华优秀传统文化的教育，要求弘扬和传承黄河文化，以增强国家的文化软实力，但黄河文化融入高校思想政治教育的难题并没有得到足够的认识和解决。

（二）目标不清

从根本上讲，无论是"双一流"高校，还是其他大部分高校，受外部大环境的影响和多元文化的冲击，在制定教育目标时虽然能坚持客观的标准，但在实际的培养过程中，教育目标往往变成"纸上画画，墙上挂挂"的纸上谈兵，变得虚无缥缈起来，缺乏一定的执行性。尽管不少高校的教育目标看似极具针对性，但往往比较模糊，在实际过程中往往因缺乏可操作性而被选择性遗忘。而且，高校在制定教育目标时，由于自身的局限性，或者对传统文化教育的认知不足，并没有把传统文化的育人作用有效地融进教学目标，加之传统文化教育的实效性很难以进行量化考核，缺乏一定的衡量标准，不少高校就有意或无意地去选择性执行。黄河文化作为中华优秀传统文化的集中代表，其在高校思想政治教育中的目标同样显得不够清晰，从沿黄流域九省区高校的情况来看，尚未有高校明确提出，或者说尚未形成清晰的教育目标，不少高校仅仅是把黄河文化，或者是其地域文化作为丰富校园文化的一种文化资源，发挥其时代价值和作用显得尤为不足，更难以谈及从教育目标的高度去看待、弘扬和传承黄河文化。

对作为教育客体的青年学生而言，在求知的过程由于对自身认知不足，加之价值观不够稳定，个人理想目标往往具有一定的盲目性，脱离于现实的环境而存在，这样就容易产生现实与理性的脱离感，一旦现实未能满足其期待，青年大学生往往会表现出一定的厌倦情绪。受多元文化和西方思潮的影响，青年大学生又容易对文化教育产生一定的不信任感。同时，黄河文化的教育目标虽然符合社会发展的客观规律和要求，但并未在高校的思想政治教育目标中得以充分展现，其发展水平也受到教育客体自身状况的约束和限制。在黄河文化融入高校思想政治教育的过程中，由于未能把黄河文化与现实有效地结合起来，黄河文化阐释现实、指导现实的作用同样未能充分展现，使得黄河文化教育的目标处于空泛化、形式化的境地，这种教育形式单一、教育内容枯燥、教学方式陈旧的传统文化教育模式缺乏一定的说服力，很难得到学生的认同和接受，因此青年大学生很难将所学文化内容与现实境况结合起来，更难以将之与青年大学生思想品德的成长规律结合起来，黄河文化以文化人、以文育人的作用很难发挥，进而影响到高校思想政治教育目标的实现。

（三）内容宽泛

对大部分高校而言，除了部分必修课外，文化教育通常以通识课或公选课的形式出现，高校更为注重专业知识的学习。因此在教学内容的选取上，往往容易出现重智育轻德育的情况。即使其中加入中华优秀传统文化的成分，也大都大而化之，多为宏观上的讲述，结合实际需要、结合区域文化进行教育的少之又少。这种培育模式造就的结果是学生对传统文化了解不深、人文素养严重不足，进而影响到青年大学生的全面发展。从黄河文化本身来讲，其内涵文化十分丰富，既有物质文化，也有宗教文化、制度文化、姓氏文化、红色文化等非物质文化。从这个角度说，黄河文化在内容上是分领域、多层次的。不同领域、不同层次间的内容反映出不同的黄河文化内涵，给予青年大学生的启迪和意义也不尽相同。因此，选取黄河文化的不同内容有针对性地展开思想政治教育活动，可以在进一步丰富学生文化知识结构的同时，增强其对黄河文化内涵的认知和理解。

对作为教育主体的高校而言，在选择黄河文化融入思想政治教育内容方面，要选择与青年学生身心发展特点相符合、与当前社会道德相切合，并与新时代特点相融合的知识模块。不可否认的是，由于高校受自身学科限制，对中华优秀传统文化（尤其是黄河文化）的知识和人才储备不足，在制定教学任务时，会根据自身的实际情况选择教学内容，随意性较大，而忽略了学生年龄、个性、接受能力和所学专业的特点，不能有针对性地开展传统文化教育活动，对学生的知识传授往往具有一定的局限性。同时，由于客观条件的约束，在开展黄河文化教育的过程中，由于缺乏一定的实践条件，致使理论与实践结合不足，理论的知识点很难有效融入学生实践当中，理论不能很好地指导青年大学生的社会实践。因此，如何发挥高校和地方文化资源的优势，选取有针对性的内容开展黄河文化教育，形成优秀传统文化教育的合力，增强育人的实效，是政府、高校和社会机构需要加紧研究的课题。

（四）手段不足

在思想政治教育过程中，教学内容是理论知识学习的根本，而教学方式是深化教学内容的有效手段。具有丰富创造力的教学方式往往更能吸引学生的求知欲，提高学生的学习效果。因此，黄河文化教学能否取得成果，关键在于教学内容和教学方式能否有效结合。从根本上讲，黄河文化能否真正融入高校思想政治教育，并取得理想效果，最重要的是看高校思想政治教育工作者所传导的黄河文化内容、思想和观念是否能被青年大学生真正接受，是否能通过合适的方式和载体展现出来，这也是教育教学方式的重要体现。

从当前高校的教育方式来看，黄河文化等优秀传统文化的教育方式同其他课程的教育方式并无本质上的区别，都是以理论教学为主，缺乏理论与实践的充分结合。这很容易造成一种显而易见的结果，很难激发青年学生的兴趣和情感上的共鸣，也不能有效调动学生学习积极性，在一定程度上会割裂黄河文化与社会的联系，影响到青年大学生的认知，也会影响青年大学生整体文化素养的提升。黄河文化教育教学形式多样化，涉及教学方法、教学技巧、教学手段等多方面内容，是各个教学因素相互联系、相互作用的综合过程，而一套优秀的教学方法的运行制约着传统文化教育的成效。虽然当前一些高校在这方面进行了一些有益的探索和尝试，但理论讲授仍然是各高校的主流教育方式，缺乏对教学方式的创新性研究和应用。因此，黄河文化融入高校思想政治教育的教学方式存在单一性，不利于弘扬和传承黄河文化，也不利于高校思想政治教育效果的深化。因此，黄河文化融入高校思想政治教育要想取得良好的效果，就必须在教育教学方法上下功夫，找到适合时代要求、符合教学原理的教学方式。

（五）机制不全

党的十八大以来，党和国家高度重视加强大学生的中华优秀传统文化教育，相继制定和出台了一系列的政策和措施，对学校开展中华优秀传统文化教育的目标和主要任务提出了明确的要求。自 2019 年习近平总书记在河南考察明确提出保护、传承、弘扬黄河文化的要求以来，黄河文化融入高校思想政治教育成为学术上研究和思想政治教育的热点，很多高校在黄河文化教育上仍处于探索阶段，并未形成整体上的认识，更没有去构建完善系统的体制机制。

完善的黄河文化育人机制既包含领导机制、管理机制又包含运行机制、保障机制等。由于系统研究黄河文化不足，黄河文化在融入高校思想政治教育方面就存在种种问题，无论是领导机制、管理机制还是运行机制、保障机制都不太健全。需要着重强调的是，作为黄河文化融入高校思想政治教育的基础之一，教材体系和教学体系存在的问题要及时地加以解决，这是黄河文化融入高校思想政治教育亟须解决的问题之一。围绕黄河文化教育出版的教材和其他普及作品还比较缺乏，尤其是针对大学生群体内容还不够丰富。在当前黄河流域九省区的高校在围绕黄河文化开展活动时，虽然充分结合了地方特色，但都是以表演、展览、宣传讲解等方式呈现，系统性规划、整体性推进不足，导致黄河文化教育处于松散状态[①]。同时也因学科等因素，熟悉和掌握黄河文化的师资力量严重不足，难以满足当前教育教学的需要。

---

① 杨和平：《传统文化教育的瓶颈，怎么破》，《光明日报》2018 年 12 月 29 日。

（六）培育不足

当前高校黄河文化等中华优秀传统文化教育普遍存在两方面的问题：一方面是高校自身认识不足。在对青年学生进行教育时，课程开设不足、教师队伍匮乏等，这些问题的存在是高校重视专业教育而忽视学生人文素养提高的结果。另一方面是学生自身重视不足。首先表现在学校自身不重视而产生的结果，如课程学分制定的不严谨而使学生片面认为部分课程是"水课"。最重要的是，由于青年大学生自身缺乏强烈的主动性和自觉性，对黄河文化等优秀传统文化认知不够重视，也是黄河文化文化在当今社会各领域内没有占领一席之地的原因。从本质上来讲，文化教育本身是一种认知教育，这就要求教育对象要有高度的自觉性，需要充分发挥主观能动性进行主动认知、自主实践和积极反馈。因此，作为教育的主体，高校必须多措并举以提高受教育者接受黄河文化的自觉性，积极培育黄河文化教育的氛围，引导青年学生自主地在实践中践行黄河文化价值。

此外，在黄河文化教育过程中缺乏实践是高校进行中华优秀传统文化教育存在的共性问题。一方面，大学生没有足够的兴趣学习黄河文化的精髓，缺乏实践参与的自觉性和主动意识，没有深刻认识到黄河文化的时代价值所在。另一方面，传统文化教育目标设定的标准过高，青年大学生在现实社会中感觉这些目标无法适应现实社会，脱离环境而虚幻存在，使得学生在实践活动中产生错误认知，未能与社会现实进行充分结合，从而对相关实践活动产生消极负面的情绪，难以达到黄河文化教育活动开展的真正目的。

二 主课堂教育成因

在高校主课堂教学过程中，部分高校在课程设计上表现出内容与现实的错位，未能有效结合青年大学生的现实需要，另外也对课程改革的关注度不够，未能充分体现黄河文化内容，课程设置也不健全，更未能形成独立的课程体系。此外，在教育过程中，高校动力缺乏，对此重视也不够，而且实效性不强，教师的积极性也不够高。

（一）课程因素

1. 内容与现实的错位

黄河文化教育内容在多元社会环境中能否满足国家要求、时代需求和个人需要等要素，是黄河文化在当前背景下面临的挑战。毋庸置疑，黄河文化有着悠久的文化历史底蕴，孕育了"海纳百川、博大包容"等精神内涵和"同根同源的民族认同、民惟邦本的民本思想、自强不息的奋斗精神、百折不挠的斗争精神、革故鼎新的革新意识、和谐共生的生态智慧、兼容并蓄的包容格局"的时代价值等。然而，青年大学生在面对复杂的社会环境和社会现象时容易被外部表象迷惑，可能出现价值错位，严重的会导致价值扭曲等后果。如处理集体利益和个人利益关系时，黄河文化中的"位卑未敢忘忧国"之意念与青年大学生存在的注重个人发展就存在了不一致性。黄河文化教育资源中有些内容与社会发展，以及大学生的思想发展规律不尽一致，这些似乎不符合当今时代人们的精神追求，也与社会需求的发展保持了距离。黄河文化教育的课程内容与社会需求的不一致性也与教育者存在密切联系。一方面高校部分教师在黄河文化教育教学课程中基于自身学识结构，在接受新鲜事物方面常常滞后于时代的发展需要，不能有效结合时代特征充分地将黄河文化进行创新性的讲解；另一方面许多高校教育工作者都比较年轻，自身传统文化知识有限，加之教学经验也相对匮乏，缺乏将国家要求、时代需求和大学生思想发展的客观规律有效结合，使得黄河文化教育内容在教学过程中具有不全面性的差距，造成直接或间接地影响他们传播黄河文化教育内容的深度和广度。这种教育内容与现实之间存在的差异和距离很难满足学生教育需求，致使供与需之间存在错位，影响到黄河文化教育的实际效果。

2. 课程改革关注度不够

加强黄河文化等中华优秀传统文化教育，构建中华优秀传统文化教育体系，是推动文化传承与创新的重要途径。教育部明确提出，要重点建设一批中华优秀传统文化精品视频公开课，不断拓宽中华优秀传统文化选修课覆盖面，等等。这些措施的提出和施行，将在极大程度上深化高校对加强传统文化教育的认知，对提高青年大学生对黄河文化等中华优秀传统文化的了解和掌握，并内化于心发挥关键性的作用，可以说，找到了一条非常不错的传承传统文化的教育之路。

然而从现实来看，黄河文化等中华优秀传统文化的课程建设和改革的力度没有达到理想中的效果，难以适应当代社会要求和培育青年大学生价值观的需要。虽然国家对黄河文化等中华优秀传统文化课程的改革给予了关注，从教学方式、教学手段到思想政治课程内容都加大了改革的力度，推动思想政治教育与其他学科知识间的融合，并将黄河文化等优秀传统文化知识融入其他学科内容之中，从而体现其价值性。但事实上，融入的效果还有待观察，因为黄河文化等优秀传统文化并不是作为一门独立的课程或学科存在的，其建设受其他课程和学科的束缚。而对高校而言，对落实教育部等相关要求意识还存在一定的不足。一方面是客观原因造成的，学校缺少相关的师资和文化资源，编制教材和开设相关课程存在一定的难度。另一方面则是动能不足，没有迫切意识到黄河文化在培养大学生全面发展中的重要作用，对课程和师资队伍建设不足，投入不够，未能将黄河文化等中华优秀传统文化充分融入相关的思政课程体系和教学活动，在推行课程思政的过程中也是浮于表面，未能有效结合黄河文化等优秀传统文化的精神内涵和时代价值。

3. 课程设置不够完善

目前高校开设的思想政治教育课程和传统文化教育课程，其内容主要体现在理论的产生、发展过程、身心发展规律、方法艺术、管理等知识体系的建构上，并未涵盖关于黄河文化等中华优秀传统文化的教育方式方法和理念，这种教育课程内容的缺失无法真正体现黄河文化等优秀传统文化为青年大学生带来的教育效果。整体而言，黄河文化等优秀传统文化课程类型缺乏，丰富程度不足，而且课程内容上更为偏重政治理论的学习，课时量也相对偏少。现实中，高校即使开设的有关于黄河文化等优秀传统文化的课程，也基本为选修课，在一部分学生看来，这部分课程属于"水课"，很容易拿到学分，于是主动选修此类课程，但其学习动机极其不正确。另一部分学生，更易从实用性出发，觉得此类课程对自己将来发展并没有实际的助力，看不到对自身全面发展的巨大作用，选修此类课程的积极性就不强。需要强调的是，黄河文化等优秀传统文化教育课程在理工类高校中的设置显得更为尴尬，因为文化类教育课程的性质由于更偏重文科方向，使得重视理工科知识的高校在课程设置上会选择性忽视，重视程度明显不如文科类高校。此外，不少高校对待黄河文化等优秀传统文化课程的态度较为随意，大部分高校仅将其作为公共选修课，而且公共选修课的设置数量严重不足，影响到黄河文化教育的效果。

目前，黄河文化教育在高校的教育工作运行中，主要体现在思想政治教育课程或通识课上，缺乏容纳黄河文化等优秀传统文化教育的知识体系，无法有效地将黄河文化教育充分渗透到教学体系和青年大学生的思维中。黄河文化等优秀传统文化教育无论在知识的涵盖范围，还是在课时量上，都存在不全面、不受重视的缺陷，这都是高校在课程设置上的不完善表现。黄河文化等优秀传统文化教育对文化建设具有推动作用，以及在提高中国文化软实力方面占有举足轻重的地位。因而，青年大学生作为社会主义事业的接班人，高校教育工作者作为青年大学生的引导者，更要在课程设计上进一步完善黄河文化教育的课程与内容体系，以符合青年学生加强黄河文化知识的需要。

4. 教材体系不够健全

虽然随着时代的发展，高校思想政治教育课程体系也不断完善，相关的教材一直在更新中，而且随着课程思政建设进度的不断加快，其思政元素也逐渐融入其他课程。但我们需要注意的是，由于思想政治教育理论涵盖丰富的育人资源，黄河文化等优秀传统文化资源仅仅是其中一部分，在教材中限于篇幅，整体内容有限，难以真正形成发挥育人的合力。从当前高校的教材体系中我们可以看到，现有中华优秀传统文化教材本身就不足，开发不够，而且涉及黄河文化内容的教材更是少之又少，涉及黄河文化育人资源极其有限。而教材中相关内容的涉及，缺乏一定的知识性和可读性，理论性过强，难以提高青年大学生的真正兴趣，而且内容结合时代特征不多，不能充分发挥黄河文化育人的时代价值。

此外，由于缺乏整体上的规划和衔接，目前高校思想政治教育内容与中小学德育内容存在一定的重复问题，不少内容已经在初高中教材中有所体现，只不过难易程度和相关要求有所不同。虽然国家已经开始聚焦大中小学德育课程一体化建设，从整体上推动思政课程到课程思政的转变。但从现实来看，建设并没有取得真正的突破，高校普遍存在黄河文化等中华优秀传统文化教材匮乏和教材资源内容不够丰富等情况，仍是困扰黄河文化教育的关键难题之一。教材体系的先天不足，必然导致教学内容受限，黄河文化等优秀传统文化知识精髓就难以在课程中得到充分展现，青年大学生对相关知识的学习和理解及人文素养的提升等都会受到一定的制约，这种就根本上限制了黄河文化教育的开展，不利于推动黄河文化知识的普及和青年学生正确价值观念的形成。

（二）教学因素

1. 推动力不足

黄河文化融入高校思想政治教育，其根本目的就是在弘扬和传承黄河文化的同时，提升学生的传统文化素养，增进青年学生的文化认同和文化自信。在教育教学过程中，青年学生接受黄河文化知识教育的过程实则上也是提高自己的思想素质、理论知识、实践认知的过程。但由于黄河文化等传统文化教学在高校领域缺乏全面的规划，未能系统调动高校、教师的积极性，对推动黄河文化教育教学热忱不足。

此外，作为教育客体的青年学生，在学习黄河文化知识上也存在动力不足的现象。学生重视不足，除了功利性的目的外，和黄河文化的教育教学方式不无关系。因此要找到学生缺乏动力的原因，究其原因对症下药，做好教育教学规划，提高教育者教学水平，以多种活动方式激发学生对黄河文化教育的兴趣，增强学生在实践活动中自觉践行黄河文化的积极性。

2. 重视度不够

在传统文化课程设置方面，除了有必须开设的思想政治教育必修课外，还开设了诸多的通识课。这些必修课的教学内容同黄河文化等优秀传统文化内容有着紧密的联系，但就具体内容而言，内容和篇幅明显偏少。在这种情况下，教师在有限的学时情况下要教授大量的黄河文化等传统文化知识，几乎是完不成的任务。而且对很多理工科专业来说，选择这种课程的积极性要相对弱一些，而且相应课程设置也会少一些。对于黄河文化等传统文化等通识课而言，很多学校将其与其他通识课统一放到公选课平台，并设定了学分要求。在这种模式下，大部分学生仅仅达到学分基本要求线，不愿意多修一些学分。这种情况的出现与高校不够重视有关。在课程的设置上优化不够，除了必修课外，应该对通识课的开设进一步提高要求和标准，加大黄河文化等传统文化课程的建设力度，投入更多的资源调动教师的积极性，提高这些课程的吸引力。在课程管理制度上，应进一步明确黄河文化等传统文化课程的重要地位，提高这些课程开设的比例，强化学生选修这些课程的要求。

3. 实效性不强

当前高校对弘扬黄河文化的力度不大，在融入教学过程中，部分高校单纯将其理解为传统文化价值的传播，对挖掘黄河文化的精神内涵和时代价值的认识存在不足。于是，不少高校就将黄河文化等传统文化课程工具化，或作为选修课程，或根本就不开设。即使开设了此类课程，也缺乏科学严谨的系统论证，所教授的知识因教师个人的认知而异，无法形成规范的教学资源。近年来，虽然中央多次要求大力弘扬中华优秀传统文化，从教育部门到高校各个层次在"思政课程"和"课程思政"上做了不少探索，在教育内容上加大了对传统文化课程开发的力度，但很多高校仅仅是将其当作扩大学生知识面的一种教学工具，而没有上升到"为实现中华民族伟大复兴的中国梦凝聚精神力量"的高度。而且这种自上而下的教改模式虽然在调动教师的积极性上下了不少功夫，但如何有效调动学生学习的积极性还需要进行深入的探索和研究。

4. 积极性不高

黄河文化教育作为优秀传统文化教育的一种核心文化组成单元，在教学过程中更为强调知行合一的教学理念。不同于其他理论课程，其不需要青年大学生被迫接受理论的灌输，而十分需要学生在自我意识上的一种主动接纳，并将之内化为自身的人文素养和道德品德，并在实践中予以体现。这种教学方式的难度要远超一般课程，对学校和授课教师都提出了比较高的要求。它一方面要求教师具备较高的黄河文化知识，并能在课堂上熟练驾驭这种知识体系，另一方面其又非常注重教师授课中的教学效果，而且这种效果必须能唤起学生的共鸣和内心的真正认同。

对其他课程而言，学生作为受教育者更为重视理论知识的学习，而非实践体验和伦理品德的内化，学习理论的目的是让学生能够记住知识点从而应用在考试当中，而真正的黄河文化意义没有体现出来。因此，在学校重视不足、投入不够、效果不佳的情况下，教师授课的积极性难免会受到影响。

而作为教育的客体而言，青年大学生习惯了传统教学的"灌输模式"，学生更擅长被动地记忆知识内容而非主动地去理解和掌握知识点，更难以谈及主动在实践中感悟黄河文化知识的魅力。而且，高校教学的考核和评价体系也决定了青年学生很难真正发挥主观能动性，对成绩和绩点的过度追求催生了学生片面的价值观，使学生课程的选择以"实用"为导向。如果不能从根本上改变这种教育局面，在顶层做好设计，让教师乐于教，主动地改变教育教学方式和考核方式，就很难发挥黄河文化教育的效果。对于学生而言，更要从思想认识上感悟黄河文化等传统文化的精神内涵和时代价值，主动学习相关知识，并在实践中积极践行，做到知行合一，切实发挥黄河文化的以文化人、以文育人的作用。

三　社会环境成因

高校非独立于社会而存在，内部环境难免受到外部大环境的影响和制约。长期以来，由于对经济发展的重视远远超过精神文明建设，加之西方文化的长期影响，致使从社会到高校对增进黄河文化等优秀传统文化的认同难免就存在不足，进而影响到高校自身。

（一）社会认同不足

高校作为社会的一个缩影，难免受到外部环境的影响。长期以来，"两个文明建设一起抓"的要求，并未严格得到贯穿落实，部分地区还存在口头重视而实际行动不足的情况。社会上存在过度的单纯对经济发展的追求，忽略了对精神文明建设的同规划、同部署、同建设。社会发展至今，黄河文化等中华优秀传统文化教育一直处于弱势地位，即使进入新时代，国家多次强调要重视黄河文化等中华优秀传统文化，但要达到理想中的效果，仍然有很长的路要走。我们可以看到，在某些时期和某些地方，部分大学生受外部（尤其是西方文化渗透）的影响，盲目信奉西方价值观和崇拜西方文化，把西方的道德理论标准奉为圭臬，而对本民族的优秀传统文化和道德观念不屑一顾。不可否认的是，多元文化的背景下，人们的主流价值观存在着一定的差别，不同群体间存在着不同的价值观。但作为青年大学生来说，若不能充分把握黄河文化等中华优秀传统文化的意义，或者说甚至不愿意了解中华优秀传统文化的内涵，则会很容易地盲目选择信奉一种自认为正确的主流价值观念。

（二）社会影响不足

黄河文化发展至清朝，已不复之前盛景，开始逐渐走向迟滞与衰落。这一时期的黄河文化虽然在特定领域取得一定的发展，产生不少新的文化因素，但从根本上讲，其文化模式已基本定型，很难取得质的突破，在社会综合作用下，其所造的人的思维方式、价值观念、心理习俗等都已形成固化模式。黄河文化的迟滞和与衰落的原因不外乎以下几点：一是黄河文化政治经济优势的丧失；二是农耕文化的影响达到顶峰造成了社会性的思想僵化；三是传统文化的定型削弱了文化的创造与创新能力。自清朝开始到中华人民共和国成立之后，直至进入新时代，黄河文化面临了挑战与再生，在实践中不断发展，为中华文明增添了新的内容。但从整体上而言，同长江文化中的工业文化等现代文化相比，其影响力还有不少差距。同时，在这个社会时代日益多元和复杂的背景下，人的价值观取向也逐渐多元，高校青年大学生虽然承担着传承和弘扬黄河文化的重任，但在就业和升学的压力下，传统文化教育难免让位于专业教育和应试教育，毕业后走向工作岗位，工作的专业化和生存的压力更是很难让他们系统地学习和亲近黄河文化知识。此外，互联网时代的到来虽然加速了文化的传播，为文化传播带来诸多便利，但由于种种因素，黄河文化等优秀传统文化未能及时跟上时代进步的脚步，未能充分发挥网络传播优秀传统文化的技术优势和带来的网络流量，线上和线下结合不足，没有充分发挥网络的声音放大效应，加之弘扬和传承黄河文化等优秀传统文化体系不健全等因素的综合影响，致使黄河文化的影响力不足。

（三）社会投入不足

近年来，虽然国家对教育的投入力度一直在加大，一定程度上缓解了高等教育的需要，但跟建设高质量教育体系的现实需要还有不少的差距。从区域和城乡差异等角度看，教育的投入也存在不少的落差。教育整体投入的不足，必然会导致经费主要运用到关键领域和区域，投入黄河文化等优秀传统文化教育上的经费也会相应地不足，甚至为了满足特定教育领域的发展，还会发生缩减传统文化教育经费的情况。

经费投入的不足将影响到黄河文化教育活动的开展，让青年大学生在社会实践和活动中无法有效地结合文化特色而开展有针对性的活动。文化活动一旦缺失针对性和实效性就很难保持黄河文化教育的活力。也会导致区域、城乡之间的传统文化教育产生不均衡的情况。这种不平衡、不均衡的社会投入，会使人们会产生一种社会对黄河文化等传统文化重视不足的心理偏差，进而影响得到黄河文化融入高校思想政治教育的效果，不利于弘扬和传承黄河文化。

四　家庭环境成因

家庭环境作为高校思想政治教育环境的有机组成部分，家庭的经济状况、社会地位、家庭成员的文化层次、教育程度和思想道德水平等，都会对青年学生的思想政治品德的形成和发展起着至关重要的作用。一般而言，影响因素主要在于家庭教育理念存在偏差、教育内容认知不全，以及教育理论实践脱序。

（一）教育理念存在偏差

习近平总书记指出，家庭是人生的第一所学校，家长是孩子的第一任老师①。在学生的成长过程中，家庭环境的作用毋庸置疑。家庭成员之间的不断交流和相互影响，对青年学生起着潜移默化的塑造作用。家庭教育是终身教育，是高校思想政治教育的基础，更是学校教育的延伸与补充。从某种程度上说，教育理念支配教育方法，家长的教育理念是决定学生未来发展的重要因素。

家庭是黄河文化等中华优秀传统文化中的组成单元，一个国家也正是由无数个家庭来进行组建的。家庭的教育理念优质，才能让学生健康

---

① 习近平：《培养德智体美劳全面发展的社会主义建设者和接班人》，[EB/OL]．http：//www. xinhuanet. com/2018－09/10/c_1123408513. htm，最后浏览日期：2019 年 1 月 28 日。

成长和发展。对于传统的教育理念，大部分家长都是"古今结合，共同作用"。但是在现实中我们往往看到，由于应试教育的导向，致使家长过于重视学生的智力表现，衡量学生能力高低的标准也变得唯一起来。但国家和社会一直强调的是德智体美劳"五育并举"，这二者虽然目标上具有一致性，但却天然存在着矛盾之处。家庭虽然也重视了"智"，但与此同时却忽视了其他方面的教育，如黄河文化等传统文化知识等。但是缺乏对学生的人文素质教育，会导致学生只关注自身成绩，缺少一定的责任和担当，缺乏服务社会的本领和能力，更缺乏家国情怀的这种爱国意识。这与国家的教育方针背道而驰，让学生全面发展的理念也就无从实现。

（二）教育内容认知不全

从古至今，黄河文化的内涵一直在随着时代的发展而不断与时俱进，展现出顽强的生命力。但随着社会的不断发展进步，黄河文化中的一些因素逐渐与现代社会脱节，未能跟上时代发展的需要。作为家庭教育中最关键因素之一的父母而言，一方面承担着对孩子品德教育的重任，另一方面又被社会上的价值观影响，而不断将这种正确或不正确的价值观投射到自己孩子身上。

正因为如此，家长会认为高校思想政治教育工作过程中，所选择的部分黄河文化等中华优秀传统文化元素与社会的需要、与学生成长所需有一定的差距，满足不了学生的现实需要。最典型的例子，如黄河文化中的农耕文化，有着典型的守旧意识。黄河流域小农经济自古以来就广为存在，靠天吃饭，容易满足于现状，接受新鲜事物的意识不足。安于现状、竞争精神不足体现在很多家长身上。因此，一定程度上被这种意识束缚的家长，会潜意识地把自己的观念自觉不自觉地施加到学生身上。这种片面的认知会影响到学生创新能力的提升，不利于学生综合能力的提高。此外，家长拘泥于自身因素，受到社会一些不健康现象的影响，片面地跟学生强调一些负面、阴暗的信息，人为地把这种道德失范的情况与黄河文化中的美德理念对立起来，而忽略了承担道德风险所产生的代价。青年大学生在这种境况下很难正确认知和传承黄河文化。

（三）教育理论实践脱序

家庭教育理论与实践的脱序有客观的成分在里面。青年大学生就读高校以后，远离了家庭的教育环境，甚至脱离了家庭的教育。除距离和空间因素外，青年大学生正处于青春躁动期，对外部的价值观念保持天然的警惕心，致使理想中的"家校联动"教育模式很难真正取得实效。从另外一方面讲，科技的进步打破了传统的时空空间，为学生和家长的交流带来一定的便利，但"空谈式"的交流模式很难真正走进学生的内心，加之缺乏实践教育环节的印证，让文化的教育魅力无从得以体现。

我们还要看到，固然大部分家庭重视传统文化的教育，现实中不少家庭的理论教育与实践是有一定背离的。甚至家长自身传统文化修养与实践相背离。这种情况下很难得到青年大学生的真正认同。这种反差会极大影响青年大学生对黄河文化等优秀传统文化的认知。从另一方面讲，在进行传统文化教育时，家长出于特定目的的需要，加之受到自身知识结构的局限性，会有针对性地选取适合需要的文化进行传授，而往往这种内容和知识具有一定的功利性特点，在与实践的结合过程中也会存在一定的问题。以上问题的存在会导致学生面临诸多矛盾的价值观，从而影响到黄河文化的正确传播和青年大学生的全面发展。

五　自身成因

黄河文化融入高校思想政治教育的成效，跟个体因素不无关系，尤其是个体的认知程度、践行的意愿和知行衔接等都会影响效果。只有找准个体因素才能从激发其学习和弘扬黄河文化的内生动力，增进其传承黄河文化的主动性。

（一）个人认识不深

黄河文化随着时代的发展而不断展现出顽强的生命力和发展潜力。但与此同时，受内外环境的影响，中华优秀传统文化的魅力并没有得以充分展现出来，高校的传统文化教育还有一定的薄弱环节，这就造成了青年大学生自身对黄河文化的认知严重不足，对黄河文化的了解也少之又少，对黄河文化的发展与演变、黄河文化具备什么价值和精神、黄河文化与当代中国社会之间关系的认知更是缺乏科学和严谨的解读。

不可否认的是，由于当前激烈的就业环境，青年大学生存在一定的升学压力和就业压力，于是造成了青年大学生往往注重专业知识的学习和与升学相关课程的学习，对传统文化的研习选择性地进行忽视，在学习黄河文化等中华优秀传统文化时就缺少了学习上的动力。这种情况不是孤立的，而是较为普遍的一种现象，其根源就在于高校和学生自身对黄河文化认知上的不足。他们片面或功利化地解读所学习的知识，把课程人为的分为三六九等，缺乏从长远看待问题的能力，不能正确对待人文知识的学习，把一些传统文化知识的课程当作"混学分"的"水课"，没有深刻认识到黄河文化对促进人全面发展的重要意义。

（二）缺乏践行意识

青年大学生还缺乏主动践行黄河文化价值的意识。高校思想政治教育主要通过课堂教学等方式教授青年大学生黄河文化等中华优秀传统文化知识，理论学习与实践衔接得不够紧密，影响了黄河文化传播的效果。从现实来看，青年学生还缺乏践行意识，学到的传统文化知识转化为实践的主动意识还不够。理论知识的学习，只有通过社会实践才能强化青年大学生的认知，才能有效地指导学生进行社会实践。毛泽东的《实践论》强调要实现认识和实践的双提升。邓小平强调实践是检验真理的唯一标准。习近平要求"学习与实践必须始终紧密地结合在一起"。因此，高校必须引导广大青年学生自觉把学习的黄河文化知识运用到实践中去，我们才能追究事物的本质，并在实践中对黄河文化产生新的认知。

（三）知行衔接不够

中华民族之所以长盛不衰，跟文明的传承不无关系。自古以来，各阶层都非常注重教育，尤其是传统文化的教育。黄河流域作为宋之前的文化、政治和经济中心，两岸人民一直受到黄河文化的浸润。后虽然文化因各种因素逐渐失去光泽，但也诞生了革命红色文化等。尤其是今天，黄河文化面临着全面复兴的大好时机，加强对黄河文化的教育迫在眉睫。

加强对青年大学生的黄河文化教育，可以促使学生产生由表及里、由浅入深的发展变化，进而影响学生的认知和行为。从现实来看，大部分青年大学生都能正确认知黄河文化等传统文化的重要作用和意义，并有意愿去主动践行黄河文化精神。但与此同时，受多元文化的冲击，学生的认知和行为易受到外部环境的影响，容易在践行的过程中出现偏差，致使知与行产生一定的偏差，存在着知行不统一的情况。这是因为，青年大学生处在价值观塑造成长的关键时期，对事物处于感性阶段，更容易凭主观意志做出价值判断，同时其思维处在比较活跃的发展时期，更易于接受新鲜事物，其价值观念和行为方式也会受到新鲜事物的一定影响。由于黄河文化内容的衡量标准尺度不同，往往会让大学生在做出选择时出现游离于标准之外的行为，也会造成他们的行为不受思想控制，产生认知与行为上的偏差。

习近平总书记强调，要在常学常新中加强理论修养，在知行合一中主动担当作为。因此，高校思想政治教育工作要特别注重知行合一，找到黄河文化与青年大学生的生活连接，将黄河文化的血液融入青年大学生的生活与学习，将黄河文化理论知识有效转化为青年大学生实践的动能，在实践中实现黄河文化的升华，让黄河文化焕发新的活力，并使之服务于中国特色社会主义伟大实践。

第 七 章

黄河文化融入高校思想
政治教育的模式建构

"君不见黄河之水天上来，奔流到海不复回。"黄河文化如一艘披荆斩浪的巨轮，在奔腾不息的中华历史上一往无前；又如那巍然屹立的中流砥柱，战天斗地九死其犹未悔；更如母亲的乳汁一样，哺育了谱写无数传奇故事的中华儿女，孕育了源远流长的中华文脉传承，奠定了中华文明的根和魂。一部黄河文化史，就是一幅幅气势磅礴的中华文明发展画卷，就是一曲曲荡气回肠的中华精神长歌。黄河文化作为中华民族宝贵的精神资源，也是思想政治教育的重要思想宝库，历史意蕴丰富厚重，时代价值朝气蓬勃，蕴藏着解决当代人类面临的难题的重要启示。面对世界思想文化的激荡、现实文化路向选择的迷茫等诸多内外部复杂因素的影响，当前黄河文化融入高校思想政治教育的实效性与黄河文化所蕴含的丰富教育资源相比，与黄河文化在中国意识形态安全中应有的地位、价值和作用相比，与广大人民群众的期盼相比，还远不够理想。对此，社会各界都予以高度重视，有识之士千方百计呼吁，积极开展行动。因此，我们必须加强对黄河文化融入高校思想政治教育的目标设计、政策设计、制度设计、标准设计，进而实现高质量融合。

第一节　黄河文化融入高校思想政治教育的目标设计

进入新时代，黄河文化日益成为中国高校思想政治教育的重要范畴和思想源泉，既是中华民族文化自觉的张扬，也是文化自信的重要体现和社会发展的时代要求。保护、传承、弘扬黄河文化与培养堪当民族复兴大任的时代新人，既有天然的内在联系，又有现实的高度一致，两者在涵养当代大学生的思想理念、道德规范、价值目标、理想人格等方面具有深厚的契合性。思想政治教育以黄河文化为对象内容和重要载体，也是传承弘扬黄河文化的重要途径。两者在这里交集互动，黄河文化传承弘扬的主体和思想政治教育的主体集中在当代大学生身上深度融合为一个崭新的目标，圆融会通，相得益彰。一方面，新时代大学生以优秀的黄河文化激发心理认同、感情共鸣、担当责任、自觉行动，让黄河文化的基因血液在脉管里喷涌奔流，薪火相传，激励大学生们一棒接着一棒跑出新一代人的好成绩，坚定自立于世界民族之林的信心，增强爱我中华、振兴中华的民族自豪感，凝聚起建设幸福家园的磅礴力量，汇聚起为实现中华民族伟大复兴中国梦而贡献青春力量的恢宏史诗。另一方面，高校汲取黄河文化的内在精神营养来培育时代新人，使思想政治教育文化内涵力的本质性驱动与教学实践活动的外在影响相互促进，让大学生真正感知到黄河文化内涵背后的思想精神、伦理道德，促进德性成长与全面发展的有机融合，推动社会化进步与个性化发展的有机融合，实现品质塑造与责任践行的有机融合，引导大学生了解黄河文化历史，感悟伦理道德，塑造正确的思想观、道德观、价值观。

一 黄河文化融入育人目标的价值取向

实现黄河文化与高校思想政治教育的深度融合，价值融合是需要首先关注的核心问题。一般认为，价值取向是生活在特定社会文化中的主体，尤其是在面对各种矛盾、冲突时，基本价值倾向决定问题的处理方式。黄河文化教育目标的价值取向，就是指某些价值观成为黄河文化所选择的优势观念形态，或为基于黄河文化影响的个体所认同。能对大学生的价值选择施加黄河文化的优势观念影响，并潜移默化为一种"无意识"的人格倾向，从而对大学生主体评价事物、唤起态度、指引和调节行为起到定向功能，对大学生主体自身对个人修养、人际关系、行为规范、道德标准及其社会关系的形成产生重要的影响。结合黄河文化融入高校思想政治教育的价值关联特点，可以分为六种融合取向。

（一）修身观：以人格培养为主要支柱

五千年黄河文化，历来讲究修身之道。涵盖多个区域文化，在不同时段不同区域的文化主流、交替或碰撞各异，即使是在百家争鸣时代或独尊一家的时代，也毫不例外地重视个人人格的修养，把人格修养作为人生大事。修养是立人之本，立足大千世界，既要解决物质、精神的问题，又要解决人际关系以及个人与所处流域的自然环境、社会生活、国家等诸多关系问题。其实中国古代贤哲对于修身原本有系统的思想论述，并有付诸实施的实践经验，对于健康生活、民族繁衍的作用不可低估。《易经》提出的"思不出其位"、《礼记》中的"修身为本"等思想主张，体现了儒家的君子人格是修身的基础。佛家"莫向外求"的觉悟本性是如此，道家"道法自然"的逍遥游也是如此，"卑以自牧"，自我完善，是中国人修身的一大特点，"壹是皆以修身为本"，都追求内在的理想人格，注重内省，"射有似乎君子，失之正鹄，反求诸其身"。

在修身方法上，则是多种多样。在儒家看来，修身必须先正心诚意，"一日三省吾身"，修养自身品行，明确信念和目标，分清是非曲直，而不是做样子给别人看。如孔子就用"君子"这一高尚的人格标准教导弟子们修身，《论语》中"君子坦荡荡，小人长戚戚"等内容，形象地阐述了君子与小人在修身上的境界高下，以此激励弟子们做"君子儒"，不做"小人儒"①。在道家看来，修身要"希言自然"，老子在《道德经》中就反复强调，"处无为之事，行不言之教"②。追溯历史，传统士大夫阶层实现为国为民的政治抱负、政治理想，尤其重视个体的修身养德，重视个体的人格力量，"为政以德"成为为官者首要的基本条件。从周公吐哺、天下归心，到"安得广厦千万间"的杜甫，从清正廉明的包拯、为民请命的海瑞，到"万家忧乐在心头"的范仲淹、"精忠报国"的岳飞、"但愿海波平"的戚继光，都为后世历代人们所敬仰。

由于黄河流域独特的地理、人文、历史条件，黄河文化的人格价值

---

① 金良年撰：《论语译注》，上海古籍出版社 2004 年版，第 158、81、140、157、36 页。
② 金良年撰：《论语译注》，上海古籍出版社 2004 年版，第 158、81、140、157、36 页。

取向也深受影响。作为中国思想政治教育的重要来源、组成部分和核心竞争力之一，在个人修身实践中，性格"向内""尚静""慎独"，谦逊大度，礼貌待人，讲究分寸。黄河文化对人格修身的注重，与大学生人格培养紧密结合，在生活中强调自我约束力，讲求自观、自照、自重、自强、自信，即所谓"敬慎终身""居常守终"，形成注重自觉修身的价值观念。同时，与时俱进融入新时代精神、现代气息，修身克己、自我完善，做到坦坦荡荡、以诚待人、直道处世，实现身心和谐，培育现代人格，为实现伟大中华民族伟大复兴中国梦而做出青春贡献。

（二）道德观：以伦理道德为教育内核

在世界上，中国最重视道德教化功用的发挥，开启伦理道德教化之先河，形成了内涵丰富的伦理道德教化义理体系，"成德之教"历史悠久、经验丰富。"内圣外王"的道德理想是黄河文化的核心价值诉求，黄河文化对道德的推崇，高度成熟的道德文化所蕴含的深厚道德内涵和道德标准，尤其是作为精髓的中华传统美德，赋予黄河文化鲜明的道德取向和广博的德育资源，高尚的民族情感、崇高的民族气节、伟大的民族精神、优秀的道德品质、美好的风俗礼仪等道德传统的精华，使其影响范围内的人们具有比较稳定的道德特征和心理品质，是黄河文化极具特色的重要组成部分，是其成为当前高校思想政治教育创新实施的核心。

黄河文化注重德育教育的明确目标。"教也者，长善而救其失者也"①，其核心思想就是教育人们不断增长和发扬人的善良的方面，补救和挽救人的过失。就儒家的教育目标而言，管仲最早提出"国之四维"主张，《管子·牧民·国颂》指出："四维不张，国乃灭亡。"②中国传统的启蒙读物《三字经》不断传颂"三纲五常"："三纲者：君臣义，父子亲，夫妇顺。""曰仁义，礼智信，此五常，不容紊。"③还有"五伦八德"，五伦即：君臣有义，父子有亲，夫妇有别，长幼有序，朋友有信。八德即：孝、悌、忠、信、礼、义、廉、耻。它们都从人伦关系的角度，

---

① 李学勤主编：《十三经注疏·礼记正义（上、中、下）》，北京大学出版社1999年版，第1064页。

② 李山译注：《管子》，中华书局2009年版，第4、2页。

③ 李逸安译注：《三字经·百家姓·千字文·弟子规》，中华书局2009年版，第8、9页。

确立了评判是非曲直的主流价值标准，目标就是要求社会成员在家里做孝子贤孙，在工作中尽职尽责，在社会上更能乐善好施，进而治国平天下，担当起家庭、家族、民族、天下的责任。而道家"贵生保身"的目标，追求的并不是单纯的肉体的延续，而是包含着身心为一体的存在，是本真的自我的生生不息，是赤子之心的永远跳动。"我有三宝，持而保之：一曰慈，二曰俭，三曰不敢为天下先。"① 这是《道德经》中对于修身方法的较为直白的一次提及，尤其强调慈爱是一种无偏私的公正之爱，是抽象的、公平的。"天地不仁，以万物为刍狗"，公平对待，一视同仁，如同天地般默然运行，润物无声。

黄河文化注重德育教育的有效方式。《说文解字》把"教"解释为"教，上所施，下所效也"②，认为道德教育就是开启人的羞耻心、效仿力，有效方式是以身作则、上行下效的感化，而不是空洞乏味的说教，强调一种润物无声的熏染，而不是强制的理念灌输，据此提出了"正人先正己""身教胜于言教"，格外突出道德的示范作用。在这方面，孔子多次强调说："君子之德风，小人之德草，草上之风，必偃。"③特别强调不管是领导人，还是老百姓，德行特别重要。如果不注意品德的修炼，很难在社会上立足。他形象地认为，领导人的德行就好比风，老百姓的德行就好比草，风往哪边吹，草就向哪边倒。还有"政者，正也。子帅以正，孰敢不正？"④的说法等，都突出了道德品质修炼的重要作用。由此可见，上行则下效，居上位者、先进模范等对一个社会良好风尚的形成具有至关重要的作用。

另外，在黄河文化道德教育的发展中，宗教教育、艺术教育有非常重要的地位和作用。例如，佛教就是一种高度综合性、艺术化的道德教育，甫一传到中国，就引起了历代统治者的重视，在社会上产生了广泛影响，为形成淳朴向善的民风、安定和谐的社会起到了重要作用，在佛教的建筑、雕塑、音乐、绘画之中呈现了其道德教义和演化，最终成为

---

① 老子：《道德经》，高文方译，北京联合出版公司2015年版，第134页。
② 许慎撰：《说文解字》，中华书局1963年版，第69、310页。
③ 金良年撰：《论语译注》，上海古籍出版社2004年版，第140页。
④ 金良年撰：《论语译注》，上海古籍出版社2004年版，第139、148页。

中国传统道德教育的重要组成部分。

黄河文化注重德育教育的完备体系。黄河文化道德教育在传统宗法社会中，一个由宗亲家族教育、各类学校教育、社会教育、宗教教育等综合构成的完整的道德教育体系，形成了儒、释、道等多个系列的道德教育目标、教化方法、道德内容和教化支撑，长期并存并共同占据了主流地位。在这些德育体系中，都特别重视宗亲家族教育的重要性，强调宗亲家族教育、家风养成是道德教育的开始，社会教育是宗亲家族教育的扩展。因此，中国古代的诗词、戏曲、音乐、歌舞等文艺作品，都遵循着"思无邪"的思想，学诗、学乐、学礼，都是为了陶冶性情、宣扬道德、弘扬正气，形成真诚美好的德性，使得整个社会正气上升，止僻防邪。

黄河文化注重德育教育的制度保障。中国古代道德教育强调"文以载道"，主张言之有物，反对空洞的说教，通过各种社会制度保证道德教育的深入推进。简单来讲，黄河文化伦理规范依附于不同历史时期特定的政治经济制度、民族文化心态、价值理想和风俗民约，历代王权要宣扬和维护什么，就通过制度"卫道"什么；反对和取缔什么，就通过制度"罢黜"什么。英国著名哲学家约翰·密尔认为，"当德性意志的力量还不充分，怎样才能植入或唤醒德性意志呢？唯一的办法就是让这个人觉得美德令人快乐，缺少美德则令人痛苦，从而让他欲求美德"①。可以说，黄河文化道德教育通过社会教育制度的建设，从道德教育制度法律、监督机制的健全，到激励评价机制的完善，唤醒人们高尚的道德情感的养成，引领民风，化育人心，对于保障和推行道德教育，具有十分必要的作用。

在科学技术迅猛发展的今天，互联网、移动终端、新媒体等现代技术手段深入影响着人们日常生活的方方面面，社会环境对于伦理道德的养成更是起着潜移默化的作用。所以，在思想道德教育上，社会公众应当承担起弘扬社会正气的责任，国家宣传文化部门、新闻媒体等有关部

---

① John Stuart Mill, *Auguste Comte and Positivism*, University of Toronto Press, Routledge and Kegan Paul, 1969, p. 239.

门，要为倡导和树立正确的道德观、营造良好的社会氛围，更要注重通过各种制度建设保证道德教育。

（三）族群观：以人文精神为道义基础

黄河文化本源上是一种以血缘为基础的根亲文化，具有鲜明的民族特色、民族风格和民族气派，讲究"落叶归根"，有乡愁、讲亲情。它是黄河流域的各族群在长期的共同生活的过程中创造的，在文化形式上不拘一格，成为东方艺术风格的代表形式之一。

黄河文化特别重视对族群、社会的责任伦理，突出强调在理性的行为准则影响下，将个人的全部精力倾注于为国家和民族的发展之中，实现思想理念的本质性升华。在黄河文化视角中，社会风气的形成与每一个社会成员息息相关。因而，每一个人都要从自己做起，树立正确的荣辱观和道德观，是每一个人都应当也必须承担的道义责任。

面对"两个大局"，凝聚以爱国主义为核心的中华民族精神极为重要，增强民族情感和民族向心力、凝聚力极为重要。全球化背景下，国际视野和国际思维非常重要，许多问题需要全球合作，共同治理。但也必须看到，少数别有用心的西方国家大肆鼓吹"西方中心主义"，企图用抽象的普遍性来炮制所谓的"普世价值"，用形式上的"全球化"掩盖霸权主义行径的"单极化"，削弱民族国家的民族意识和爱国主义思想基础，弱化对中华民族社会主义国家的认同感。

因此，黄河文化孕育的以道义责任为己任的精神图式，对中华民族自觉意识的形成具有重要意义，对新时代凝聚民族精神具有重要意义。从作用上来说，作为黄河流域各族群众生存与发展的精神纽带，黄河文化能够增强中华儿女对本民族文化的认同感与归属感。"每逢佳节倍思亲""月是故乡明"，在黄河文化的血脉中始终涌动着对故土、乡愁、亲情的强烈认同感。

黄河文化教育创新的关键是要发挥黄河文化道义责任感的本质影响，黄河文化教育的目标之一是培养学生正确的责任伦理和家国情怀。激发广大青年学生的爱国情怀，是黄河文化教育与学生核心价值观教育相结合的重要诉求。在黄河文化中，责任伦理将个人的价值追求与国家发展相结合，引导大学生走向实践参与，在具体实践中检验他们的德行与责任，最终使他们对践行中华民族伟大复兴的"中国梦"形成全面认知，这才算得上真正有效的黄河文化教育创新。

（四）价值观：以和谐包容为思想特色

黄河文化的精神根脉绵延不绝，带给中国人一个极具分量与独特性的文化基因。从黄河文化遗产的存在形态上看，可以分为物态文化、制度文化、精神文化三个结构形态①。物态文化形态主要包括士农工商各行各业的物态文化，以及黄河遗址、旧址、设施等，还包括吃、穿、住、行等生活物资，农业生产器具，兴修的水利工程、梯田、社会活动场所等物质文化遗产。制度文化形态，指人们在长期社会交往中，为了维持共同生活所共同遵守的行为规范，为了调节社会秩序和相互关系所形成的制度规矩，多见于黄河文化各历史时期、各地域的政策、伦理学、哲学、文学、史学这样的文化典籍中。精神文化形态，常见于黄河流域约定俗成的风俗习惯，如伦理道德、风俗习惯、公序良俗、村规民约，还包括渗透着人们审美情趣、思想情感、价值观念的文化艺术作品等。这些是黄河文化的核心部分和软实力。

黄河文化具有独特的价值体系，反映了无数黄河儿女的集体心理和社会意识形态，对于维护传统社会的和谐稳定起到了重要作用，呈现出民族同化、不断融合、历史长久、连绵不断等历史文化特征。

"和而不同"的和谐共存理念。《礼记》中"天下大同"的思想，孔子主张的"四海之内皆兄弟"理念，都倡导"和而不同"的世界观，为不同文明、不同文化的和谐相处贡献了智慧和资源。面对全球治理困境，化解社会矛盾冲突，零和博弈、指责对方，或是求同存异、兼容并包，是完全不同的思维方式。黄河文化思维方式，对人与自然、人与社会以及人类自身相互联系和发展的最高要求即为"和"，强调"夫和实生物，同则不继"，提倡"万物并育而不相害，道并行而不相悖"，天与人、人与社会多元共生、和谐共存，人类自身内部情感通脱，认为"夫'大人'者，与天地合其德，与日月合其明，与四时合其序，与鬼神合其吉凶"②。

---

① 程裕祯：《中国文化要略》，外语教学与研究出版社 2009 年版，第 3 页。
② 黄寿祺、张善文撰：《周易译注》，上海古籍出版社 2004 年版，第 19 页。

黄河文化的这种思维方式，承认世界万物的千差万别，必然有差异和对立。与此同时，它还承认整体概念和事物间的普遍联系，主张人与自然之间和平、和谐、共存、共赢，讲求"天人合一""各美其美，美人之美，美美与共，天下大同"①。反之，就如孟子所说："爱人，不亲，反其仁；治人，不治，反其智；礼人，不答，反其敬。行有不得者，皆反求诸己，其身正而天下归之。"②"各相责，天翻地覆；各自责，天清地宁。"在很多的程度上，大到国家、种族之间的战争冲突，小到家庭邻里之间的矛盾纠纷，都是由于不能够反躬自省，彼此一味埋怨责怪对方导致的。

"近悦远来"的包容开放理念。由于黄河文化所发源的自然环境、经济类型、政治制度、历史传统、思想意识等诸多因素的特殊性，尤其是经济的长期发达和思想文化的长期领先，使它具有"近者悦，远者来"的强大自信，不断绵延相继、薪火赓续。文化传统中虽有"夷夏之防"的观念，但主流还是包容百家，追求国家和多民族的"大一统"，黄河文化自身具有包容性和同化力等显著特征，是中华优秀传统文化的传承发展，随着社会发展和时代进步日益显现出强大的生命力。众所周知，从东汉时期开始的佛教文化的传入，到唐玄奘西天取经达到佛教传播的一个高峰后，佛教文化就同儒家文化、道家文化实现融合发展，使得这一陌生的域外文化得以在东方传播。当然，黄河文化的包容开放性以其深厚的根基、先进的思想吸引和强大的同化力为基础，使它不仅能保持民族文化的特质，而且能产生很强的文化吸引力。一些原本独立性很强的外来文化，一经传入中国便开始了本土化的进程，为黄河文化非常自然地吸纳和同化，最终丰富和发展了本土文化。

将黄河文化融入学生道德水平及价值理念的培养过程，用黄河文化中的精华部分积极影响大学生价值观的塑造。文化软实力在当今社会竞争中的重要作用进一步凸显，先进而强大的国家文化对于维护国家安全极为重要。当前，黄河文化教育的软实力，还没能转化为强大的文化竞

---

① 费孝通：《缺席的对话——人的研究在中国——个人的经历》，《读书》1990 年第 10 期。
② 李学勤主编：《十三经注疏·孟子注疏》，北京大学出版社 1999 年版，第 192 页。

争力，与黄河文化博大深厚的精神底蕴和中国不断上升的国际地位相比还不适应、不匹配。我们要开发和保护好物质和精神形态的黄河文化遗产，更深入、更生动地帮助大学生了解黄河历史，打造形式多样、直观生动的文化精品，构筑黄河文化产业链，挖掘和传承黄河文化蕴含的历史内涵和价值理念，必将大力促进当代大学生的思想道德教育发展。

（五）时代观：以时代转化为生命源泉

每个时代都有每个时代的精神，每个时代都有每个时代的价值观念。在新时代，深入挖掘黄河文化蕴含的时代价值，推动黄河文化融入高校思想政治教育，要注重与时代进步紧密结合，弘扬以改革创新为核心的时代价值，进一步焕发时代光彩。

黄河文化为新时代思想政治教育开展提供了丰富资源，是社会主义核心价值观重要的源头活水。中国特色社会主义以包括黄河文化在内的中华文化为其历史源头，为新时期推进中国特色社会主义建设提供了充沛的资源养分。从道德的发展来看，社会主义核心价值观不是凭空产生的，必须根植于民族的传统文化，才能更好地成长发展，这是弘扬黄河文化的直接现实意义和时代价值。社会主义核心价值观并不是简单地肯定或否定，而是去其糟粕、取其精华。尽管传统道德内容由于阶级和时代的局限，有许多不完善的地方，但其中也有超越时代的可继承的内容。例如，君义、臣行、父慈、子孝、兄爱、弟敬"六顺"的家教符合人类的天性，有利于和睦亲情，维系人伦秩序，是血浓于水的亲情表现，具有主观的心理根据；"教先从家始""正家而天下定"的推己及人，有利于形成文明社会的力量，调节人际关系，维系种族繁衍，符合社会生产力发展的需要，有客观的物质基础。又如敬亲、尊老的美德，强调"老吾老以及人之老"，进一步升华了孝道。把调节亲子关系的自然亲情，扩展为具有普遍意义的社会教化内容，符合人的情感发展规律，易于人们接受。因此，弘扬敬亲、尊老的社会氛围弘扬孝道美德，有助于维持社会秩序，能使全社会互尊互爱，和谐相处。构建与新时代相适应的贤孝文化，培育和践行社会主义核心价值观，融合代际关系，实现家庭和睦，必须与黄河文化的优秀价值观联结起来，让黄河文化与现代文明相适应，努力在传承中得到发展。

黄河文化的时代转化，也突出表现在社会主义现代文明建设方面。中国全面建成小康社会后，正向着第二个百年奋斗目标进军，既要抵御现代化转型期的理想信念迷失、价值观错位、道德滑坡等现象，又要把精神文明作为社会主义现代化的重要内容和题中应有之义，构建与新时代相协调、相促进的价值观、道德观。而黄河文化作为中国特色社会主义文化的重要思想来源和内在发展的延伸，需要及时地进行创造性转化和创新性发展，要总结黄河文化历经几千年嬗变发展而成的先进内容和经验智慧，充分吸收道德文化的资源养分，借鉴成熟有效的价值体系推广方式，以因应新时代中国政治、经济、法律、制度与政策的施行，为人们的精神生活、文化归属和德性价值提供更有力的支撑，进一步促进新时代中国社会的和谐稳定、人们心灵的向上向善。"当代人类生活面临着五大冲突急需解决"①，如何正确处理人与自然、社会、他人、自我和文明之间的矛盾冲突，已经成为世界的难题。黄河文化的时代转化和当代意义，对于解决当前面临的这些世界性难题也具有重要启示。"天人合一"的和谐观、"和而不同"的世界观等一系列先进思想的继承发展，成为社会主义核心价值体系、社会主义先进文化发展的重要基础，对解决处理各种人际关系、社会关系、矛盾冲突提供了有益的方案，展现了对当代中国社会思想道德建设和文化建设的重要性，展现了对化解世界发展面临的重大问题的巨大价值。

"周虽旧邦，其命维新。"发扬黄河文化的时代价值，将黄河文化内化为大学生的思想政治素质和自觉行动，必须注意实践创新以适合时代的变化和要求。黄河文化的时代精神与价值，要落实到以实际行动中践行家国情怀，转化为大学生的现实力量。广大青年学生牢记初心使命，不负时代众望，他们有的扎根基层，有的专注基础研究，他们在拼搏奉献中努力实现人生价值，这是传承黄河思想文化、报效祖国开出的时代之花。

（六）社会观：以知行合一为思想理念

黄河文化关于社会思想的核心就是教人如何成为社会人，实现途径

---

① 陈来：《中华文化的当代价值与意义》，《人民日报》2017 年 3 月 17 日第 24 版。

是知行合一。黄河流域广大劳动人民在认识自然、改造自然的过程中，积累了极为丰富的社会思想和理论实践。如何有效地把这些先进的思想与社会发展统一起来，做到言行一致、身体力行，是黄河文化融入思想政治教育的关键所在。老子主张的"知先行后"，朱熹提出的格物致知的理论，以及王阳明的"知行合一"等观点，都是强调的知行互动。黄河文化融入思想政治教育，要引导大学生将理想信念、现代气息融入社会素养，把国家、社会、公民的价值要求融为一体，形成热爱国家、奉献社会、诚信友爱的社会观念。

注重理想信念的时代融合。黄河文化丰富多彩、博大精深，是加强理想信念教育的最好教材。从"天下为公"的社会理想到"天下兴亡，匹夫有责"的担当意识，从"扶危济困"的公德意识到"国而忘家，公而忘私"的价值理念，这些国人代代相承的思想理念，已经成为国人民族习性。当前高校要落实立德树人根本任务，首先就要坚定文化自信，让爱国主义精神在大学生心中牢牢扎根，教育引导大学生听党话、跟党走，努力培养合格的社会主义建设者和接班人。

注重社会道德的现代传承。"道不可坐论，德不能空谈。"现代社会文明对大学生的道德理念和道德实践提出了极高诉求，既有"德"的抽象理念，也有"行"的具体规范。要引导大学生坚守伦理规范和道德根基，明辨是非、看清美丑，在复杂的社会背景下积极弘扬正能量，努力实现立德树人和和谐社会构建的高度统一。要深入实施公民道德建设和群众性精神文明创建活动，引导大学生不断提升道德修养和思想觉悟，争做社会主义道德的示范者、维护者，凝聚中国力量，扩大外溢效应，在全社会形成为实现中国梦而不懈奋斗的磅礴力量。

注重社会制度的支撑保障。"法安天下，德润人心。"随着中国社会的深入发展，道德建设在制度层面的发展日益凸显重要性。要借鉴黄河文化完备的道德教化体系，发挥"教化育人"和"滋养法治"的积极作用，以德治辅法治，同时加强法律的同向发力，以法治承载道德理念，努力使道德体系同社会主义法律规范相衔接、相协调、相促进①。要树立

---

① 董振瑞：《为伟大复兴汇聚强大道德力量》，《瞭望》2020 年第 36 期。

鲜明的道德导向，不断健全法律法规，努力为社会公德建立"可靠制度支撑"。大学生要自觉遵守法律法规，努力成为全社会崇德向善的先进分子，孝老爱亲、向上向善、忠于祖国、服务人民的引领者、践行者，发挥构建和谐社会的中坚作用。

二　黄河文化融入育人目标的科学设定

黄河文化蕴含的丰富教育因素，只是一种潜在的教育力量，要想对学生的教育真正产生积极的作用和影响，需要自觉地对这些教育因素进行教育设计和目标引导。通过科学准确的目标设计，也的确可以帮助学生去伪存真、去芜存菁，避免学生产生认知错误、负面情感或虚空高蹈，甚至被一些文化糟粕、错误的思想观念贻误。因此，黄河文化要融入高校思想政治教育，充分发挥黄河文化的"文化属性"，促进黄河文化融入育人目标的有效实现，要求高校在推进过程中，必须科学地设定教育目标，坚持以立德树人为中心，关注学生的成长成才，努力把黄河文化变成一种自觉的教育力量。在科学设定教育目标的过程中，要着重走出定位误区、主体误区、形式误区、资源误区、评价误区，促进学生综合素质的不断提高。

（一）育人目标要定位明确

以文化人、以文育人是黄河文化融入高校思想政治教育的主要切入点，通过增强大学生对黄河文化的认知、感受与认同，提高大学生的思想觉悟、理论水平、道德品质和文化素养等，努力培养社会主义事业合格建设者和可靠接班人。

一是教育目标要层次分明。黄河文化融合育人的认识目标、能力目标、情感目标要相互衔接、循序递进。首先，要明确认识目标，坚持正确地认识外部世界和认识自我的统一，科学制定自己的职业生涯规划，对标对表自身责任担当，在千变万化的局势面前正确把握时代方向和发展大势。宏观上要对黄河文化有整体的认知，了解黄河文明形成的悠久历史进程，努力对黄河文化有高度认同与自信。具体要了解黄河文化鲜明的区域性特点，了解有关区域文化、黄河文化史，了解治黄、护黄、兴黄的史实与变迁，以具体知识的学习开展精神层面的黄河文化旅游。

认识黄河文明在中华文明、世界历史中的重要贡献与地位，自觉增强中国特色社会主义的道路认同、理论认同、情感认同、实践认同。其次，要明确能力素质目标，坚持从黄河文化的社会历史发展规律出发，不断从前人的管理中汲取经验和智慧，养成"天生我材必有用""大庇天下寒士俱欢颜"的奋斗奋进的人生目标，涵养"乐山""乐水""乐以忘忧，不知老之将至云尔"的豁达乐观的人生态度，学习"演《周易》""作《春秋》""赋《离骚》"①的发愤所为的抗逆境力，尤其是面对现代化进程中出现的各种思潮，深入理解黄河文化对中华民族深沉的精神追求的积淀作用，客观认识当代中国和世界大局，自觉维护国家安全、民族独立。最后，要明确情感与态度目标，理解、认同、传承保护弘扬黄河文化，树立民族自信，坚定理想信念，与民族同呼吸、与时代共命运。

二是教育主题要鲜明突出。融合教育，归根结底是要解决思想认识、使命担当和行动实践问题。要突出价值规范性，以合乎社会主义理想的价值原则和价值理想为目标，促进大学生人格完善和道德品格自我构建，提高思想政治素质，提高思想精神境界，使受教育者生成稳定持久的高尚品格，进一步内化先进的社会道德规范，不断提高自身修养。要突出政治指向性，以政治性原则为价值标准，以政治性的标准规范人的精神世界，认识和把握黄河文化的独特民族底蕴、民族风格、民族气派，讲清楚中国特色社会主义道路的历史必然性，塑造和培育大学生的政治价值观。要突出在实践中锻炼成长，引导大学生健康文明、积极向上的文化生活，从直接的实地调研、社会实践、志愿服务等多种形式的亲力亲为和躬身实践中，感知黄河文化、触摸中国社会，在社会参与中受教育、长才干，树立起忠诚于党、忠诚于国、忠诚于人民的家国情怀，主动将个人的奋斗融入国家现代化建设和中华民族伟大复兴的大潮，切实担负起党和人民赋予的历史重任和时代使命，在书写华丽青春和创造辉煌人生中更出彩、出重彩。

三是教育对象要分级分类。对于教育对象来说，要"有教无类"，但不能搞一刀切，要根据教育对象的不同特点分年级、分类型指导，有针

---

① 阙勋吾等译注：《古文观止》，岳麓书社 2014 年版，第 254 页。

对性、有差别化地提出不同的目标定位，满足不同层级对象的思想需求，并以此来对黄河文化教育的效果进行考核评估。分级分类的层级性，必须充分考虑不同个体综合素质的差异性，不能"左右一个样，上下一般粗"。要增强教育效果，就要坚持从大学生的实际情况出发，因材施教，找准适合的切入点。比如，在把握好大学生黄河文化教育"四年不断线"的目标设计上，就要有针对地设置大一、大二、大三、大四不同年级的教育目标、内容和方法，可以从讲文明、讲道德的道德规范教育开始，因应学生思想的更加成熟和学习的更加自觉，提出不忘初心、牢记使命，为国家多做贡献等更高的要求，从而使教育更有针对性和实效性。

（二）育人目标要突出主体性作用

黄河文化思想教育的出发点和落脚点，不能是想象中的抽象的大学生，而是"现实的人"。他们既是接受文化滋养和熏陶的客体，又是受教育活动过程的主体，在教育实践活动中要突出受教育的主观能动作用，充分发挥主体地位。深刻把握大学生黄河文化教育的目标，需要基于不同个体成人成才的内在需求、品德养成的心理机制、教育教学的基本规律，"不愤不启，不悱不发"，注重启发式地引导学生思考探索，注重学生主体地位的作用。在黄河文化教育整个过程中，需要关注时代精神，了解大学生群体的思想境况、社会心理，"视其所以，观其所由，察其所安"，观察判断并形成思想互动。要树立实事求是的工作理念，坚持"以学生为本"的原则，让学生始终处于黄河文化教育的主动地位，教师的作用就在于适时地予以点拨和恰到好处地指导促进。先自主提出问题、自我思考，然后在教师的启发和指导下，坚持学思结合、主动探索、举一反三，只有这样才是真正理解人、尊重人、关心人、培养人。此外，从黄河文化教育目标的设定、主题的选择，到过程的设置、活动的实施，再到最终结果的考评，都要充分体现立足于"现实的人"，适当运用有效的教育方法，让学生充分参与到整个教育活动。同时要注意将黄河文化的通识教育和专业教育相结合，运用学生喜闻乐见、易于接受的形式"成人之美"，避免单一的道德教化和知识灌输，引导学生主动进行自我塑造、道德完善和品位提升。

生长性是教育实践所应遵循的基本逻辑。思想教育其作用的对象是流水线上的产品，是感性的、具体的、活生生的"受动性主体"①。必须让学生有自主选择的机会，不断激发他们的主观能动性和创造性，努力获得健全人格培养和综合素质提高需要的知识、文化、感受、经验。因而，黄河文化思想教育的中心工作，还是要围绕着学生的成长发展，关照学生的思想需求而具体展开，也必然要落地到学生思想文化素养的学思践悟、知行合一，这就要求黄河文化思想教育要将大学生作为具有伦理实践理性的学习者，作为教育任务的具体完成者和学习教育的效果体现者，在自我主体意识主导下，有选择地进行认知、取舍与整合，完成自身主体角色建构，内化教育要求，外化实践行为。

（三）育人目标要加强教育性设计

一个好的教育性设计是教育教学成功的一半。为有效达成育人目标，就要对黄河文化教育教学活动绘制蓝图，对教育内容、方法、策略、手段、环境等诸多要素进行系统性的规划设计。当前，不少高校对于黄河文化教育的开展，在达成育人目标上缺乏教育性设计，是一个突出的软肋，有四个具体表现：一是形式化倾向。认认真真走过场、热热闹闹搞形式，为吸睛吸粉而哗众取宠，活动的内涵层次不够高，忽视了实践教育活动"育人"的根本目的。二是表面化倾向。过度强调和重视表面上的所谓社会反响，而对大学生在文化熏陶、思想情感、意志品质等方面潜移默化的教育不够，常常陷入"浮光掠影"的误区。三是娱乐化倾向。在观念上不将黄河文化历史遗产、自然地理标志等的参观考察视为一种严肃的教育实践，而是看作对学校紧张学习生活的逃离，当成一种休闲性质的游玩观光。四是盲目化倾向。由于阅历和知识的局限，大学生有时获得经验和感受未必全是正面的，如果不能及时校正，容易造成"黑白颠倒"的后果。

教育性是黄河文化思想教育实践的基本属性，高校开展黄河文化教育的宗旨在"为国育人、为党育才"，育人工作要获得坚实的基础和可靠的保障，就要加强黄河文化的教育性设计，开展的各种课程教学、校园

---

① 林伯海、周至涯：《思想政治教育主体及其主体性的要素构成新探》，《思想教育研究》2011 年第 2 期。

文化和社会实践活动，要紧紧围绕学生知识、能力与素质，采取多种手段和方式，以达到增长见识、陶冶情操、积蓄正能量的预期教育效果。

（四）育人目标要关注学生体验

有效推进黄河文化教育，离不开必要的教育资源的支持，其中的一个关键性问题，在于国家对教育资源的整合利用与对民众的免费开放，要让青年学生在内的广大群众能够在日常生活中亲近黄河，体验黄河文化①。只有主动贴近实际、贴近学生、贴近生活，才能科学地设定教育目标。因此，黄河文化教育也要把现实生活作为主渠道，作为教育目标设定的重要条件和现实前提，多了解他们的所思、所想、所感、所惑，关注学生在黄河文化教育过程中的体验和感悟，以科学设计黄河文化教育的目标、内容、方法和实施步骤，使教育尽可能地与大学生的生活实际相吻合。

教育资源是学生成长和发展的教育载体，黄河文化融入育人必然是一个多要素融合发力的过程，一方面要不断完善个体的知识体系，努力实现与思想政治教育同向同行、协同发力、有机融合。另一方面，要聚焦大学生群体的特点，把学生的教育置于学生群体所属的社会组织以及所处的环境文化境遇中，实现各种育人资源和要素的互联互通，对千差万别的复杂个体进行引导提升。从教育系统的整体性、关联性、层次性等特点出发，高校校园文化育人目标的系统性设定是一个重要的考量，需要全面盘活各种显性和隐性、直接和间接的黄河文化教育资源，统筹文化教育的资源要素、组织形式、机制结构和育人环境，最大限度地实现"人、物、环境"之间的信息交换，不断增强高校文化育人的系统性、整体性和协同性。要统筹好黄河文化物质形态和精神形态建设，更加重视精神文化、制度文化等的推进，促进各种文化形态在高校文化育人中协调发展、相辅相成；要树立"一盘棋"的观念，通盘谋划黄河文化育人的长远与当前、布点与放射，努力使各项育人机制在校园文化中形成组合拳，从而实现功能放大和全面落实。

---

① 倪梁康选编：《胡塞尔选集（下）》，上海三联书店1997年版，第1087页。

第二节　黄河文化融入高校思想政治教育的原则确立

"欲事立，须是心立。"黄河文化融入高校思想政治教育是培养能够承担民族复兴大任时代新人的一项系统工程，蕴含在真、善、美的教育本质意义中，落脚在"引导学生自尊自信自立自强"①。黄河文化作为一种巨大的思想教育力量，要按照中国发展的现实目标和未来方向要求，结合黄河文化的历史的、现实的、具体的特点，遵循高校思想政治教育的客观规律，把党的路线方针政策直接体现到黄河文化教育中，保证思想政治教育的正确方向、科学实施和育人效益，成为教育进步与发展的强大动力，以此确立黄河文化融入高校思想政治教育的主要原则。

一　方向性与艺术性相统一的原则

方向性原则，就是黄河文化融入高校思想政治教育必须秉持社会主义和共产主义方向，必须和中国共产党的宗旨相符合，具有明确的党性和政治性方向。方向性是黄河文化思想教育根本目的之所在，是它存在的根据。在当前，高校思想政治教育面临着极其复杂的社会环境，更加需要我们坚持党的领导，坚持马克思主义指导地位，旗帜鲜明地贯彻落实党的教育方针，努力培养德智体美劳全面发展的社会主义建设者和接班人②。黄河文化代表着新时期中国先进文化的前进方向，能够潜移默化地对大学生的理想信念、道德品质等产生积极的影响，无论是思想内容还是表现形式都能发挥强有力的导向和示范作用③。要坚持先进性与广泛性相结合，体现社会的思想政治品德要求，引领大学生坚持正确的政治方向，不断激发精神动力，努力实现人格的健康完善。

艺术性原则，就是要通过有效的手段促进黄河文化更好地融入高校思想政治教育，努力实现两者的互融互通。要用高超的教学艺术把思想

---

① 习近平：《在北京市八一学校考察时的讲话》，《人民日报》2016 年 9 月 10 日。

② 教育部课题组：《深入学习习近平关于教育的重要论述》，人民出版社 2019 年版，第 81 页。

③ 《江泽民文选（第一卷）》，人民出版社 2006 年版，第 563 页。

理论讲授透，道理解释透。要坚持原则性和灵活性的高度统一，综合运用说理、谈话、演讲、辩论、咨询等各种各样的方式方法，让深奥的传统文化变为活生生的教材，更好地融入思想政治教育课堂。当前，高校思想政治教育面临着许多复杂的问题，黄河文化的有效渗透、全面融合必须解决三方面的问题：一是包括黄河文化在内的传统文化的自我消解，黄河文化价值在教育层面被严重撕裂、消解，沦为功能单一的"思政素材"。二是在高等教育的理念、方法、工具方面的"拿来主义"，受强势的西方文化的激烈冲击，过度借鉴西方，此消彼长导致黄河文化教育式微，很多行之有效的育人功能被边缘化。三是网络文化产业的消费方式对黄河文化等传统文化教育的冲击，在享受网络带来的便捷、丰富和互动性优势的同时，不良网络文化的多元意识形态属性必然会侵害思想认知，所以不能简单地复制到网络环境之中，而要进行网络黄河文化教育的融合创新。

一切艺术都有自己特有的审美特征。黄河文化蕴含着丰富的人文历史和审美内涵，在追求美、创造美、表现美方面，具有鲜明的中华精神特征、独特的艺术魅力和美育价值，有助于理想人格的养成。黄河文化思想教育突出的艺术性优势，无形地渗透着美的因素，与人们的心理、观念更便利地达成契合。从思想政治教育的目的来看，塑造健康的心灵、健全的人格本身就体现了对美的追求，体现了新时期思想政治教育的新方向，决定了思想政治教育必须要符合美的要求、表现美的因素。从教育内容来看，高尚品德、崇高理想、科学理论和文明公约等，本身就是真善美的统一；从教育过程来看，要讲求教育环境之美、教育氛围之美、教育艺术之美。只有美，才能转化为内心对美好事物的追求，才能塑造出美的灵魂，这也是思想政治教育的关键所在。

二　求实性与创造性相统一的原则

求实性原则，就是尊重客观规律，讲究实事求是，坚持一切从实际出发，不唯上、不唯书，只唯实，调查研究。求实性是开展思想政治教育的前提和基础，只有找准黄河文化与思想政治教育的契合点，弘扬建立在科学认识基础上的文化理想与信念，才能真正在解决实际问题中发挥作用，才有生命力。黄河文化的丰富内涵的核心内容是"以文化人"，其首要的基本价值表现在要帮助人们认识客观世界，认识社会生活，进而影响人们的思想倾向、政治观念等。因此，黄河文化融入高校思想政治教育，必须坚持因事而化，潜移默化、润物无声地开展教育活动。

黄河文化融入高校思想政治教育是一种创造性活动，因为高校思想政治教育本身就处在不断地变化之中，黄河文化的内涵与特征也处在不断的发展之中。只有把握住这一本质特征，才能实现两者的相互促进、相互作用。因为思想政治教育从本质上来说是直接塑造人的灵魂的工作，是对人深层次的引导、启发，这是它不同于其他社会实践活动的地方。人作为受教育的对象，都有自己的兴趣爱好，有自己的认知思考，随时随地都处在不断的变化之中。如果没有创造性的智慧和才能，仅仅是一些简单化的说理或者灌输，要想做好思想政治工作是完全不可想象的。

三　灌输性与渗透性相统一的原则

灌输性原则是指黄河文化融入高校思想政治教育首先必须做好顶层设计，要有目的、有计划、有组织地开展，从方案制定、组织实施到成效考核建立一整套完善的工作体系，对存在的一些问题要提前做好预案，确保活动实施效果。伟大的革命导师列宁指出：作为一个无产阶级政党，我们最重要的任务就是要坚持和灌输科学社会主义。而要真正入脑入心，就必须通过不断的教育、学习和宣传。因为科学社会主义作为一种先进的思想文化，其形成、发展本身就是一个非常复杂的过程，内涵极其丰富、博大精深，只有少数有相当文化素养的人经过深入的研究和思考才能领悟其本质。1902 年，在《怎么办？》一书中，列宁进一步论证并深化了马克思主义关于必须把科学社会主义从外部灌输到工人运动中去的思想。提出必须发挥人的主观能动性和创造性，不断激发内在活力，不断实现"从外面"灌输社会主义意识。因此，人们若想了解黄河文化的丰富内涵，同样需要灌输。要通过不断地传播、学习和研究，努力实现从感性认识到理性认识的升华，再运用于实践和现实生活。黄河文化思想的这一传递过程，就是灌输过程。灌输要讲方法，黄河文化融入高校思想教育尤其不能等同于一般知识教育中的"注入式"和"填鸭式"方法。

因为专业知识的学习或者技能的提升，往往经过无数次的反复学习、反复研究就可以掌握，它是以数量的增长、熟练程度的提高和反应速度为标志。因此，通过"满堂灌"的方式，可以让受教育者在短时间内增加接受知识的数量，从而达到循序渐进、逐步深入的效果。而思想政治教育是做人的工作，必须入脑入心，实现知、情、意、信、行五个方面协调发展。"填鸭"和"满堂灌"最多只能解决"知"的问题，要促进五个方面心理素质的协调发展必须晓之以理、动之以情。只有通过引导和启发，让学习者从本质上了解其深刻内涵，真正在行动上得到落实，才能实现预期的效果。

　　渗透性原则是指将特定思想观念移入受教育者思想中的教育过程，要用人们能够接受的潜移默化的方式来进行，体现的是黄河文化融入高校思想政治教育到底如何进行。当前，高校思想政治教育面临着极其复杂的形势，要完成这项艰巨的任务必须统筹好各方力量，努力实现协同推进。而具体到执行层面，需要具备科学的方法和手段，否则难以达到预期的效果。毛泽东同志指出："凡属于思想性质的问题，凡属于人民内部的争论问题，只能用民主的方法去解决，只能用讨论的方法、批评的方法去解决，而不能用强制的、压服的方法去解决。"①因此，必须调动不同教育主体的积极性、主动性和创造性，统筹好各级各类环境对教育效果的影响，真正让思想政治教育渗透到人们生活的方方面面，让大家在直接参与中提升效果。传承好家风就是一个循循善诱、潜移默化的例子，大学生从自己家庭延续、秉承、垂直传递的一种文化意识和价值系统，对一个人的一生发展都会产生深远的影响，直接影响到其对待生活的理念、态度、习惯，以及与人交往的模式等。黄河文化教育"以文化人"的主要手段，应是引导、启迪、熏陶、滋养，犹如涓涓细流，润物无声地滋润着社会个人。"任何一种文化对人的影响都是潜移默化、和风细雨的，但是，这种文化一旦被人们所接受，其影响却是根本性、长期性和

---

① 中共中央文献研究室编：《毛泽东著作专题摘编（下）》，中央文献出版社 2003 年版，第 1482 页。

深远性的。"①因此，我们坚持"以文化人"，让黄河文化渗透到大学生思想政治教育的方方面面，通过长期的潜移默化，使广大青年学生获得行为的养成、思想的感化、情感的陶冶和价值的认同。

四　主导性与主体性相统一的原则

主体性原则主要体现在思想政治教育过程中必须充分尊重大学生的主体地位，把黄河文化融入思想政治教育首先要考虑学生的主观感受，并通过调动大学生对象的积极性和主动性来实现教育的目标。"外因是变化的条件，内因是变化的根据，外因通过内因而起作用。"②因此，无论在任何时候我们都不能忽视教育主体来开展教育，也不能不考虑教育主体的实际情况设计一套不切实际的教育体系。在黄河文化"以文化人"的过程中，教育的环境、教育的政策、教育的方式等都是外部因子，这些外部因子要转化为主体内部稳定的认知和价值观念，必须通过教育主体的认同和接受才能吸收。所以，在思想政治教育过程中，创造良好的外部条件必不可少，但根本在于受教育主体的自身努力，否则再完美的育人目标也难以实现。正如习近平总书记提出的"因事而化、因时而进、因势而新"理念，高校在"以文化人"理念下，在育人目标设定上必须坚持以人为本，充分尊重大学生的主体地位，将文化育人目标与人的感受、自由、尊严等联系起来，真正办有温度的教育。要切近学生的实际，最大限度调动大学生个体意识的能动性和积极性，让学生在学习中感受到乐趣，从而唤起他们的美好情感和兴趣，努力实现精神滋养和心灵净化。黄河文化融入高校思想政治是人民群众自我教育、自我实现、自我提高的过程，必须坚持教育与自我教育相结合的方式。我们必须尊重大学生的主体地位，不断提高大学生自我教育积极性、自我教育能力，不断提升广大青年学生自觉转化的认识、情感、信念等内在意识和品德行为，努力实现大学生全面发展之目的。

---

① 钟俊生、赵洪伟：《社会稳定若干重大问题研究》，中央编译出版社 2014 年版，第 307 页。

② 《毛泽东选集（第一卷）》，人民出版社 1991 年版，第 302 页。

主导性原则主要体现在把黄河文化融入思想政治教育过程中必须充分发挥高校和教师的主导力量，把学生的主体作用和教师的主导作用协同起来。尤其是教师要按照习近平总书记的要求，在导方向、导内容、导方法方面要发挥积极作用，不断激发学生的积极性、主动性和创造性。首先，从黄河文化思想教育主导性的本质来讲，就是要坚持社会主义的意识形态方向和社会主导价值取向，做到教育"有的放矢"。在教育的过程中，教师和学生要在信息、思想、情感等方面双向交流、形成共鸣。要根据学生接受情况，及时调整教育的内容、载体、方法等，不断提升教育效果。要多注意深入了解和分析大学生遇到的各种问题，多分析目前黄河文化教育遇到的各种问题，特别是要深入分析研究制约和影响黄河文化教育顺利开展的深层次问题，不断创新思路和方法，有针对性地开展教育和引导工作。其次，从黄河文化思想教育主导性的要素结构看，主要表现为教师的引导性、促进性、示范性等，教师必须认真研究学生的成长规律、认知规律等，了解他们的所思、所想、所感、所惑，真正做到对症下药。最后，从黄河文化思想教育主导性的内容来看，思想政治教育主要是目标主导、价值主导、趋势主导，并且在不同的时代要求各有不同。因此，在目标主导方面要突出政治要求，引导学生坚持正确的政治方向；在价值主导方面要突出思想道德要求，引导学生树立正确的价值导向，其实质反映了具有真理性、价值性、科学性的思想道德要求；而在趋势主导方面要突出规律性要求，引导学生选择正确的发展趋向，反映了具有规律性、发展性、进步性的思想道德要求。黄河文化融入高校思想教育，必须首先从教学目标、教学内容研究、教学设计、教学反馈和评价等方面做好顶层设计，结合学生的精神需要、思想困惑等与黄河文化的契合点来开展教学，不断提高教学的针对性、有效性和亲和力。

五　示范性与体验性相统一的原则

示范性原则，就是在黄河文化融入高校思想政治教育教育过程中，要充分发挥榜样力量和典型带动作用，要以教师的人格形象和实际行动为学生做出表率，引起学生模仿、效仿，从而产生强烈而深刻的思想道德教育功能。黄河文化融入高校从根本上说是一个实践的问题，学生会在实践中通过观察他人的行为是否得到奖励或惩罚而调节自我的行为。车尔尼雪夫斯基曾经说过："教师把学造就成一种什么人，自己就应当是什么人。"其主要的目的就是强调教育者的示范作用，即自身教育的重要性。知行统一观要求我们做好思想政治工作，必须晓之以理、动之以情、导之以行，真正做到走心走实。人们常说，"喊破嗓子，不如做出样子"。教育者固然要靠真理说服人，但归根结底还要靠实践。我们只有说得在理又做得出色，才能使受教育者心服口服，才能拨动学生的心弦。作为教育工作者，只有自己的言行端正才有资格去教育别人、说服别人。学生是否接受教育，往往和我们自身的思想是否符合规范、行动是否端正密切相关。也就是说，学生对教师也总是"听其言，又见其行"。如果思想政治工作者要求学生做到的，自己首先做到，才能产生"一言九鼎"的分量和令人肃然起敬的效力。事实证明，一个切实的行动，其感召力往往胜过千言万语。

体验性原则，就是通过创设各种教育教学情境或在具体社会实践中，让受教育者通过身临其境，从而诉诸情感，以情动人。胡塞尔曾说过，"生活世界是永远事先给予的，永远事先存在的世界……一切目标以它为前提，即使在科学真理中被认知的普遍目标也以它为前提"①。强调尽可能多地根据鲜活现实生活的实际，让受教育者在实际体验中感受生活的本质，从而达到潜移默化的教育作用。托尔斯泰认为："作者体验过的感情感染了观众或听众，这就是艺术。"别林斯基指出："没有情感就没有诗人也没有诗。"罗丹更是直截了当地说："艺术就是感情。"由此可见，没有情感就没有艺术，情感性是艺术的根本属性之一。黄河文化教育与社会实践相结合，要贴近现实生活，紧密联系青年大学生的思想、学习、生活和工作实际，让大学生从黄河复杂的自然环境中体会生活的不易，让大学生在美丽的景观和建筑中感受黄河的魅力，让大学生在不断改善的黄河开发治理中明白党的领导、社会主义制度的优越性。通过及时回

---

① 胡塞尔：《生活世界现象学》，倪梁康、张廷国译，上海译文出版社 2002 年版，第53 页。

答和解决青年大学生所面对的各种人生问题，让黄河文化在高校思想政治教育中更好地发挥引领作用，体现黄河文化的魅力。

六　统一性与多样性相结合的原则

统一性原则是指黄河文化融入高校思想政治教育不仅要体现党和国家的统一意志，还要在教学计划制订过程中紧紧围绕教育部的有关要求，努力使教学目标、教材使用、教学管理等各项工作符合国家统一的要求与规范。具体来说，就是要坚持用习近平新时代中国特色社会主义思想铸魂育人，真正让广大青年学生从黄河文化中汲取智慧、凝聚力量，努力培养能够担当民族复兴大任的时代新人。统一性是党的教育方针全面落实落地的根本保证，是新时期开展思想政治教育的基本遵循，是思想政治教育有目标、有规范的根本保证。黄河文化融入高校思想教育必须坚持教学目标的科学性、课程设置的规范性、教材编写的权威性、教学管理的规范性高度统一，只有这样才能保证教育的正确方向，也才能保证教学质量的不断提升。教育目标的统一性要求是开展教育教学工作的前提。教育目标的设定必须是在贯彻党的教育方针和高校立德树人根本任务的基础上，坚持"五育并举"协调发展，才能保证思想教育的正确方向。要按照统一的教育教学目标，对教育教学的环节、步骤进行精心设计，全面推动黄河文化优秀思想进课堂、进头脑。

多样性原则是指黄河文化融入高校思想教育在教育目标上体现出层次性、在具体要求上体现出差异性、在教育方式上体现出多样性、在教育方法上变动性、在教育渠道上体现出全方位性等特征，通过"菜单式"推进，让不同的学生根据实际做出选择。教育目标的层次性，要求对不同层次的大学生确定不同的教育目标和内容，采取不同的教育手段，满足不同受教育者的个性、特长充分发展需要。教育形式、方法、渠道的多样性，要求在教育教学过程中注重差异和灵活性，坚持因材施教、因地制宜、因时制宜。当前，高校思想政治教育面临着许多新的困难和问题，我们必须紧跟世界政治、经济、文化的不断变化，贴近中国改革发展的实际和学生的思想实际，积极探索思想政治教育的新形式、新方法和新手段，把黄河文化的深刻内涵和具体多样的形式结合起来，不断提升思想政治教育的实效。广大青年学生由于知识水平、思想道德素质以及身心素质等方面的差异，他们在对中国历史、黄河文化、中国国情的认识上表现出的态度是不同的。我们必须正视这种差异性和个体性，根据不同青年大学生的具体情况、特点，有针对性、分层次地实施教育，分层次地提出具体要求，并进行考评。在黄河文化融入高校思想教育的过程中，做到既照顾大多数的接受能力，又要鼓励少数特殊群体提高其认知水平，根据不同群体制定教育内容和教育目标，努力使他们牢固树立中国特色社会主义理想和共产主义远大理想，不断坚持和弘扬黄河文化所孕育的伟大精神，为祖国建设和社会进步贡献自己的一分力量。

第三节　黄河文化融入高校思想政治教育的创新维度

　　黄河文化融入高校思想政治教育的维度，实质上是指教育切入点的选择。准确把握大学生思想政治教育的切入点，做到因材施教、对症下药，对于实现思想政治教育目标具有十分重要的作用。选择黄河文化教育的切入点，要遵循思想政治教育、大学生成长成才的基本规律，提供从切入点到目标实现之间的正确途径，与教育目标的实现具有内在统一关系，决定了教育目标实现的可能性。在全国高校思想政治工作会议上，习近平总书记着眼高校思想政治教育实际，提出了"四个正确认识"的科学论断，为新时代黄河文化融入高校思想政治教育，答好"培养什么样的人"这个根本问题找到切入维度。

一　时间维度上揭示黄河文化历史发展的必然支撑

　　黄河文化穿越中华大地黄河流域五千年历史，是无数先民在整体生存性实践中孕育形成的社会意识，并反作用于人们的生产生活实践。黄河文化作为规范化的社会意识，与社会实践之间的互动关系，与时俱进转化得好，可以对社会进步起到促进作用；反之，就难以发挥作用，甚至会阻碍社会发展。因此，在黄河文化融入高校思想政治教育过程中，我们首先要站在正确立场，采用先进范式，辩证扬弃黄河文化，涵养打造新时代黄河文化精神生产平台，对黄河文化进行创造性转化和创新性生产，提供认识自我和当今时代的世界观、方法论，包括真理性的理论思维和科学性的价值倡导，架起新时代大学生思想观念提升的桥梁，帮助大学生"正确认识中国发展大势"，把握当代中国大局，即从历史到现实的纵向坐标上，在中国社会精神文明与物质文明、政治文明的互动发展中，体会选择中国特色社会主义道路并取得伟大成就的历史必然性，辩证看待存在的困难、矛盾和原因。

（一）回顾历史，黄河文化的缔造与中华民族的发展相辅相成

历史上黄河文化的兴衰，先进的经济基础是黄河文化归根结底的决定力量。黄河流域是中华民族先民早期最主要的活动地域，也是中国早期社会文化的主要发源地。在唐宋以前，黄河流域一直是中国政治、经济和文化中心，黄河流域以其先进的农业经济为基础，用自身先进的深厚内涵和强大的传统习俗力量，对各个少数民族产生巨大的感召力和同化力。在唐宋以后尽管经济重心南移，但黄河流域也一直居于王朝统治的核心地位。在面临长江流域强大经济优势和北方游牧文化在政治作用下持续输入的双重背景下，黄河文化以开放和包容的姿态，将其自身融入一个更大范围的中华文明，并通过文化交流不断吸收和融合其他地域文化，引领着华夏文明的发展，积累和传承下来了丰富的中华民族集体记忆。在生计文化层面，象征着古代先进物质文明的农业生产技术、天文历法、数理算术、传统医药、灌溉工程、四大发明等均产生于此，并向全国、全球扩散，对后世影响深远；在制度文化层面，以农耕经济为基础的宗法制度、政治制度、社会制度及治理理念、历史习俗等延续至今，对现代文明的影响依然可见。从中华人民共和国成立70多年的历史中可以看出，中国靠着自己内部改革的力量和广大劳动人民的智慧和勤劳，已经走出了一条自己的现代化道路。

自然先于人类存在，但有人才有文化。黄河流域特定生产生活方式的特点决定了其蕴含的文化特征，我们要深刻理解黄河流域的先进经济基础奠定了黄河文化的繁荣发展。在大学生思想政治教育中，要强调保护、继承和发扬黄河文化所承载的华夏儿女的伟大创造精神、斗争精神、团结精神等，努力为大学生的人生成长系好第一粒扣子。在长期的革命斗争和改革发展实践中，中国人民培育、继承、发展起来的伟大民族精

神，是新时代加强和改进大学生思想政治教育的鲜活教材，为中国社会的发展和人类文明进步提供了强大精神动力。以黄河文化为代表的中国文化以人为本、人文化成、以文化人进而化成天下。黄河之水奔腾不息，黄河文化血脉也要通过精神生产永久延续。

（二）延续文脉，明确黄河文化在国家和民族层面传承创新的导向

一个国家和民族的繁荣兴盛，不能靠单纯的政治，还需要政治背后文化的支撑，我们需要从社会主义精神生产高度讲好并继续书写"黄河故事"，延续历史文脉。如果失去文化的支撑，黄河文化融入高校思想政治教育就可能偏离正确的方向，从而出现政治理念与道德人格之间的错位与脱节。我们应将黄河文化的具体内容与高校思想政治教育有机融合，加强文化和思想的互相联结，在思想理念中渗透进黄河文化元素，将思想教育与黄河文化紧密相结合，使黄河文化具有科学的说服力、教育力、感染力，形成传承创新的正确导向。

要注重在黄河文化旧的范畴里注入新的内涵，使古代思想文化范畴的内涵随历史发展而发展。需要抓住其仍有生命力并可以弘扬的内涵，为新时代的黄河文化注入马克思主义先进内涵，使之和新的时代条件相结合，进行精神文化的创生。创造新的具有崭新生命力的黄河文化，可以"旧瓶装新酒""新瓶装新酒"，但不能"旧瓶装旧酒"，尤其不能"新瓶装旧酒"，因为那样会走向历史的反面。我们要继承和激发黄河文化中的优秀基因，借古开新，着力打造一批彰显黄河文化精神的品牌性文艺产品和文化活动，推动黄河文化与红色文化、元典文化、姓氏文化、汉字文化等融合发展，深入发掘其中的元素，以新的手法进行演绎表现。

（三）立足当下，挖掘提炼黄河文化的时代精髓，涵养打造新时代黄河文化

以马克思主义为指导的社会主义精神生产机制，立足黄河文化丰富的思想精神资源，讲好并继续书写"黄河故事"。在对传统黄河文化的挖掘中，在纵向上要特别侧重对黄河文化上古内涵的萃取，在横向上要注意不能忽视对中原地区以外其他地域文化内涵的发掘。因为一种文明在早期发展阶段，在统治阶级还没有选择并固化某种特定文化模式之前，往往存在各种思想萌芽和发展的可能，这个阶段往往是思想的"富矿"，

在黄河文化这里也体现得比较明显。黄河包含着华夏民族的精神皈依和炎黄子孙的脊梁，黄河文化对港澳台同胞、海外侨胞和世界华人有着强大的吸引力和向心力，其所蕴含的同宗同源的民族心理可以作为增强民族认同感的精神文化支柱。①

当前，从社会主义精神建设高度把握黄河文化的当代价值，必须在核心层面将社会主义核心价值观培育和思想道德建设放在首要位置，教育引导广大青年学生树立正确的人生观、世界观和价值观。要在坚定理想信念上下功夫，要正确面对由于国际国内复杂环境造成的信念动摇、信仰不坚定、信心缺乏等问题，引导学生树立共产主义远大理想和中国特色社会主义共同理想，努力培养能够经受住各种风险挑战，自觉抵制各种腐朽思想侵蚀的优秀人才。要在厚植爱国主义情怀上下功夫，要讲好爱国故事，激发广大青年学子的爱国情怀，要引导学生自觉抵制历史虚无主义态度、矮化精神的观点，要通过情真意切、引人入胜的方式教育、引导广大青年学生热爱和拥护中国共产党，立志听党话、跟党走，积极推进国家的进步、民族的振兴。要在加强品德修养上下功夫，立足青年学生大爱、大德、大情怀的培养，通过丰富多彩的校园文化活动和主题教育活动，教育引导学生积极践行社会主义核心价值观，自觉地涵养热爱党、热爱祖国、热爱人民、热爱社会主义的高尚情怀。要在增长知识见识上下功夫，始终坚持以人为中心的价值导向，针对不同类型学生因材施教，教育引导他们珍惜学习时光，主动学习、主动实践、主动思考，不断提高发现问题、分析问题和解决问题的能力。要在培养奋斗精神上下功夫，要坚信只有奋斗的人生才是幸福的人生，自觉地扎根基层、艰苦奋斗，积极涵养奋斗精神、培养爱国情怀、培育创新能力、锻造坚强毅力，努力成为刚健有为、自强不息的优秀人才。要在增强综合素质上下功夫，在努力学好专业知识的同时，积极投身社会实践和创新锻炼，培养良好的创新思维。②

①　陈鹏：《黄河文化的多重精神特质及符号构建》，《人民论坛》2020 年第 25 期。
②　教育部课题组：《深入学习习近平关于教育的重要论述》，人民出版社 2019 年版，第 4 页。

（四）面向未来，凸显党性、人民性和科学性的有机统一

黄河文化的过去、现在和未来，都是一个从经济基础到上层建筑的整体发展过程。黄河文化的弘扬和未来发展要通过凸显党性，发挥先进生产方式代表者和先锋队的引领作用，从旧的交往关系走向新的交往关系，走出传统人身依附性定势和惯性；通过凸显人民性激发历史主体的创造精神；通过凸显科学性使得文化的涵养和建设符合规律性；通过拓展国际视野可以在更大的格局上使黄河文化在和世界其他文化的比较中更加深刻地理解自身和其他文化的特质，进一步增强自觉性。从文化的整体功能来看，黄河文化应形成开放的文化系统，应具有兼收并蓄、容纳百家的恢宏气度，以我为主吸收和融汇异质文化养分，不断更新和增强自身，同时输出自身文化能量给世界以积极影响，推动人类命运共同体的构建。

改革创新黄河文化的思想教育内涵是大势所趋，党性和人民性的结合是黄河生产浴火重生的内核。对黄河文化思想教育价值、目标、内容、媒介等的挖掘、创新和弘扬，需要立足实践，在党的领导下保证方向性，以对当代大学生精神需要的回应和引导为主要内容来做文章。今天，新时代大学生的精神需要层次更高、内容和形式更加丰富多样，要深入研究种种精神需要的变化，在把握规律性和体现价值引领的结合中讲好"黄河故事"，为大学生思想政治素质提升奠定新的黄河文化基础，努力使道德教育落实到大学生人格养成和基础价值观培育上。

二　实践维度上发掘黄河文化生命力的源泉所在

黄河文化思想中充满了古人关于"人—自然—社会"的智慧，有着宝贵的思想观念，是我们确立社会主义先进文化的优秀思想和理论资源，是我们走向思想现代化的基石。它强大生命力的源泉就是实践性，实践性是黄河文化的重要精华和精神品格。传承黄河文化的实践性品格，首要的就是要引导大学生自觉承担"时代责任和历史使命"，并把民族摇篮黄河颂、人民伟业黄河治、岁岁安澜黄河梦、幸福生活黄河情的理想、情怀、感情，落实到实际行动中，使治黄、护黄的理念、策略、方法不断更新，黄河文化更具生命力。

（一）把黄河文化思想教育方向的与大学生成长成才需求契合起来

黄河文化融入高校思想政治教育，必须把弘扬社会主义核心价值观贯穿于黄河文化建设的各个方面，坚持用包括黄河文化在内的社会主义先进文化建设成果教育当代大学生树立正确的理想信念。一方面，能够满足党和国家对大学生成才的意识形态需求，培养热爱党、热爱国家、热爱人民的优秀大学生。另一方面，也满足了学生成长发展需求和期待，让学生在教育过程中实现综合素质的全面提升，从而不断提升思想政治教育的亲和力和针对性。当前，社会主义市场经济和经济全球化的大潮给大学生带来了千载难逢的良好发展机遇，青年处于大有可为的美好时代。但是，这一大潮的到来也引起了思维方式和价值观的多元化，从而对大学生的理想信念、价值观念等带来很大的冲击。如何在思维方式和价值观的不断冲突中做出正确的选择，需要我们对世界和中国发展大势的正确认识，而思想政治工作在这方面切入和尽力，为党和国家意识形态需求和大学生成才需求找到了契合点。

（二）把黄河文化精神家园与增进国家认同、民族认同统一起来

黄河文化经数千年传承而历久弥新，蕴含的"同根同源"的民族心理是增强民族认同感、筑牢中华民族共同体意识的文化支柱，凝聚的"大一统、大融合"主流意识是建设好各民族共有精神家园、维系国家统一和民族团结的重要支柱，尤其是在当前国际环境复杂多变的背景下，倡导爱国主义、集体主义、社会主义思想，教育和引导广大青年学生树立正确的历史观、民族观和国家观，为实现中华民族伟大复兴的中国梦和深入推进民族团结进步事业提供巨大的精神伟力。

黄河文化认同教育，体现的是各民族对中华优秀传统文化的共创、共享和共传，是对中华文明认同感和自豪感的加强。古往今来，勤劳勇敢的各民族及其先民，在中华大地上共同创造了黄河文化精神家园，呈现出各民族文化"多元一体"、兼容并蓄的文化共同体特点。"多元"主要表现为各个民族各个地区之间文化互相交融的过程中，仍然保留了很多其固有的民族传统民俗文化特色；"一体"主要表现为各个地区各个民族文化交融过程中，由于彼此之间的相互影响、相互作用，逐渐形成了整合后新的文化共性。如各民族在不屈不挠的斗争中缔造的革命文化、

各民族同胞在改革开放新时代创造的中国特色社会主义文化等。其中，可以把儒、释、道文化看作黄河文化的主干，各民族民俗文化看作中华文化的鲜明底色，而国家通用语言文字就是多样性的黄河文化交流交融的载体，凝聚各民族传统文化价值共识而成的社会主义核心价值观则是黄河文化的新升华。

（三）把坚定黄河文化自信与社会主义现代建设实践贯穿起来

黄河文化是中华民族在几千年的斗争史中创造的精神财富，是中华民族克服困难、生生不息的强大精神支撑。古往今来，中华民族历经磨难，但是古代先民依靠不屈不挠的斗争精神都挺过来、走过来了。分析其原因，主要在于世世代代的中华儿女培育和发展了独具特色、博大精深的黄河文化，造就了坚忍不拔、克服困难的精神支柱。

在积极参与民族复兴、大国崛起的时代征程中，大家始终坚持党的领导，不断坚定对全面建成小康社会、建设中国特色社会主义事业的必胜信心，激发了中国特色社会主义现代化建设的实践者、推动者、贡献者的使命感。一是与中国特色社会主义道路同心同德。当代大学生亲身经历着新时代的巨大变化，脱贫攻坚迈出实质性步伐，人民收入的大幅提升，教育和医疗的条件不断改善，水更清了、山更绿了、天更蓝了……中国特色社会主义走出了一条与西方不同的现代化道路，这是一条生产力水平大幅提高、以实现共同富裕为价值取向的社会主义道路。二是与党的使命担当同心同向。在党的领导下，全国各族人民自觉心怀天下，善养浩然正气，放眼世界，胸怀祖国，把个人梦融入中国梦的洪流。坚持中国特色社会主义道路，积极地投身新时代的伟大实践，推进经济、政治、文化、社会和生态文明建设全面进步，用自己的辛勤和汗水贡献了智慧力量，到祖国和人民最需要的地方，书写对国家和民族的无限忠诚。三是与国家的改革发展同心同行。全国各族人民同心同德，愈加珍惜成就事业的舞台，尤其是在面对困难风险的考验时，大家团结一心、众志成城，以良好的精神状态拥抱改革、支持改革、参与改革。大家在建设有中国特色社会主义事业进程中积极抓住出彩的机遇，充分发挥聪明才智和自身优势，努力书写人生新的华章。

（四）把黄河文化传承、弘扬与特色课程体系构建衔接起来

黄河文化的传承既要有文化样式的"形"，也要有思想内容的"神"。"形"是显性的，在长期历史发展中形成，与现实生活密切结合，并有相对稳定的文化形式。如传统习俗、思想、科技、文艺、教育等，其中思想主要是一些长期形成的理论观点、学术思想等，文化、科技的重要标志是一些传统建筑、雕塑等，而文艺主要是戏曲、绘画等。"神"是隐性的，是文化的结晶，渗透在整个黄河文化的各个方面，如"以爱国主义为核心的团结统一、爱岗敬业、勤劳勇敢、互帮互助的伟大民族精神"①。大学生传承、弘扬黄河文化的主渠道是课堂教学，要打通黄河文化素养课程与思政课程，努力实现文化传承规律、思想政治工作规律、教书育人规律和学生成长规律的融会贯通。

在教育内容上，要反映中华文化最基础、最重要的内容，遵循人们的认知规律和教育规律。可以选择古代典籍和古诗词进行教学，形成"读经热"和吟诵古诗词热；可以选择一些传统的大众文化要素开展教学，如京剧、武术、剪纸等，虽然存在着随意化、碎片化现象，但都是比较直接有效的做法，也很容易见成效。必须包含核心文化观念，如主要思想流派和代表人物、代表性经典，主要是诸子百家（尤其是儒家）思想的介绍。包含重大文明成就：对人类整体文明发展具有开创性贡献的科技、文明成就介绍，如汉字系统、科举制度、中医、功夫、四大发明等。也要包含主要宗教信仰：具有广泛影响的宗教派别介绍，如道教、佛教等。

在课程标准上，要符合当今时代的价值观，对人民的现代生活具有广泛影响力。要从根本上汲取和发扬黄河文化的优秀成分，就需要坚持学术性与政治性相统一，进行系统的内容和体系安排，如大家喜闻乐见的文学艺术、音乐、戏曲、舞蹈、书法、篆刻等各种艺术形式。优秀的有借鉴意义的道德伦理，如主要伦理观念和道德教化，尤其是仁、义、礼、智、信等伦理和传统礼仪。具有广泛影响的生活习俗和文化传统，如重大节日习俗、婚丧嫁娶习俗、祖先崇拜习俗、日常衣食住行中的习

---

① 《江泽民文选（第三卷）》，人民出版社 2006 年版，第 559 页。

俗等。要呈献给大学生的应该是系统、规范的黄河文化教育课程体系，这不仅仅是古文经典的学习，更是对主要是以古文典籍呈现的整个中华传统文化的系统介绍；不仅仅涉及诸子百家的思想，更包括辉煌灿烂的中华文明整体成就；不仅仅是对道德伦理的梳理，更是对中国人的信仰的宏观把握和阐释。

第四节　黄河文化融入高校思想政治教育的多元机制

黄河文化融入高校思想政治教育，实现立德树人的根本目标，离不开黄河文化教育的体系构建、理念凝练、顶层倡导与制度设计的共同促动。在这一共同促动的融入过程中，首先要解决的是，黄河文化蕴含的价值观如何与思想政治教育全过程有效融合，实现黄河文化价值理念与学校教育、家庭教育、社会教育的一体化建构、协同化运行，如何使黄河文化价值观内化为人心所向、具化为大学生的生命样态，实现大学生追寻美好生活、促进健康成长的价值期待与国家建设、社会发展的价值预期相互融通。这些问题内含的一个关键是要完善融入机制，为黄河文化融入高校思想政治教育提供制度保障，通过进一步建立健全制度规范，使融入机制规范化、常态化。持续创新融入形式、完善融入方法、提高融入水平、提升融入深度和广度，确保黄河文化的"精神力量"深度融入大学生的日常生活和生命历程。

一　价值认同建构融入机制

文化认同是主体进行文化实践的前提，只有高度的文化认同，才能实现主体对文化的自觉实践。关注大学生文化人格的养成，注重提升黄河文化的价值认同，是大学生思想政治教育融入文化建设的关键所在。通过建构价值认同机制，既能够发挥黄河文化的教化功能，又能够彰显思想政治教育的文化特性，从而将思想政治教育所要达到的目标以文化现象为载体，融入教育活动中，以文化自信实现思想引领，深入精神世界和灵魂深处，培养道德、思想、知识等全面发展的高素质"社会人"。

坚持马克思主义主流意识形态的正确指导，为价值认同融入机制的构建与完善提供正确的价值导向。近代社会以来，为了寻求救国救民的道路，中国人民进行了艰苦的探索。在马克思主义指导下，中国共产党带领人民进行了艰苦卓绝的斗争，实现了民族独立和国家富强。2019 年 3 月 18 日，习近平总书记在学校思想政治理论课教师座谈会中强调：“始终坚持马克思主义的指导地位，为思政课建设提供了根本保证。”①黄河文化融入大学生思想政治教育机制的构建与完善，必须自觉坚持马克思主义的正确指导，大力推进中国特色社会主义文化学科体系建设，努力引领黄河文化在新时代发挥更加积极的作用，坚定广大青年学生的理想信念。

坚持大学生思想政治价值认同的主体自主性建构。这种自主性是大学生作为价值主体和认同主体的地位确证，主要有三个方面的内容：一是认同标准的自主选择。社会的政治、经济、文化等是价值认同形成的先决条件，在特定的社会历史条件中，人们会形成一定的价值认同，但是在价值认同形成的过程中，主体会根据自己的价值尺度和需要对价值关系进行选择和评判。二是认同定位的自主调适。主体对自我身份的认同和定位是价值认同的基础，价值认同在此基础上展开。但主体对自我身份的定位是不断变化的，总是随着生命阶段的变化、心理品质的发展、人格的发展和完善等进行着不断的调适，在这个过程中，主体通过与交往对象和社会环境的互动，不断调适身份归属。三是认同取向的自主建构。人们对某种生活方式、社会文化、法律规范、政治制度等的认同，主要是因为其中的观念及其实践形态，契合人们的心理结构和情感需求，切合人们的现实需要与理想追求，有助于人们形成良好的社会关系，有助于自我的成长发展。也就是说，价值认同是主体自主地生成、创造性地建构，而非机械化地给定、强制性地接受。因此，只有充分发挥大学生的主体能动性、激活其主体意识、尊重其主体地位，才能使社会价值导向与个人价值取向实现取向同构，才能实现持久性的、高质量的价值认同。

---

① 习近平：《习近平重要讲话单行本（2020 年合订本）》，人民出版社 2021 年版，第 280 页。

坚持个人认同、群体认同和社会认同的辩证统一。价值认同是在个人经验、情感、理性等综合作用下进行的实践活动。主体的现实需求、心理结构、情感倾向等对价值认同有着重要影响。因此，在黄河文化融入高校思想政治教育的过程中，在时刻高度关注大学生有意识的活动同时，也要关注其无意识的活动。抓住大学生在实践活动中展现出来的程度最高的自觉意识持续发力，对其的有意注意进行有效引导，推进价值认同进一步向无意识、潜意识等心理层面渗入，并固化为日常的习惯性行为、自动化思维和直觉性反应。为此，要针对大学生广泛关注的思想理论问题，进行深度挖掘、精准解读、正确引导，厘清误区，科学认识社会主义核心价值观，为价值认同打下坚实的思想基础。

坚持将黄河文化思想育人的目标统一到立德树人上。要坚持因材施教，针对不同对象、不同任务、不同环节设定不同的目标。但是，在以文化人的整体系统中，在立德树人目标培养的全过程中，以文化人的具体目标仍有内在的必然联系。因为，以文化人的具体目标，都是致力于对人的培养，致力于明确育人方向，服务于以文化人实践的开展，确保育人核心任务的完成，确保以文化人系统的有效运行，最终目标是将立德树人落到实处。因此，以文化人具体目标的协同推进，必须要有正确的方向引导，必须要统一在立德树人目标中。一方面，以文化人的具体目标，要以立德树人为目标导向。以文化人实践，会因对象、任务、环节等的不同，而表现出不同的实践样态，但无论是何种形式的以文化人实践，在制定具体目标时，都必须坚持马克思主义的指导地位，以立德树人为导向，将立德树人作为以文化人实践的主线。另一方面，以文化人的具体目标，要以人的自由全面发展为旨归。即使以文化人的各项具体目标在类型上、功能上有所差异，但是它们都不能偏离促进人的自由全面发展这一根本目标。要找准社会利益与个人利益的最大交会点，抓住大学生最迫切、最现实的利益难题，进行重点突破、逐步推进。要着力激活人们对核心价值观的情感共鸣，善于运用群众喜闻乐见的方式和途径，通过理论阐释、艺术渲染、实践养成，以思想性的力量、艺术性的魅力、实践性的体验，铺设和筑牢价值认同的情感通道，推进价值认同的融入转化。

二　教育载体协同融入机制

黄河优秀文化融入高校思想政治教育是一个复杂的过程，一方面需要丰富而优秀的文化资源做保障，另一方面还需要一定的教育载体才可能实现既定的教育目标。比如开发黄河文化相关的教材，按照规定开设相关的课程，积极建设黄河文化宣传教育基地，等等。要让黄河文化通过系统性的宣传教育，真正走进学生的学习生活中去，尤其是要结合新时代高校工作实际，积极开发融历史性和时代性、政治性和文化性、思想性和趣味性于一体的优秀文化资源，作为中介直接作用于大学生知识获取、兴趣培养、目标认同，实现个体接受教育后进入社会、切中现实，实现黄河优秀文化铸魂育人价值。

文化理论课程是教育教学的主要载体和依托。文化内容是以文化人的核心要素，用什么样的文化去"化"人，用什么样的方式去"化"人，直接关系到以文化人的实际效果与目标实现。因此，我们必须坚持以马克思主义为指导，努力通过科学正确、群众喜爱的黄河文化精髓去"化"人，才可能真正走进学生的心灵，达到事半功倍的效果；如果我们不加选择，以导向错误、人民排斥的文化糟粕去"化"人，学生则不会接受，或者会把人"化"入歧途。因此，运用、创建、发展什么样的黄河文化内容，是影响以文化人系统运行的一个核心问题。我们必须坚持以中华优秀传统文化为根基和基础，充分挖掘黄河流域自然环境、各种建筑、历史古迹中蕴含的优秀文化，不断推进黄河优秀文化的创造性继承和创新性发展，努力让黄河文化在新时代焕发出生命活力，使其转换为高校开展思想政治教育的鲜活教材。

要充分利用思想政治理论课主渠道的阵地。思想政治理论课是立德树人的关键课程，是高校开展大学生思想政治教育的关键所在。黄河文化融入高校思想政治，要充分发挥课堂教育的主渠道作用，在思想政治理论课中融入相关内容。黄河文化兼具文化性、学科性和意识形态性，在教材和专题讲授中了解黄河优秀文化的形成和发展，在显性课程及隐性课程中渗透黄河优秀文化因素。当然也可以通过创新思政课教学的内容、方式与方法来提高黄河优秀文化教育的感染力。

　　第二课堂是黄河文化融入育人的基础性实践载体。加强第二课堂的整体规划和顶层设计，通过寓教于乐的方式整合学校的教育资源，在校园文化建设、主题活动开展、学生社团活动等方面，有计划、多层次、多形式地融入黄河优秀文化的内容。还要充分利用微媒体和网络阵地宣传黄河优秀文化。因此，在更为开放的网络环境中，要充分利用信息化和智能化的优势，通过微博、微信、网站、手机 APP 等方式提升吸引力，使黄河优秀文化能潜移默化地实现育人功能。只有融入时代发展的大趋势，坚持因势利导，不断回应新时代各种挑战和问题，才能焕发黄河优秀文化在新时代的生机与活力。

三　教育主体协作融入机制

　　教育主体是影响黄河文化融入思想政治教育育人系统运行的重要因素，主要包括高校思政课程教师、管理和服务人员队伍等，是以文化人过程中不容忽视的内容。按照教育主体的基本特征，可以从微观、中观、宏观三个层面来划分。微观层面主要包括学校教育中的专门化的思想政治教师队伍以及其他学科教学、管理和服务人员等队伍。中观层面主要包括家庭教育和社会教育中涉及黄河文化战线的管理者、工作者和服务者，这些教育主体有的是黄河文化的文艺工作者，有的是教育工作者，扮演着不同的角色，发挥着不同的作用。宏观层面主要是党和政府的管理指导，具体包括宣传、文化、教育等部门的工作人员。三个层面有各自独特的工作范围、工作任务和工作范式，需要建设"横纵结合"的协作机制，学校教育、社会教育、家庭教育、党和政府教育各类主体一体化共同努力、协调发展，在全员育人、全过程育人、全方位育人的体制机制中才能够永葆黄河优秀文化的持久魅力。如果在横向上要着力建设各类教育主体在黄河文化育人实践中深度融合的生态系统，在纵向上就要重点研究黄河文化融入思想政治教育的贯通式推进模式，集合各方的职能与力量，实现各个维度的无缝衔接与联动，努力使大学生在学校人才培养的整个过程中都能得到有力支持。

　　加强目标协同。具体而言，以文化人的目标是帮助教育对象在道德品质、人格修养、心理素质等方面得到全面提升，共同作用于"立德树人"这一目标的实现。高校内部教育主体要坚持"内含外联"，"内含"就是要在学校内部教学制度、管理制度、管理活动、管理方式上坚持育人导向，体现教书育人、管理育人、制度育人、服务育人的合力；"外联"就是作为连接家庭、社会和政府的枢纽，高校必须面向经济发展主战场不断提升育人质量，努力将黄河文化育人目标落到实处。黄河文化战线上的其他教育主体，都必须坚持马克思主义指导为根本，坚持以人民为中心的工作理念，始终凸显文化的育人属性，在文化创造与文化育人的有效融合中实现立德树人根本目标。

加强工作协同。要立足学校工作全局，建立不同队伍间的对话机制和工作交流机制，增强信息的共用共享，促进彼此之间的理解包容。要坚持党的领导，积极发挥各级党政宣传部门、教育部门的作用，为大学生思想政治教育提供工作合力，为不同队伍间的学习交流、挂职锻炼等提供全面的政策保障和社会环境，保证高校文化育人高效运转，推进队伍间协同发展。各级文化部门要鼓励高校和社会建设各类黄河文化场、馆、所及大学生校外文化教育基地、实践基地，为人才培养奠定良好的实践基础，尤其是对于实务工作队伍而言，要坚持各类教育主体之间的相互学习、相互借鉴，加深对彼此的理解，更好地发挥黄河文化的作用和功能，不断提升育人效果。

加强学科研究协同。黄河文化融入高校思想政治教育需要多学科支撑，黄河文化学、马克思主义理论、社会学等都是推动以文化人实践的理论基础。要加强学科研究的相互支撑，综合运用学科研究、理论学习、文化熏陶、舆论宣传、实践养成等多种形式，确保大学生看得懂、听得进、愿接纳，努力使马克思主义意识形态和核心价值观内化为大学生的精神追求，外化为自觉行动。

四　教育过程整合融入机制

黄河文化思想教育过程的运行机制，是指要在思想政治教育活动前、中、后等各环节，调控好文化育人系统各相关要素的相互关系，在每个关键节点上都提供最优质的保障服务，提升教育活动的科学性、持续性和实效性，最大限度地发挥相关要素的整体效益，保障黄河文化知识转化为能力、能力转化为思想政治素质的育人过程。黄河文化价值观教育过程的整合融入，应在思想、心理、观念等层次上将"自上而下"与"自下而上"、"外驱"与"内生"、"不忘本来"与"面向未来"相结合。

在思想层次，黄河文化教育"自上而下"与"自下而上"相结合。"自上而下"要凸显国家意志在黄河文化思想政治教育中的应有地位，标识出国家意志的内容，这是本质属性和原则问题。通过"自上而下"强制性推进，体现国家意志的正当性与合理性。而"自下而上"则需要我们高度关注学生思想实际，始终坚持"以人为本，贴近实际，贴近生活，贴近学生"，关注学生的需要，解决学生的问题。"自下而上"理解和接受思想政治教育的内容和价值，满足对象的发展性需要。当对象需要得到满足、问题得到有效解决之后，也为对象接受社会要求和国家意志提供了条件和可能，从而不断提升思想政治教育的针对性和亲和力，间接提高教育的实效。

在心理层次，黄河文化教育"外驱"与"内生"相结合。"外驱"与"内生"要求我们在推进黄河文化价值观"融入转化"时，既要关注黄河文化价值观向个人价值目标、价值取向的转化，也要关注黄河文化价值观与群体性价值意识、价值规范的融通，更要引导个人和群体在社会主流价值观念基础上，凝聚价值共识、提升价值自觉，从而整体性、系统性地推进黄河文化价值观在个人成长、群体责任、社会运行中的落细、落小、落实。同时，鉴于价值认同内在蕴含经验、情感、理性三个逐级递升层次，整体推进黄河文化价值观"融入转化"，还应依据不同层次价值认同的发生规律，突出重点，着力攻关，实现价值认同的逐层跃迁。在经验层面，突出"日常生活"这个关键"场域"，通过规范引领日常学习活动，以学缘、地缘、兴趣为纽带的日常交往活动，以网络、影视等为载体的日常休闲活动，营造与黄河文化价值观同向同质的日常生活环境，夯实价值认同的经验基础。在情感层面，突出"社会心态"这个关键变量，通过培育自尊自信、理性平和、积极向上的社会心态，增进社会成员对黄河文化价值观的正向情感体验。在理性层面，突出"知识教育"这个重要环节，运用学校教育、普及宣传与群众性精神文明共建活动等方式，强化人们对黄河文化价值观的理性认知和深度认同。

在观念层次，黄河文化教育"不忘本来"与"面向未来"相结合。应以中国特色黄河文化价值观建设为核心，着力于坚定信念，兼容并蓄。在中国特色社会主义进入新时代的背景下，必须着眼于社会价值与个人价值取向的高度统一，集中凸显为一元与多元、本土与世界、现代与传统三种较为突出的张力结构。要妥善处理和把握好这一张力结构，在有机协调、相对均衡中，增进和实现价值认同。对于一元与多元的矛盾张力，既要毫不动摇、旗帜鲜明地坚持以传统文化为本源的社会主义核心价值观的主导地位，又要兼顾好不同群体、不同地域的多样化需求，实现一元主导与多元并存的均衡协调。对于本土与世界的矛盾张力，既要始终坚持中国立场、以我为主，以坚持和发展中国特色社会主义先进文化为根本，又要以更高的政治站位、更宽广的世界视野，准确把握世界范围内价值观念变革和文化交流、交融、交锋大势，批判借鉴其他国家价值观教育经验，提升中国价值观教育的亲和力和针对性。对于传统与现代的矛盾张力，要坚持"不忘本来、面向未来"，既要深入挖掘整理优秀传统文化中所蕴含的具有穿越时空价值的教育理念和方法，又要根据新时代教育改革发展的要求，扎实推进理念、手段和方法创新，增强价值观教育的时代感和科学性。社会实践的基础条件和历史形态深刻构成了价值认同的现实根基和动力源泉，也为价值认同的健康发展不断提出新问题、导引新方向。就新时代黄河文化价值观"融入转化"而言，既需要从理论上进一步追问"究竟应该将价值认同看作不证自明的'常识'，还是应从更深层面、更大视域体认和彰显其广阔的理论意涵"，"究竟应该将价值认同单纯地归结为'个人事务'，还是应将之当作'社会性文化性存在'，在更为纵深的文化传统和价值谱系中审视把握之"，"究竟应该怎样真正以价值观教育的方式推进价值观教育，而不是将之混同于知识教育和技能教育"等问题①，又需要审视资本逻辑、消费文化、娱乐精神"深度合流"的复杂现代性背景，从实践上破解理想主义失落与功利主义蔓延相伴相生、工具理性肆虐与价值理性隐退同步显现、英雄主义消解与世俗主义泛滥如影随形等突出问题，有效回应类似"佛系青年"

①　孟茹玉：《论价值认同的生成机制与教育理路》，《思想理论教育》2019 年第 5 期。

"人间不值得"等无奈的人生慨叹与潜隐的生活态度，提升价值观教育的实效性。

五 教育评价多维融入机制

黄河优秀文化融入高校思想政治教育的价值实现及其有效运行是一个长线的过程，在实施的过程中要建设多维化的评价考核机制，并及时对教育体系实施情况进行评价、修正和调整。这是因为育人体系涉及的教育主体较多、环节多样、评价较为复杂。因此，要在深刻把握育人体系建设的基础上，将目标、载体、主体和客体等统一起来，不断规范评价实施流程，努力为育人体系的发展提供具体的、有效的标尺。

（一）树立政府主导的黄河文化融入评估理念

黄河文化融入高校思想政治教育效果如何，必须通过一套完善的评估体系来实现。党和政府要根据社会发展的需要，通过从观念上提高重视和行动上不断推动，使得思想政治教育能够成为社会发展的一个重要的方面，甚至成为改造社会的一个重要动力。具体的方法包括：加强对于学校思想政治教育的管理，树立社会典型和榜样，对网络和媒体建立制度、加以规范，投资建立倡导良好社会风尚的建筑物，加大对思想政治工作的宣传力度，等等。与此同时，积极开展党的路线、方针和政策宣传教育活动，根据不同群体的学习能力和特点，采取不同的教育方式，提供个性化的教育内容，使党和政府的大政方针能够真正地为社会成员所理解、所接受，从而实现对整个社会成员全方位的思想政治教育。

积极开展黄河文化融入思想政治教育成效评估体系建设，认真梳理影响融入成效的各种因素，根据其影响程度大小加以区分，推动评估工作制度化、常态化。积极推动协同联动教育模式，建立高校与周边社区、文化单位及政府等单位的资源共享机制，整合各种资源，定期联合举办丰富多彩的黄河文化宣传教育活动和社会实践活动，构建黄河文化学习宣传和保护弘扬的良好氛围。

积极推进"第三方评价"，引进社会组织和专业机构等共同参与的外部评价机制，保证考评结果的科学性和公正性。在评价学校教育质量和学生综合素质的时候用好"第三方评价"，发挥第三方评价机构的独立性、公正性、专业性等优势，通过专业的评价人才和技术、专业的理论基础和工具，不断提高评价结果的可信度和权威性。

（二）树立学校主导的黄河文化融入评价体系

在传统的思想政治教育模式下，思想政治教育与专业教育融合度不足，甚至存在"两张皮"的现象，主要原因在于两者的评价体系不同，承担教学任务的队伍也不一样。党的十八大以来，党中央高度重视高校思想政治教育工作，大力推进"大思政"工作格局的构建，积极构建"十大育人体系"，很好地解决了主渠道与主阵地、马克思主义学科与其他学科、教师与学生、有形教育与无形教育合力不足的问题。要将黄河文化融入思想政治教育、道德价值观教育作为高校教育的重要着力点，将黄河文化融入课堂教学、融入社会实践活动、融入校园文化建设，着力打造立体化的教育模式，不断增强思想政治教育的针对性和实效性。

要建立科学有效的组织体系。高等学校内部本身就是一个复杂的组织系统，存在着组织层级多、条块分割严重、部门界限不清晰等现实问题，所以首先要完善领导组织建设，以保证整个系统的高效运转。要坚持党委的全面领导，从全局的高度，充分运用黄河文化的优秀资源，实现三全育人格局，使党的方针政策在学校的具体工作中得到真正的贯彻落实，推进立德树人根本任务的落实落地。要把黄河文化贯穿到学校治理的具体实践中，通过"文火慢炖"，久久为功，促进学生个人发展与国家意志、社会要求相统一的道德观念，在日常学习生活中被规范、落实。学校党委统一领导黄河文化教育工作，将黄河优秀文化作为切入点，把握方向、总体规划、统筹协调，组织、宣传、学工等党委职能部门制定具体实施方案，努力形成"党委统一领导、职能部门整体协调、基层学院具体落实"的工作格局。对教师和学生两个主体的教学与学习效果进行考核，组织学生开展黄河文化的理论知识学习和社会实践经验交流，积极开展教师教学效果评价，不断提升黄河文化融入的成效。

要加强对师资队伍建设的科学评价。要充分重视引进和培养专业的教师，加大对黄河文化融入高校思想政治教育的研究，培养一批热爱黄河文化、宣传黄河文化的优秀教师。适当增大黄河文化的教育比例，合理增设专业教师岗位，引进有黄河文化知识背景的专业型、复合型人才。

积极开展黄河文化的教育培训，提升教师自身的黄河文化素养，增加对黄河文化的认识和了解，认真学习掌握黄河文化精髓，提高教学的专业性与有效性。加强教师的交流和学习，及时分享黄河文化融入高校思想政治教育的成功经验，真正将黄河文化融入大学生的思想政治教育，发挥黄河文化育人价值。

要加强对第二课堂活动的科学评价。高校党团、社团组织对大学生的思想政治教育的作用十分突出，要积极构建分工协作、协同推进的工作格局，积极发挥第二课堂活动的作用。在黄河文化的传播与发扬方面，加大对党团组织的支持和指导，建立完善系统的组织管理体系，支持各类党团组织开展黄河文化教育活动，如学习黄河文化、参观各地场馆所、组织文化知识竞赛等活动，丰富大学生文化知识、校园生活，提高学生思想觉悟。

对运行保障政策进行科学评价。政策保障要明确黄河文化思想教育体系工作定位、实施督导和问责机制，推动黄河文化育人工作有效执行。师资保障要根据黄河文化育人体系的发展，加强专业化师资队伍建设，以专业教师指导、专业化的咨询团队为黄河文化思想教育注入动力。要确保科研经费的支出，以教师科研课题为依托开展黄河文化思想育人研究，培养更多专家型教师，以确保教育工作的持续性、长效性。

总之，黄河文化融入思想育人工作机制的创设、优化，要从价值需求、教育过程、教育手段、组织模式等多重维度设计，要综合考量价值导向、课程教学、运行实施、协作保障、评价考核等多重要素作用，努力形成黄河文化与立德树人根本任务紧密结合的工作机制，切实打通黄河文化思想育人的"最后一公里"。

第 八 章

黄河文化融入高校思想政治
教育的路径选择

　　教育路径是教育活动从开始到结束的整个过程，是影响教育质量与效果的重要因素，从根本上说就是教育者设计、组织的供学生参加的各种教育活动。黄河文化融入高校思想政治教育要根据大学生主体的不同需求，在统一要求的基础上，分级分类引导，多路径、多元化、多层次、多渠道融通，因人而异、因材施教，实现不断"提升思想政治教育亲和力和针对性"① 的要求。黄河文化融入高校思想政治教育是一个复杂的系统工程，归根结底要在主体要素协同中整体推进，既要靠实施教育的主体担起各自的责任，也要靠作为受教育者主体的大学生发挥主观能动性，积极主动配合。从黄河文化融入高校思想政治教育的"空间"角度来看，黄河文化作为中华优秀传统文化与"课程思政"存在较大的协同创新空间；从黄河文化融入高校思想政治教育的"时间"角度来看，大学生价值认知、价值判断到价值行为的教育递进和良性循环尚未形成。从"时空"两个维度优化整合教育主体要素，有效组织与协调各主体要素的多向度互动，使各主体积极同向同行、协同用力（使各主体要素能够有效互动、协同发力），更好地契合社会发展需要和满足青年大学生的成长需要，直接关乎"以文化人"教育实践的整体运行情况。从黄河文化融入高校思想政治教育的具体领域来看，主要包括以下几个方面：一是在校园文化建设中繁荣黄河文化，将黄河文化资源与思想政治类课程有机结

---

① 《习近平谈治国理政（第二卷）》，人民出版社 2017 年版，第 378 页。

合；二是在家庭教育中融入黄河文化，将黄河文化资源与弘扬家庭美德有机结合；三是在社会教育中渗入黄河文化，将黄河文化资源与弘扬社会公德有机结合；四是政府主导黄河文化思想政治教育的制度安排和保障措施；五是广大师生对黄河文化价值的认可、归属与传承、弘扬。有关教育活动的领域不同，发起教育的主体不同，所担当的教育途径的创设、选择与运用等就不同。教育主体队伍不能简单停留在各支队伍简单地叠加或结合，而是要通过一定的方式使大家形成合力，在育人方向、实际工作、评价机制、科学研究等多个领域实现广泛的交流、合作，既要各自守好一段渠、种好责任田，又要坚持系统逻辑和整体思维，组建相互对接、多元协同的黄河文化教育主体系统，加强回应与支持，确保同向同行、共同用力。

第一节　守牢高校主阵地

高校作为立德树人的主阵地，也是黄河文化和思想政治教育"教与学"的组织者、实施者，要认真做好黄河文化融入思想政治教育的顶层设计和统筹规划实施，包括培养理念、目标、途径、模式与制度等要素。要坚持把系统谋划和科学治理结合起来，努力构建"党委全面领导，部门分工负责、师生互动配合、知识层次递进、教育管理服务人员协同参与"的工作格局。当前，党中央正在积极推进文化强国建设，教育部门相继出台了中华优秀传统文化进课堂、进教材的有关举措，各个高校都在探索黄河文化融入高校思想政治教育的方法路径。我们必须站在"为党育人、为国育才"的高度，确立黄河文化融入高校思想政治教育的目标、思路，科学设置黄河文化融入高校思想政治教育的内容框架，努力实现文化育人与科研育人、实践育人等育人体系的有机统一，帮助学生强化文化共识、文化认同，树立文化自信。

一　以课程体系构建和成效检验为基础

当前，黄河文化融入大学生思想教育没有设置国家标准，黄河文化是学生自主选修课，不是必修课程，在课程体系建设中长期缺位，难以开足、开齐课程。高校虽然是自主办学，开设黄河文化教育课程的空间更广、自主权更大，但也给高校黄河文化融入工作提出了更高的要求，形成更大的难度。

一是加强黄河文化育人师资队伍建设，特别是要与思想政治理论课教师队伍建设相互融合，纳入大学生文化素质教育的大视野、大体系，补齐黄河文化育人的软件短板；还要注重机构、人员、经费等教育资源的整合，进行统一管理、规划、指挥和协调，努力打造一批热爱黄河文化、积极研究和宣传黄河文化的名师大师，补齐文化育人硬件短板。

二是合理设置黄河文化教育课程，丰富大学生的文化认知，增强黄河文化和思想教育二者有机融合的相容性。黄河文化教育的课程设置与思想政治教育的课程设置往往"各自为政"，彼此难以形成有机联系的整体，难以形成协同育人的合力。在黄河文化教育方面，许多课程没有统一的标准，大部分都是由教师根据自己的兴趣申请开设，往往把开几门或十几门文化课等同于文化素质教育，而学生选修黄河文化课也完全凭自己的兴趣。对此，学校需要根据大学生思想道德培养的规律去规划黄河文化素质教育课程，加强对学生选课的相应管理与规定，确保教育教学成效。

三是健全融入育人评价体系，为二者的融合提供方向引导。在对学生本人的评价（尤其是升学就业评价）中，文化素质成绩微乎其微，思想政治素质最难衡量。如果一个学生因为专业课或者实习课拿不到毕业证书，家长社会都没有意见，但是因为文化素质、思想素质而拿不到毕业证书，就会有意见。同时，在高校广义的评价体系中，人文素养评价向度普遍缺失，对于平时注重个人人文素质提升的学生，对他们的评价还缺乏相应的激励措施。

二　以校园文化建设和文体活动为载体

学生德育知识的丰富，不仅要重视文化素质教育、公共艺术教育等指向学生审美和人文素养提高的通识教育课程，还要为学生提供充分的校园文化活动空间和机会，促进课堂教学与校园文化活动有效衔接，融入校园文化建设体系，促进大学生的文化浸润。事实证明，大学生文化素质教育和思想政治教育效果不佳的重要原因，就是以课堂灌输为主，对校园文化活动重视不够，与课堂教学的衔接安排不足、不够科学。

要坚持黄河文化育人功能的发挥与静态的校园文化建设结合。校园文化是一所大学精神文化的核心内容，是一所学校经过长期积淀而形成的价值观念和环境氛围的体现，能够对师生的品行修养、精神风貌产生积极的影响。黄河文化融入高校思想政治教育，要充分发挥校园文化的浸润功能，让黄河文化潜在而又巨大的教育功能得到充分体现。其一，校园建筑、景观等物质文化建设，是精神性文化的外在表现，为黄河文化传播、融入提供了文化心理背景和活动载体。一方面要突出民族特色、地域特色，以及与周边环境的互相融合。另一方面要通过翔实的历史画面凸显黄河文化的本来面目，融合学校办学特色的主题教育活动，让大学生在浓厚的黄河文化氛围中受到滋润和熏陶。其二，大学章程、规章制度、管理规定、行为规范等制度文化，承载着高校办学行为与活动的习惯、规则，是一所大学的灵魂。它可以体现在精神文化层面，也可以以物质文化的形式出现，具有重要的协调和凝聚功能。高校的制度文化建设过程既是传承黄河文化精神和优秀元素的过程，也是对大学生进行黄河文化教育的过程，是黄河文化融入大学生人才培养必不可少的环节。

要注重黄河文化融入育人与动态的学生文体活动结合。教育元素寓于各种文化、卫生、体育和科技实践活动，渗透于丰富的文化素质行为文化之中。高校要结合思想政治教育的内容以及各自学校的实际，积极开展形式多样的文体活动，让学生具有健康体魄的同时，能够培育团结互助、顽强拼搏的精神，尤其是要充分发挥学生自我教育、自我管理、自我服务的作用，有组织地开展各种形式的社团活动，让广大同学在活动中受到良好的教育和熏陶。

此外，还要注重黄河文化与对外文化交流的结合。黄河文化是历史的也是当代的，是民族的更是世界的。我们一方面要主动吸收世界上一切优秀文化成果，特别是双方文化中具有共识的部分，做好衔接和融合，不断开阔学生的国际格局和文化视野；另一方面要坚持中国特色，体现中国精神，通过举办各类活动促进黄河文化的传播，向世界展示黄河文化独有的精神、理念、智慧、气度和韵味，增强学生对黄河文化自信的底气。

三　以黄河文化创新和实践能力为重点

教育部《完善中华优秀传统文化教育指导纲要》指出，大学阶段是大学生人生成长的重要阶段，必须从中华优秀传统文化中汲取智慧，不断培养学生的文化创新意识，努力提升广大青年学生传承弘扬中华优秀传统文化的责任感和使命感①。高校重视弘扬黄河文化与思想政治教育二者的融合，必须以黄河文化融入思想政治教育的创新和实践能力培养为重点。

在文化传承创新方面积极发挥文化育人作用，不断促进黄河文化与人才培养、科学研究等实际工作的紧密结合，通过拓展文化育人空间、打造文化育人生态等有力的举措，把文化育人的功能渗透到日常教育教学工作中。具体来说，就是要注重黄河文化"思政课程"作用的发挥，在充分开展学术研究和理论分析的基础上，将学生关心关注的重大理论和现实问题讲明白、历史逻辑讲透彻；尤其要深入挖掘和汲取黄河文化蕴含的仁爱、民本、诚信等思想智慧，讲清楚黄河文化的历史渊源、发展脉络、基本走向，让身处校园的学子们深刻体验到黄河文化的博大精深，使他们在文化浸润与体验中获得心灵的震撼、思想的启迪和生命的感悟，从而激发创新思维，不断提升人生境界。

在实践教学体系中促进黄河文化融入思想政治教育，增强大学生的文化自觉。社会性、实践性是教育的本质属性，这就要求教育必须面向特定社会需要，必须在社会实践中得到锻炼。高校开展思想政治教育与文化素质教育活动，必须坚持理论联系实际的基本原则，教育效果通过实践环节来体现，而黄河文化能够为思想政治教育实践教学提供丰富的物质和精神素材。我们必须充分利用现代技术手段，模拟真实的实践教学环境，把丰富的黄河文化资源与学生自我体验相结合、课堂学习与实践体验相结合，推动黄河文化素质教育与思想政治教育达到实质融合。

---

① 高强：《炎黄文化与中华民族凝聚力》，人民出版社2019年版，第416页。

四　以推进理论研究和氛围营造为支撑

加强黄河文化融入高校思想政治教育的理论研究，找准黄河文化融入高校思想政治教育的结合点，指导和推动大学生从黄河文化中汲取丰富的养料，达成对学生观念、行为等的温润调节，不断提升大学生适应社会的能力，真正实现个人和社会的协调，是高校德育工作的主要着力点之一。其中，黄河文化融入高校思想政治教育的理论研究，可以进一步厘清两者融合的本质、要求等根本性关系，为融入提供可行的、系统的、成熟的理论指导和实践方案。而氛围营造是以黄河文化孕育的知识文化为基础、思想道德文化为龙头、审美文化为追求，全方位融入思想道德教育的各个环节，努力营造育人氛围，不断提高大学生思想政治教育的吸引力、创造力、感染力，引导大学生树立自立、自信、自强的观念。

黄河文化融入高校思想政治教育的理论研究，可以创造新的教育理论、教育思想、教育方法，为教育实践提供可行的理论指导或者改革的成熟方案。要成立黄河文化融入的专职教育研究机构，或者增加高校现有高等教育研究所的工作职能，广泛开展应用性、基础性研究，并被以制度和职责的形式加以强化。应用性研究，主要探索对黄河文化融入微观形态有指导意义的直接性、技术性教育问题，为教学思想、教学方法、教学技术、管理方法等方面内容的更新和改变提供指导，直接促进教育活动的丰富、活跃和进步。而基础性理论研究，主要探索一些具有一般意义的，带有基础性、普遍性、价值性的教育问题，可以在黄河文化融入高校思想政治教育的思想、观念等方面形成一套新的框架，对整个教育活动的开展产生基础性、全局性、长期性的积极影响。在应用型、基础性理论研究的基础上，广泛开展实地调研和实践探索，形成黄河文化融入育人的制度、办法，积极构建黄河文化融入高校思想政治教育的长效机制，以求黄河文化育人出实招、见实效。

办大学就是办氛围的共识表明，育人离不开良好的氛围，离不开内涵式、高质量的载体。"以文化人、以文育人"① 就在于各种先进文化的积淀，需要在校园文化建设中不断融入黄河文化等中华优秀传统文化，努力提升校园文化品位，真正建立起学校自有的文化教育哲学。让学生在这样特有的环境中感受到文化的力量，不断改造自己的思想认识和价值观念，从而影响到自身生活方式和思维方式的改变。应结合学校办学理念，营造良好的黄河文化融入思想教育的氛围，凝聚师生的共同价值观，形成符合高校文化气息的环境氛围，不能只追求短期效应，搞"形象工程"，在急功近利中流于形式，要坚持循序渐进、螺旋式上升地统筹好思想政治教育。要积极开展校园学术文化和科技文化艺术活动，在学术报告、课题研究和学生活动中融入黄河文化的先进价值观念，让学生在喜闻乐见的活动中受到教育；要主动占领网络思想教育新阵地，进一步创新教育模式，通过有深度、有温度、有高度的优秀作品，牢牢把握网络思想政治教育主动权。

综上所述，在现代教育体系中，高等学校发挥着极为重要的作用，承载着思想政治教育"立德树人"的目标价值，以科学文化素质教育和思想道德素质教育为两条主线，对促进学生全面发展具有重要作用，尤其是伴随着中国特色社会主义文化进入新时代，"育人为本、德育为先"的教育理念，必然要求以黄河文化为内容和底蕴的思想政治教育主要从三个方面展开。一是通过黄河文化知识的传授和文化的传承，使学生具备基本的文化素质；二是通过黄河文化精神、观念、价值的灌输，使学生养成良好的习惯，并产生对国家、社会的认知和认同；三是通过对学生心智的启发和情感的熏陶，使学生正确地认识社会、认识自我。因此，黄河文化融入高校思想政治教育必须纳入学校教育总体规划，贯穿于文化育人、学科育人、思想育人、科研育人等各领域，覆盖到学校、院（系）、班级、党团组织、学生群众性组织。要广泛开展内容丰富、格调高雅的校园文化活动，努力构建课堂教学、校园文化、文体活动、理论研究、实践教学等多位一体的育人平台。

---

① 张立、金新亮等：《红色基因：传承机制变迁与当代建构》，人民出版社 2021 年版，第131 页。

第二节　发挥教师主导力

教师是教育教学的主导者，"教之以事而喻诸德"，不仅要教授科学文化知识，更重要的是要点燃广大学子思想和心灵的火把，激励、唤醒、引导学生的价值取向、理想信念和道德情操。邓小平同志曾指出，"一个学校能不能为社会主义建设培养合格的人才，培养德智体全面发展、有社会主义觉悟的有文化的劳动者，关键在教师"①。习近平总书记强调，"教师做的是传播知识、传播思想、传播真理的工作，是塑造灵魂、塑造生命、塑造人的工作。……教师不能只做传授书本知识的教书匠，而要成为塑造学生品格、品行、品位的'大先生'"②。教师作为"教"的主体，是教育计划的执行者、教育活动的设计者和组织者，承担着引导大学生价值观发展的重要使命，必须按照一定的教育计划，设计黄河文化育人活动，引导和帮助广大青年学生上好与现实紧密结合的"大思政课"，努力培养能够担当民族复兴大任的时代新人。

一　及时更新教育理念

教育是心心相印的特殊的实践活动。教师唯有从自己内心的真实情感出发，通过各种手段把自己所持有的思想观念与大学生现有的思想意识发生作用，并深入对方的心灵深处，以便对方的思想意识向着一定的方向和状态发展，从而更好地指导和规范其行为。黄河文化教育教学过程中，教师价值引导力的实现，离不开师生思想情感的互动，这也直接影响着黄河文化融入育人的活动成效，深刻影响着大学生的成长成才。教师关爱学生，以学生为中心提高大学生素质，要把尊重学生、帮助学生作为工作的生命力所在，握紧手中的"麦克风"，不断提高自身的学识学术、道德品质、人格魅力，增强黄河文化教育与思想政治教育有机融

① 《邓小平文选（第二卷）》，人民出版社1994年版，第108页。
② 教育部课题组：《深入学习习近平关于教育的重要论述》，人民出版社2019年版，第56页。

合的主动性，增进学生与教师、与黄河文化之间的心灵沟通。

兴趣是最好的老师。教师在教育教学中为学生的发展导航，要善于将师生的好奇、志趣和爱好结合起来，积极营造良好的情感和情绪氛围，逐渐激发学生乐于学习的兴趣，成为有发展自觉、坚持终身学习的人。比如，有研究表明，课堂上的适度运动和欢笑，能够促进血液循环，给大脑带来更多的氧气，还能够释放减轻学习痛苦感的化学物质，使学生的记忆保持率从15%提高到50%，显著提高学习效率，并激发学习的愉悦感。

凝练和创造更有吸引力的教育。教师提高教育质量与教育效果的手段与方法是多种多样的，如教育目标是否现实与合理、教育者的业务素质与责任心如何、教育内容的科学化与现代化程度、受教育者的主观能动性如何、教育手段是否合理等，尤其要注重学生的学情，尊重学生的个性化认知，在教育活动中让学生发挥各种能力，充分赋予学生自由理解的权利，不把自己的理解强加于学生，不断激发学生学习的主观能动性，使他们在主动参与中提升提出问题、分析问题和解决问题的能力。教师并不是一切都放任不管，而是采取科学的方式方法，促进学生自我学习的能力。

二　合理取舍教育内容

运用知识作为媒介，通过知识形成信念，是大学生智力发展、世界观和思想道德素质形成和发展的普遍规律。常言道：学高为师。一个教师具备丰富渊博的学识和独特的人格魅力，就能够根据学生的实际情况选择合适的教学内容，从而提升教育的成效。

首先，培养什么人是教育的首要问题。高等教育具有明确的政治属性，体现在中国现阶段，就是要扎根中国大地办教育。黄河文化融入高校思想政治教育，就是坚持"为党育人、为国育才"这一神圣使命，让学生自觉接受中华优秀传统文化的沁润，让爱党、爱国、爱社会主义的种子扎根心灵深处，努力培养一代代矢志为中国特色社会主义崇高事业而奋斗的优秀人才。

其次，黄河文化育人必须重视"供需结合"。即黄河文化融入高校思想政治教育必须坚持以学生为本，通过合适的内容、方式、方法等提升育人的实效。具体来说，在教育内容的选择上必须坚持客观、准确、先进的原则，用最前沿的内容确保学生能够信服，同时要注意把教育内容体现到"思政课程"和"课程思政"教学上，体现到大学生的第二课堂、科技创新、就业创业等实践活动上。而在方式方法层面，不能搞"一刀切"。要充分利用现代技术手段，通过正面、直观的引导，确保教育目标的实现。

再次，黄河文化育人充分考虑地域文化差异。既要为各地各高校开展黄河文化教育提供统一的内容指导，还要为其课程开发，以及形式多样的教育教学活动留下空间。比如，基于中国统一的多民族国家的基本国情，从白山黑水到西南边陲，从沙漠绿洲到渤海之滨，从蒙古大漠到雪域高原，各民族之间不断交往、交流、交融，"五方之民"共天下，共同铸就中华民族赓续不绝的辉煌历史和灿烂文化，在对黄河文化的传承、弘扬中，就要鼓励各地各民族高校，结合对黄河文化形成和发展所做的特殊贡献，丰富黄河文化教育的特色内容，共同拓展黄河文化教育的根脉和枝干。

最后，黄河文化教育很难实现面面俱到，过于关注确定性和细节性内容，在讲授时追求无一遗漏、事无巨细的呈现方式，会压缩学生自我学习、探究的时间。在当前教育中，教师要依靠灵动的思维、丰富的文化背景、深厚的审美积淀来阐释经典，挖掘其当下意义，从每个经典内容的具体特点入手，抓住关键性、时代性、主体性的内容以引起学生兴趣，并为学生留出想象、探究、评判的空间，进而触动和培养学生主动进入文化情境的情感意愿。

三　科学设计教育过程

强调教师思想文化引领和教化，强调正面的要求和指导，强调主体对客体起主要的文化价值主导性作用，就是注重教师"在思想政治教育实施过程中发挥其主导作用方面表现出来的积极属性"[①]。教育过程的设

---

① 石书臣：《思想政治教育者的主导性及其转型》，《求实》2005 年第 1 期。

计要尊重大学生价值认知、价值选择和价值实现，不断激发他们学习的积极性、主动性和创造性，促进大学生的价值世界的丰富和发展。

教师要在组织教育性活动中尊重学生主体性并加以合理引导。根据教学实际，要强化教师与学生之间的互动关系，增强学生自主探究的能力，让学生在教师的引导下能够"钻进去"，领会其中的深厚意蕴并有所收获；又能"跳出来"，结合学生个人的生活现实积极思考，激发学习兴趣、增强学习的自信心，逐步提升创造力和理解力。通过引导学生积极主动地参与这种教育性活动，使其精神获得满足和熏陶，智能得到锻炼，情意得到发展，人格得到完善，身心获得丰富与发展。

黄河文化融入育人的实现不完全在内容，更在于文化思想传递过程本身，要能够引起学生的情感共鸣，触动学生的思想灵魂。从社会心理学来看，为了让学生更好地走进黄河文化，在黄河文化教育上可以进行一些问题化、项目化设计，其本质都是改变传统意义上单纯的知识灌输的教育方式。要鼓励学生通过协作性、创造性的活动完成具有挑战性的问题和项目，推动对黄河文化经典文本的深度阅读，不断提升学生自主学习和思考的能力，以及沟通交往和自我管理、相互合作的能力。要鼓励师生从课堂教学贯穿到第二课堂，扩展到社会生产实践，形成由实践到认识、再实践再认识多次反复的过程，这一过程释放了黄河文化教育中师生交往实践的活力，增加了双方的亲和性，更进一步在实践中检验黄河文化的价值，提升黄河文化的认同和归属。学生学习、思考、探究能力的提升，也推动了教师业务能力的发展，师生之间形成教学过程的良性循环，共同促进黄河文化教育在知识传承和人才培养过程中发挥出最优效果。

四　提升自身文化素养

黄河文化教育要融入学科教学、融入大学生思想政治教育，教师的中华优秀传统文化素养是一个关键。在科学、人文、艺术日益融合的当代社会，人们对教师的评价标准越来越高，不仅要有扎实的专业学识，还要有积淀丰厚的文化艺术素养，以更好地对话历史、审视现实，成为学生心灵世界的引领者、指导者。在推进黄河文化融合育人进学校、进课堂的过程中，需要高度重视面向全体教师的黄河文化教育培训，有意识地建构黄河文化教育示范课堂和资源库，为更多的学校和教师进行黄河文化融入育人提供经验的借鉴和教学的参考。

继承、弘扬黄河文化的本真意义之一，在于真真切切地从优秀传统文化中汲取养分，滋养自己的精神生活，反躬自省，提高自己的思想修养，从而促进心灵的愉悦，提高生活的质量。传道授业解惑的教师，在教育教学和日常生活中，更要持之以恒地加强自身文化素养，学思践悟黄河文化的思想智慧、价值取向、德行涵养的内容，充分发挥黄河优秀文化的心灵沁润、人生引领作用，才能更为坚实地推动大学生的文化自觉，增强修养、德行、境界、格局，格物致知、诚意正心，增强民族文化自信，使之成为中华民族共有的精神家园和实现伟大复兴"中国梦"的精神力量。

第三节　激发学生内生力

主体性作为人的本质力量，是自主性、自觉性、能动性和创造性的高度概括，决定着人作为认识和改造世界活动中的现实推动者，所表现出强大的精神和行动力量。大学生作为"学"的主体，是黄河文化育人实践的受教育主体，是决定育人成效的内在根本性原因，必须发挥好受教育者的主体性内在力量。[1]黄河文化融入高校思想政治教育必须坚持"以学生为中心"的理念，充分尊重学生的主体地位，充分尊重大学生成长成才规律和教育教学规律，否则效果就会大打折扣。

一　起于思想发展需求

自我思想意识的高度觉醒是大学生接受黄河文化思想教育的动力源。文化的内化与外化，是黄河文化育人过程中必不可少的环节，它作为大学生文化主体性的集中体现，主要表现为大学生在"政治客体价值属性

---

① 《习近平谈治国理政（第二卷）》，人民出版社 2017 年版，第 377 页。

的成长过程"① 中所表现出来的内在价值认同和外在行为表现。离开了大学生对黄河文化价值的自主性、能动性和超越性，黄河文化就失去了思想政治教育实现的基础和动力。因此，大学生的文化主体性是决定黄河文化育人能否取得实效的一个重要因素。

大学生的精神文化需求具有多样性的特点，融入社会共同体实现思想发展的动机很强。当代大学生是掌握较多科学文化知识、富有发展潜力和创新精神的青年群体，也是思想观念异常活跃、精神文化需求异常高涨的群体。当前，随着国际国内形势的深刻变化，大学生思想活动日益复杂，精神文化需求也更加多样。在世界观、人生观、价值观上，主流积极向上，但也存在部分学生理想信念淡薄、价值观混乱、对个人价值与个人利益看得较重的现象。推进黄河文化融入高校思想政治教育工作，能够引导大学生更好地从中华优秀传统文化中汲取养分，更好地进行思维模式构建、社会行为规范和进行价值判断。

大学生的精神文化需求具有复杂性特点，自我价值和社会价值实现的高层次需求是显著特点。思想政治教育所关注的思想需求，是一个社会成员的现实需求，体现为一个政治共同体的集体意识、公共意识，是政治性的观念。大学生在社会共同体中的思想需求，也首先要解决个体生存发展的需要，为了实现自身的发展，必须积极接受黄河文化等蕴含的社会意识的内化，学习社会共同体的价值观，成为共同体的一员。同时对实现个人理想、抱负的渴望，使他们认识到优秀传统文化对于提升人的综合素质极为重要，把美德和人文素养视作应具备的基本素质，不断提升自主学习的动力，思想状况、价值取向与人生追求的自觉性就会随之提高。

二　凝于自主发展实践

思想是行为的先导，道德观念的建立到道德行为的形成，是道德思维引导道德实践的过程，具有长期性、反复性等特征。在学习和传承黄

---

① 刘吉发：《政治实践论——基于马克思主义的广义视角》，人民出版社 2010 年版，第219 页。

河优秀传统文化中发挥主体作用，是大学生认真汲取黄河文化中丰厚的精神力量，并付诸改造客观世界的深入实践过程，是一个从认识到实践的螺旋式上升的过程，要充分释放主观能动性，做到学、思、用贯通，知、信、行统一。

首先在学和知上下功夫。学是前提，知是基础，没有黄河文化认识上的深刻就不可能有思想和认同上的坚定。学习黄河文化，必须深刻掌握其核心要义、精神实质、实践逻辑等内容，原原本本地多读经典、老老实实地多学原著，充分掌握健康成长的丰富营养和文化根基，在强读强记中加深理解、提高修养，在常学常新中坚定自信、激发动力。

其次在思和信上下功夫。思是关键，信是根本，没有对黄河文化的深入思考就不可能有知行合一的实现。因为知识的广度、思考的深度、笃信的程度决定学用结合、知行合一的力度。黄河文化融入高校思想教育要紧紧扭住"思信"这个牛鼻子，在学与用的结合上做大文章，在理论与实际联系上下大功夫，在学懂与做实的统一上用狠劲，真正实现思出自觉自信、信出责任担当、悟出道德素养的目的。

最后在用和行上下功夫。用是手段，行是结果，没有充分发挥黄河文化的积极作用，就难以在具体行动中得到贯彻落实，甚至达到的创新最高境界。大学生不仅要求自己有过硬的专业知识和技能，而且要掌握丰富的人文社会科学知识，还要积极参加社会实践活动，不断全方位提升自己的综合素质和与能力，在摸爬滚打中深化道德认知，融入社会中砥砺道德行为。

三 铸于文化创造培养

着眼新时代大学生思想政治教育主体性的构建，还表现为主体创造性的深度开发，尤其是对黄河优秀文化的自信。黄河文化融入思想政治教育，其使命之一，就在于以黄河文化为资源，引领大学生不断提升认知水平、思想觉悟和价值观念，自觉成为在积极人生发展的主宰者。在此过程中，要通过黄河文化的思想和精神力量，使得大学生内在的本质力量和主体精神不断得到强化，从而为其主观能动性的释放创设条件。在大学生主体性构建过程中，高校必须承担起作为主观能动性"再造"

工程的艰巨任务，让广大青年学生从黄河文化中感受到勇敢坚强和坚忍不拔的力量，不断激发他们克服困难、积极向上的勇气。高校要坚决摒弃"功利主义"等短视性价值取向，在眼里要有具有主观能动性的"现实的、活生生的人"①，努力引导大学生在自省自觉中升华人格、提升自我。

黄河文化融入高校思想教育是大学生自我积极的、创造的活动，这里的"创造"内涵深刻，是指在深刻认知客体本质的基础上，按照自身需求和审美来改变和再造客体，从而实现主体与客体的高度统一。由此可见，主体性兼具能动性和创造性，创造性是主体性更高层次的体现，其为人类所独有。从实践角度来看，大学生正处在一个广泛开放的时代，容易接受新思维、新理论、新方法，从而不断拓展对客观世界内在规定性的认知。在黄河文化融入高校思想政治教育的过程中，要加强对黄河文化的创造性学习，这是衡量大学生主体性发展层次水平的尺度，也是新时代大学生主体性构建的价值追求和目标指向。

四　合于自我教育能力

任何一项教育活动，如果没有主体的自觉参与，教育效果都会难以实现。黄河文化融入高校思想政治教育过程，是教育者"价值引导"与受教育者"自我构建"辩证统一的过程，它强调的是对学生自我教育能力的重视与培养，以及对学生自由和价值的尊重与肯定。而要实现这个目标，必须通过各种渠道向大学生输送以社会主义核心价值观为主要内容的各种先进文化，并努力使其成为先进文化价值主体的过程。

黄河文化生动而充满力量，它所承载的思想观念，会以具体的内容在人们的思想深处留下印象、记忆或情感，寄托着中华民族精神代代相继，也影响着当代大学生的思维和行为方式。在这一过程中，大学生必须牢固树立主体性意识，在教育者的价值引导之下，积极参与教育的每一个环节，在不断地感受、理解、领悟、内化、外化等过程中，不断提升对黄河文化学习重要性的认识，从而不断促进其价值意识和主体意识

---

① 龚超：《马克思社会教育思想研究》，人民出版社 2013 年版，第 148 页。

的建构。

实际上，任何一种教育行为，都是主体和客体相互作用的过程。客体传递任何价值观念、专业知识，必须通过主体的吸收内化，并逐渐外化于实践。黄河文化融入高校思想政治教育，必须注重受教育者自我教育能力的培养，引导广大学生自觉加强马克思主义立场、观点和方法的学习，不断唤醒自身主体意识，努力提升自我认识、自我激励等能力，从而实现其知、情、意、信、行的和谐发展。要主动接受黄河文化等中华优秀传统文化的积极影响，不断调整自己的行为，积极投身实践活动，努力将黄河文化蕴含的丰富内涵落实到行为实践，并在实践过程中不断完善自身品德。

第四节　建好家庭小天地

没有不受家庭影响的孩子。家庭作为社会的细胞，它所充当的教育职能，在中国有着优良的传统，在飞速发展的现代社会，家庭教育的作用更加强化。2021 年 10 月，《中华人民共和国家庭教育促进法》正式颁布施行，2022 年 4 月，全国妇联、教育部等 11 部门印发《关于指导推进家庭教育的五年规划（2021—2025 年）》，把家庭教育立德树人、健全学校家庭社会协同育人机制，作为促进家庭教育高质量发展的重要目标和抓手，完善了家庭教育的法律规范和国家规划 2021 年出台的《中华人民共和国家庭教育促进法》尤其对家庭"培育和践行社会主义核心价值观，弘扬中华民族优秀传统文化、革命文化、社会主义先进文化"提出了明确的法律要求，强调家庭文化作为人们出生后接触到的第一个文化场域，是人生整个教育的孵化器和起点，具有文化态度、文化认知的奠基作用。大学生在家庭这个特殊社会结构中所受的教育（包括知识传授、道德传承和氛围陶冶），是当代大学生社会化过程中不可替代的重要环节。

一　家庭教育与学校教育息息相关

教育起于家庭，承于学校，终于社会。家庭教育对于提高教育教学质量、促进学生全面发展具有不可或缺的基础作用。黄河文化融入教育要以学校为龙头，以家庭为基础，以社会为依托，重视发挥家庭教育的责任、地位和作用，全面提升大学生的理想信念、思想品德、人际关系和意志品质等。

黄河文化融入教育要注重家校的密切衔接配合。大学期间，家校协同依然是教育不可或缺的重要环节。家长更应该重视学生的家庭教育，时刻关注学生在校学习生活状况，积极配合学校做好各项工作。发现问题，要及时予以引导和纠正。特别是要坚持与学校、老师保持联系，及时了解学生在校情况，时时关注、了解学生，并多与学生沟通，及时补充完善家庭教育，尤其是移动互联网的普及，为家校共同育人、促进学生品德成长提供更为便利的条件。

家庭文化肩负着黄河文化历史传承和开拓创新的双重使命，是大学生健康成长成才、完善个人品格、提升素质能力的第一个环节。一方面，一个家庭的道德水准、价值认同、行为方式等都是会传承的，是黄河文化等中华优秀传统文化在家庭教育中的具体体现，彰显出对包括黄河文化在内优秀传统文化的继承和民族精神的发扬；另一方面，家庭教育是一个人从小环境走向大环境的孵化器，父母的价值观念、文化素养和生活态度集中反映了一个家庭的个性和精神面貌，是社会整体教育理念、教育特征的综合反映。只有符合家国共建理念的家庭文化，才能凝聚全社会各个层面的力量，努力培养出适应社会发展和国家要求的社会主义建设者和接班人。

二　家庭教育更具权威性和引导性

"家庭教育日益受到社会关注，家长学校、家庭教育研究会和咨询机构正在兴起。"①父母的言传身教、家庭的文化氛围、和谐的亲子关系等都对个体的成长成才产生着重要影响。任何一个家庭在教育孩子的过程中，都必须把思想政治教育放在首位，努力培养孩子良好的品德、健全的人格，从而为孩子的一生发展奠基。出于对父母与生俱来的信任，学生会

---

①　中共中央宣传部理论局编：《当代中国马克思主义研究巡礼（下）》，人民出版社 1995 年版，第 1764 页。

更容易接受父母、家庭的熏陶与感染。因此，在家庭教育过程中，我们必须注意方式方法，首先把"做人"的教育放在第一位。其次在注重"智育"，使个体成为有本领、对社会发展有用的人的同时，更要注重"德育"，使个体能够正确处理自己与他人、个人与集体之间的关系，努力成为一个能够为社会做贡献的人。"成功人士"所有家长渴求的培养目标，但家庭文化不应该被功利心蒙蔽，培养德智体美劳全面发展的"幸福的人"才是家庭文化环境的定位。

家庭教育要与学校教育同向同行。在学生成长成才的道路上，家庭与学校应该携手同行，努力实现家校协同育人。家风是社会风气的重要组成部分，只有具有良好的家风，学生从小才能耳濡目染，"入芝兰之室，久而自芳"，才能自觉形成良好的行为习惯，带动和重塑社会风气，与学校教育相互回应。黄河文化融入高校思想政治教育，首先要从生活的细微处入手，把黄河文化中仁爱、互助、向上等文化品质与家庭教育紧密结合起来，让大学生在优良家风和良好社会风气中潜移默化、健康成长。

三　家庭教育能弥补学校教育不足

父母是孩子的第一任老师，亲缘关系和经济需求让子女从小就对父母产生情感依赖，加上日积月累的教育引导和行为示范，这一切都使得家长对子女的影响巨大。如果说学校是黄河文化融入教育的知识系统，家庭则是黄河文化融入教育的行为系统和价值导向。黄河"文化中的行为系统主要包括子女在日常生活中所表现出来的具体行为方式、习惯及其背后支撑的伦理亲情、道德观念、生活制度、风俗习惯等"①。如果家庭教育"重智轻德"，对大学生在生活当中表现出的家庭伦理观念、个性品质、社会责任感和国家观念等行为缺乏教育自觉和跟进指导，就会使学校知识教育、价值教育的效果大打折扣，将来也必将影响到学生个人幸福和家庭美满。可以说，家庭的教育自觉、家庭与学校的配合程度，直接影响着一个学生的成长与发展。家长要尽可能地了解学校的教育教

---

① 容中逵：《家庭教育：你在传统文化传承中都做了些什么？——论当前我国家庭教育中的传统文化传承问题》，《教育理论与实践》2008 年第 6 期。

学状况、孩子在日常学习过程中的思想变化，及时加以教育和引导，孩子才能朝着更好的方向发展。

父母也是孩子行为的模范和终身的教师，言传又身教，教子亦教己。黄河文化关于"礼""德"的思想内容，很大程度上都是通过家庭成员的行为，产生潜移默化的影响。所以，在家庭文化教育中，从道德修养的自我要求，到接人待物的生活习惯，再到为人处世的行为礼仪，都要进行系统的教育指导，并将知礼、有德、守节上升到家教家风的高度，使家庭成为优秀黄河文化传承与教育的重要场所。著名翻译家、文艺评论家傅雷注重通过优良家风培育孩子品格，他定期给孩子写信、经常和孩子聊天，循循善诱地为他们指引人生道路。当前，在全社会构建社会主义核心价值观的大背景下，家庭作为德育一个重要的阵地作用不可忽视。家长要自觉通过言传身教，帮助孩子扣好人生的第一粒扣子，引导学生热爱党、热爱祖国、热爱人民、热爱中华民族。

四　找准黄河文化家庭教育的重点

当前，大学生黄河文化精神传承在家庭教育方面主要存在两个问题：一是家庭教育的时空比较局限。家庭教育主要集中于上大学之前的阶段，且集中关注于孩子的考试升学等问题，而对于孩子进入大学、走向社会之后的教育职责比较薄弱，尤其是在这一阶段，由于"不在同一屋檐下"的生活距离，使得家长与子女之间缺乏有效的交流教育手段，传统的在家面对面交心不方便了，书信、电话等不太管用了，基于网络的微信、微博、QQ等不太好用了。二是家庭教育的主要内容有所偏颇。由于"唯分数"等功利主义影响，加上生活现实的各种压力，家长对于子女德智体美劳全面发展的关注不均衡，特别是对自立能力、坚韧品格的养成不够。

因此，迫切需要家长转变优秀黄河文化家庭教育传承的认识，拓展教育的重点。一方面，要积极拓展黄河文化教育的时空，坚持从小到大全过程跟进教育，对不在一起生活的时候，要通过电话、视频聊天、移动端私信等方式经常了解孩子动态，特别是利用书信、评论等传统"文字"方式，加强心灵的沟通和思想的互动。另一方面，要因时因势，对不同阶段大学生的教育有所侧重，特别要加强行为规范和自立精神教育，培养自立自强、自食其力的思想，培养独立生活、自主学习和社会交往的能力，放手让孩子去试错、去感受社会生活的挫折，通过真实的生活磨炼，增强大学生的耐挫折、抗挫折能力，不管顺境逆境都能从容驾驭，自立于广阔社会。

第五节　融入社会大课堂

"教育绝不仅限于学校的时空，而是与社会生活交织在一起的。"黄河文化融入高校思想政治教育是一项开放性的工作，必须统筹校内校外多方面的力量，努力实现教育系统与社会系统的相互对接、相互融合，这是由黄河文化融入育人的社会发动起源、存在状态、发展过程、功能发挥等因素决定的，体现了教育要素之间的决定与反映、支撑与影响、制约与回应等关联性作用。如今，任何一所高校的发展都越来越离不开社会。因此，要实现黄河文化素质教育与思想政治教育的融合，需要对社会资源进行有效利用，大力运用社会力量来实现二者的有机整合。

一　黄河文化融入育人的社会发动起源

"人的本质是一切社会关系的总和。"①黄河文化融入教育起于个体思想需求和社会化的需求，经社会建制化的助力之后，通过各种社会条件的有效支持，得以展开，最终又归于社会、服务社会，实现教育与社会系统的有效融合，让大学生获得切实有效的社会价值。教育依赖于社会外部条件，离不开一定的社会要素和条件。宏观的政治、经济、文化、生态条件、自然环境对思想政治教育起到重要的制约作用，为之提供良性的社会生态。微观的人际互动、日常生活、精神氛围等对思想政治教育社会运行起到重要的支撑作用。当宏观与微观社会条件相结合，才会为黄河文化融入思政教育提供良性的条件支撑，以黄河文化为媒介，打

---

① 《马克思主义历史理论经典著作导读》编写组：《马克思主义历史理论经典著作导读》，人民出版社2013年版，第51页。

通大学生的思想世界与生活世界，促进大学生思想的演化、解决大学生的思想困惑，就是一项社会性的活动历程。可以说，宏观与微观两重社会条件，为黄河文化融入思想政治教育提供了连接社会与个人的可能，在社会的整体条件和个体微观生活状态的互动中，使得大学生个体接纳黄河文化蕴含的社会意识、政治价值观。

实现改善自我、超越自我和自我实现的需要时，必须先了解学习者的心理需要与发展实际，着力建构起教育目的实现的良好环境，引领受教育者自觉建构起自己的价值标准，从而在润物细无声中实现教育的效果。在黄河文化融入高校思想政治教育的过程中，选择什么样的黄河文化、以什么样的方式和路径来实现，是必须首先考虑的问题。

根据社会和时代的变化，黄河文化融入思想政治教育的内容体系必然是开放的，要求紧跟社会和时代不断注入新的元素。在全球化背景下，黄河文化融入高校思想政治教育，就是要充分发挥黄河文化爱国主义教育、民族精神培育的基础性作用。在此基础上，积极吸收全球道德伦理教育中一些积极的因素，引导大学生稳固树立国际化、全球化观念，培养面向世界、有全球眼光的人。在社会转型和全面建成小康社会背景下，黄河文化融入高校思想政治教育就要帮助人们不断调整由于社会转型带来的巨大心理压力，自觉树立竞争、平等、民主的观念，引导人们在国家现代化进程中树立富强民主文明和谐的理念，增强爱国敬业意识，黄河文化育人的内容就能处在不断创新和发展的开放状态。

二 黄河文化融入育人的社会存在状态

"社会生活在本质上是实践的。"①一个人政治思想、道德品质、文化素养的形成，不是一个简单的理论性问题，主要靠个人在实践体验中感悟内化。因此，在理论学习和探究的基础上，积极开展广泛深入的社会实践活动，从而达到理论与实践的高度统一。利用业余的时间积极参加"三下乡""社区共建"和"志愿者服务"等活动，可以在实践中深化对理论的认识，不断提高个人的思想觉悟和动手能力，还可以提升个人的

---

① 乔瑞金等：《英国的新马克思主义》，人民出版社 2013 年版，第 426 页。

社会责任感。

黄河文化融入高校思想政治教育是一个统一的有机整体，是一个与社会发展相适应、相融合的过程。如果坚持僵化和孤立化的倾向，思想政治教育就会与社会实际相脱节，难以入脑入心，导致效果不佳。因此，我们必须坚持思想政治教育的社会化，顺应社会经济发展的潮流，不断创新思路和方法。

黄河文化融入思想政治教育要发挥自己的社会功能，适应社会发展的要求，就要致力于打破对部门、单位的依赖，走出课堂，走出学校，走出家庭，统筹全社会各个方面的力量，积极构建全员育人的格局。社会教育是家庭和学校教育的延伸和发展，实现个体社会化的主要途径之一就是要密切联系社会实际，在社会大课堂不断淬炼自己，从而使得培养"社会人"的目标更加明确。

三 黄河文化融入育人的社会发展过程

如果说学校思想政治教育中文化环境的出场是一种显性的方式，那么社会教育中文化浸润则是处在一种润物细无声的隐性状态。在当前的社会生活领域，文化作为一种精神层面的资源，以自觉或者不自觉的方式，融入人的全部社会活动，起到了提高公民素质、营造公民文化的作用，对于牢固树立正确的社会价值观念、维持正常的社会公共秩序发挥了积极的作用。尤其是在个人价值与社会价值发生冲突的过程中，文化能够充分发挥"润滑剂"的作用，促进力量的协调统一和多方价值的权衡[1]。因此，我们必须高度重视思想政治教育的社会文化环境的创造，关注人是"社会人"和"自然人"的双重属性，以柔性的力量渗透在社会的方方面面，形成了思想政治教育的最大场域。

在现代社会条件下，黄河文化融入高校思想政治教育的方法和手段也是与时俱进的。当前社会所面临的教育环境、教育内容、教育对象等都比过去发生了很大的变化，这势必也对黄河文化融入高校思想政治教

---

[1] 杨宇：《正确理解和把握思想政治教育学科的本质特征》，《思想政治教育研究》2007 年第 2 期。

育的方法、手段提出了新的要求。我们必须不断进行方法、手段的调整，以适应新时代高校思想政治教育的特点、发展的要求。具体来说，主要有三个方面的要求：一是适应现代教育观念，改变过去的单向灌输教育模式，建立教师与大学生受教育对象双向互动的教育模式，同时广泛采用启发式、渗透式、参与式等教育方法，增强大学生的积极性，以提高教育效果。二是积极借鉴现代教育管理理论，结合高等教育发展特点和学生学习生活特点，不断进行思想政治教育方法的创新。三是积极运用现代教育技术，采用学生喜爱、容易接受的方式，不断拓宽黄河文化融入高校思想政治教育的渠道，从而创造出适合时代特点的思想政治工作新格局。

四　黄河文化融入育人的社会功能发挥

黄河文化融入高校思想政治教育工作，是一个解疑释惑和涵育德行的过程。宏观上，要从文化角度回答"为谁培养人、培养什么人、怎样培养人"的根本问题。而在微观上，则是要为学生解答人生应该如何规划、如何提升综合素质、努力成为什么样的人的过程。充分发挥黄河优秀文化滋养心灵、涵育德行、引领风尚的重要作用，就可以正确处理学生在学习生活中出现的各类问题，从而增强其对国家、对人民、对社会的高尚情怀。

黄河文化融入高校是思想政治教育工作，也是一个不断改造与发展社会的过程。促进校内外资源的互融互通，可以增强二者融合的长效性。具体来说，首先要坚持以马克思主义为指导，大力发展社会哲学科学，努力形成对思想政治教育和文化素质教育的重要支撑。其次要依靠社会政治文明、物质文明、精神文明的成果，这些成果是一个国家在长期积淀中形成的宝贵财富，是高校大学生思想政治教育、文化素质教育及其融合的主要源泉；最后要依靠良好的社会人文环境，要更加主动地借助社会有益的资源和力量，努力实现校内外教育互通，为黄河文化与大学生思想政治教育融合提供动力。

综上所述，将家校协同拓展到社会领域，努力构建学校、家庭、社会"三位一体"的协同教育网络，是推动黄河文化融入高校思想政治教育的重要途径，尤其现代信息技术的发展提供了技术支撑，打破了学校与社会、家校之间的隔绝。高校要遵循思想政治教育知行合一规律，充分发挥思想政治理论课作为关键课程的作用，积极开展形式多样的社会实践活动，推动"思政小课堂和社会大课堂"紧密结合，为大学生主体性构建提供制度化、经常化的有力保障。

第六节　完善政府生态域

党委和政府作为教育主管、指导部门，要发挥职能职责作用，以社会建制的方式，为黄河文化融入高校思想政治教育统一制度设计、专业化的行业规范、统一化的组织实施等，提供育人制度上的合法性，提供体制机制的支持系统，也为之提供良好的教育生态。黄河文化融入育人作为精神世界的政治表达，从政治视角把握精神世界，体现为组织形式上制度化，统一的黄河文化融入教育或工作制度安排，内容选择上由党委或政府相关教育主管部门统一设定，教育方式、开展方式、教材教法等统一标准。① 要以社会建制的方式使思想政治教育上升为政治的高度、国家战略的角度，加强对高校思想政治工作的领导和指导，保证高校正确办学方向。

一　做好黄河文化育人的顶层设计

黄河文化融入高校思想政治育人是一项系统工程，必须多管齐下，充分利用党和国家的政策优势。教育主管部门代表国家加强对教育的指导和监管，其做出的任何制度安排和决策部署都会对高校文化育人工作产生实质性影响。毛泽东同志曾谈到，"人是生活在制度中的，制度对了头，开展思想政治工作就有效多了。"② 近年来，中共中央办公厅、国务院办公厅印发了《关于实施中华优秀传统文化传承发展工程的意见》，国

---

① 《十谈》编写组：《加强和改进新形势下高校思想政治工作十谈》，人民出版社 2017 年版，第 208 页。

② 韩延明主编：《红色文化与社会主义核心价值体系建设研究》，人民出版社 2013 年版，第 278 页。

家教育部按照党中央的决策部署，制定并发布了《完善中华优秀传统文化教育指导纲要》，其中对包括黄河文化在内的中华优秀传统文化教育的指导思想、基本原则、主要内容，以及课程体系、实施保障等都做了明确而具体的指导。当前，应在此基础上，进一步加强对黄河文化融入高校思想政治教育指导的力度，研究出台制定有关的规划、方案、措施、工作指南并制订有关计划等，落实落细中央和教育部的有关意见和指导要求，引导、规范有关部门以及高校的教育教学行为，促进黄河文化融入高校思想政治教育走上规范化、正规化、专业化的道路。

要立足中华民族伟大复兴的战略全局，把黄河文化融入育人作为中国特色社会主义教育和"中国梦"宣传教育的重要组成部分，纳入全社会工作计划进行整体规划、系统推进。着力推动一体化教育体系建设，一方面注意避免各自为政造成的思路不清，另一方面又要注意避免分工不明确导致的重复建设。要经常检查督促教育开展情况，经常分析和研究大学生的思想动态、情绪和要求，定期进行研究讨论，真正把学校教育作为社会大系统的一个组成部分统筹好，又要把学校教育作为教育过程中的一个环节安排好，努力形成社会各部门都具有教育功能，全党、全社会共同关心支持大学生思想政治教育的强大合力。

二　提升黄河文化育人的自觉意识

习近平总书记在河南、宁夏、青海等地方多次发表重要讲话，对新时期弘扬黄河文化、推进文化育人提供了根本指引。国家相关部门出台了系列文件，将弘扬黄河文化放在高等教育事业长远发展、社会主义建设、国家和民族发展的大势中加以审视。高等学校作为"为党育人、为国育才"的重要场所，必须积极开展黄河文化的宣传教育，让黄河文化在大学生思想政治教育中发挥积极的作用。

党和政府要充分重视黄河文化思想教育在社会治理中的重要作用，积极推动教育社会化，应组织专家、教师、教育管理人员对黄河文化融入育人的理论进行深入研究，进一步厘定黄河文化育人的内涵、本质、特征、规律等，教育和引导全社会重视黄河文化、学习黄河文化、传播黄河文化；要充分考虑不同类型、不同地域高校办学差异，分层次分类型制订实施计划，促进黄河文化在高校的弘扬落实落地。

要增强对黄河文化价值教育的自觉，引导青年大学生增强民族文化自信和价值观自信。要自觉将黄河文化育人与社会主义核心价值观相结合、与红色文化和革命传统教育相结合，重点开展立己达人、崇德弘毅的人格培养和成德之教，引导大学生增强理性认识，明辨是非、遵纪守法，自觉弘扬中华民族优秀美德，形成良好的道德品质和行为习惯。重点促进包容和谐、有容乃大的社会关爱教育，引导大学生正确处理社会关系，培育集体主义精神和生态文明意识，学会心存善念、包容他人、关心社会，形成乐于奉献、热心公益的良好社会风尚。重点推进"天下兴亡、匹夫有责"的家国情怀教育，引导大学生感悟黄河文化的精神内涵，培养爱国情感，增强国家认同，树立民族自信，增强把"个人梦"融入"中国梦"的责任感和使命感。

三　推进黄河文化育人的机制协同

开展黄河文化育人，发挥独特的黄河文化思想政治教育功能，离不开全社会各方面的共同努力。既离不开高校主阵地作用的发挥，离不开教师的主导、学生的主动，也离不开家庭、社会与学校之间的密切配合，形成相互补充、相互协同、相互支持的教育合力。在各方面教育力量的协调中，高等学校内部要以学校为主导，构建"校—师—生—企"等多位一体的融合育人机制，依托校园文化和主题活动，充分发挥人力资源优势，组建研究团队、拿出专项经费、培养专门师资，充分调动广大学生的学习积极性，使黄河文化在思想政治教育中发挥出更大的效益①。

高等学校外部要以政府为主导，发挥其职责功能，构建"政—校—家—社"等多元一体的协调机制，促进黄河文化育人的社会化运作。要建立并完善黄河文化融入育人运行和协调机制，根据社会的发展和需要，制定战略性的目标和政策，并制定相关的制度和规范，指导各教育主体充分发挥合力育人作用。各教育主体，在明确自身职责、加强内部协调、充分发挥自身优势的基础上，加强相互之间的沟通和合作，促进黄河文

---

① 《习近平谈治国理政》第 2 卷，人民出版社 2017 年版，第 379 页。

化融入育人在全社会的有效运行和协调。比如，引导和建立大学生参观有关的黄河文化博物馆、纪念馆、展览馆和遗址遗存等文化设施，或参加实习实践活动的长效机制；家长带领家庭成员共同参与黄河文化体验和实践、志愿服务和公益活动，营造良好的家庭教育氛围。

此外，"各地党委书记和有关部门党组书记要多到高校走走，多同师生接触，多去高校作报告，回答师生关注的理论和现实问题"。政府各个部门根据职责分工的不同，构建责任明晰、协调推进的工作格局，尤其是宣传、文化、新闻出版广电和旅游等部门，要积极组织创作、大力弘扬有关黄河文化的各类文艺作品，牵头制作适合互联网、手机等新兴媒体传播的黄河文化精品，提供更加丰富和生动的鲜活教育资源，共青团、工会、妇联等群团组织也积极参与，发挥联系群众的桥梁纽带作用，努力形成齐抓共管、多方联动的工作格局。

四　强化网络和新媒体的充分利用

在网络和新媒体技术迅猛发展的新时代，网络和各种新媒体因其传播速度快、范围广、信息量大等优势，给人们的生活中带来越来越大的便利，已经成为政府发布消息、社会公众获取信息的主要途径。党委和政府部门必须以思想认识的新飞跃打开工作的新局面，必须认真面对如何引导"网络一代"大学生接受良好的黄河文化和思想政治教育这一战略任务。同时，也要充分认识到学习教育内容与网络先进技术的有机结合，是深受大学生们喜爱的教育形式。

因此，有关教育工作部门和教育行政部门，要创新改进网络文化制度设计，强化"互联网思维"，坚持以先进技术为支撑、内容建设为根本，科学把握大学生学习和接受规律，整合社会各方面力量，提供更多更好的网络新媒体产品和服务。在黄河文化融入高校思想政治教育的过程中，要积极打造具有世界眼光、中国情怀、黄河文化特色的新媒体平台，要注重通过各种网站、微博、电视、电影等形式潜移默化地影响大学生的思想、观念和行为，努力推动高校思想政治教育走深、走实。还可以充分利用信息时代的各种有效资源，促进黄河文化思想教育社会化更广泛、更深入地进行。要积极打造新型网络阵地，建设融思想性、知识性、趣味性、互动性于一体的黄河文化教育平台等，建立起网络文化育人、人文关怀的互动体系。

同时，要引导高校建网、管网两线并重，对校园网络文化建设和信息安全管理两手抓、两手都要硬，构建全方位防控体系，营造良好环境。在利用网络的过程中，对网络加以严格管理，正确引导思想政治教育的方向，防止错误的谣言和不良的虚假信息造成负面影响。注意强化舆情引导，加大黄河文化精神宣传教育、重大理论问题的阐释、热点问题的及时解读，将黄河文化育人课推上网络，发挥主流舆论的引导作用，形成一批具有中国气派、中国风格，体现时代精神、民族精神，具有高雅品位、高质量内容的黄河文化思想政治教育网络品牌，促进青年大学生全面发展，培养富有民族自信心和爱国主义精神的社会主义建设者和接班人。

参考文献

著　作

《马克思1844年经济哲学手稿》，中共中央马克思恩格斯列宁斯大林著作
　编译局编译，人民出版社2014年版。

马克思恩格斯选集（第1—4卷），人民出版社2012年版。

《马克思恩格斯选集》第3卷，中共中央马克思恩格斯列宁斯大林著作编
　译局编译，人民出版社2012年版。

《马克思恩格斯选集》第4卷，中共中央马克思恩格斯列宁斯大林著作编
　译局编译，人民出版社2012年版。

《马克思主义历史理论经典著作导读》编写组：《马克思主义历史理论经
　典著作导读》，人民出版社2013年版。

《毛泽东选集（第一卷）》，人民出版社1991年版。

《毛泽东选集（第三卷）》，人民出版社1991年版。

《邓小平文选（第二卷）》，人民出版社1994年版。

《江泽民文选（第三卷）》，人民出版社2006年版。

《江泽民文选（第一卷）》，人民出版社2006年版。

《胡锦涛文选（第三卷）》，人民出版社2016年版。

习近平：《之江新语》，浙江人民出版社2007年版。

习近平：《在文艺工作座谈会上的讲话》，人民出版社2015年版。

习近平：《决胜全面建成小康社会　夺取新时代中国特色社会主义伟大胜
　利——在中国共产党第十九次全国代表大会上的报告》，人民出版社
　2017年版。

《习近平谈治国理政（第二卷）》，人民出版社 2017 年版。

《习近平谈治国理政（第二卷）》，外文出版社 2017 年版。

《习近平谈治国理政（第一卷）》，人民出版社 2018 年版。

习近平：《习近平重要讲话单行本（2020 年合订本）》，人民出版社 2021 年版。

爱因斯坦：《论教育》，转引自韩钟文、李如密主编《教育学》，山东大学出版社 1999 年版。

班固：《汉书》，转引自高兆明《道德文化：从传统到现代》，人民出版社 2015 年版。

程裕祯：《中国文化要略》，外语教学与研究出版社 2009 年版。

付安玲：《思想政治教育个体价值论》，人民出版社 2018 年版。

高强：《炎黄文化与中华民族凝聚力》，人民出版社 2019 年版。

龚超：《马克思社会教育思想研究》，人民出版社 2013 年版。

桂翔：《文化交往论》，人民出版社 2011 年版。

韩延明主编：《红色文化与社会主义核心价值体系建设研究》，人民出版社 2013 年版。

胡塞尔：《生活世界现象学》，倪梁康、张廷国译，上海译文出版社 2002 年版。

黄寿祺、张善文撰：《周易译注》，上海古籍出版社 2004 年版。

黄宗羲：《明夷待访录》，岳麓书社 2008 年版。

教育部课题组：《深入学习习近平关于教育的重要论述》，人民出版社 2019 年版。

金良年撰：《论语译注》，上海古籍出版社 2004 年版。

老子：《道德经》，高文方译，北京联合出版公司 2015 年版。

李大健：《多维审视与理性涵育——大学生社会主义核心价值体系教育研究》，人民出版社 2015 年版。

《李大钊全集》第 2 卷，人民出版社 2006 年版。

李仁武：《制度伦理研究：探寻公共道德理性的生成路径》，人民出版社 2009 年版。

李山译注：《管子》，中华书局 2009 年版。

李学勤主编：《十三经注疏·礼记正义（上、中、下）》，北京大学出版社1999年版。

李学勤主编：《十三经注疏·孟子注疏》，北京大学出版社1999年版。

李逸安译注：《三字经·百家姓·千字文·弟子规》，中华书局2009年版。

刘吉发：《政治实践论——基于马克思主义的广义视角》，人民出版社2010年版。

项久雨：《思想政治教育价值论》，中国社会科学出版社2003年版。

倪梁康选编：《胡塞尔选集（下）》，上海三联书店1997年版。

乔立君主编：《官箴》，九州出版社2004年版。

乔瑞金等：《英国的新马克思主义》，人民出版社2013年版。

阙勋吾等译注：《古文观止》，岳麓书社2014年版。

申文杰：《马克思主义意识形态话语权理论阐释与实践探索》，人民出版社2017年版。

盛宇化：《思想政治工作方法论》，改革出版社1999年版。

《十谈》编写组：《加强和改进新形势下高校思想政治工作十谈》，人民出版社2017年版。

唐雄山：《老庄人性思想的现代诠释与重构》，中山大学出版社2005年版。

王春林：《〈书集传〉研究与校注》，人民出版社2012年版。

王磊：《马克思恩格斯论道德》，人民出版社2011年版。

王灵芝：《网络舆情引导与政府治理创新》，人民出版社2017年版。

王淼：《马克思形而上学批判思想研究》，人民出版社2021年版。

王守仁：《传习录》，江西教育出版社2014年版。

威廉·斯蒂：《传播的游戏论》，转引自李彬《传播学引论》，高等教育出版社2010年版。

许慎撰：《说文解字》，中华书局1963年版。

曾参、子思：《大学·中庸》，北京联合出版公司2015年版。

张立、金新亮等：《红色基因：传承机制变迁与当代建构》，人民出版社2021年版。

郑晓云：《民族文化认同论》，中国社会科学出版社 2014 年版。

中共中央马克思恩格斯列宁斯大林著作编译局马列部、教育部社会科学
    研究与思想政治工作司：《马克思主义经典著作选读》，人民出版社
    1999 年版。

中共中央宣传部理论局编：《当代中国马克思主义研究巡礼（下）》，人民
    出版社 1995 年版。

中共中央文献研究室编：《毛泽东著作专题摘编（下）》，中央文献出版社
    2003 年版。

中国社会科学院马克思主义研究院编：《马克思 恩格斯 列宁论意识形
    态》，人民出版社 2009 年版。

中共中央宣传部《党建》杂志社编：《力量中国——文化工作者谈文化》，
    人民出版社 2012 年版。

中共中央文献研究室编：《习近平关于青少年和共青团工作论述摘编》，
    中央文献出版社 2017 年版。

中共中央宣传部：《习近平新时代中国特色社会主义思想学习纲要》，学
    习出版社、人民出版社 2019 年版。

钟俊生、赵洪伟：《社会稳定若干重大问题研究》，中央编译出版社 2014
    年版。

朱其训：《和谐教育论》，人民出版社 2006 年版。

庄晓东：《传播与文化概论》，人民出版社 2008 年版。

期　刊

习近平：《在黄河流域生态保护和高质量发展座谈会上的讲话》，《求是》
    2019 年第 12 期。

习近平：《在黄河流域生态保护和高质量发展座谈会上的讲话》，《求是》
    2019 年第 20 期。

习近平在黄河流域生态保护和高质量发展座谈会上的讲话：《共同抓好大
    保护协同推进大治理让黄河成为造福人民的幸福河》，《人民黄河》
    2019 年第 41 期。

安作璋、王克琦：《黄河文化与中华文明》，《文史哲》1992 年第 4 期。

陈鹏：《黄河文化的多重精神特质及符号构建》，《人民论坛》2020 年第 25 期。

陈勇、马晓燕、祖星儿：《新时代社会主义意识形态的思想引领和社会认同论析》，《思想理论教育导刊》2019 年第 12 期。

代金平、何宏兵：《文化与经济的互动》，《当代世界与社会主义》2008 年第 3 期。

董振瑞：《为伟大复兴汇聚强大道德力量》，《瞭望》2020 年第 36 期。

杜振兴：《在新时代继续发扬斗争精神》，《新丝路》（下旬）2020 年第 20 期。

费孝通：《缺席的对话——人的研究在中国——个人的经历》，《读书》1990 年第 10 期。

顾友仁：《中国传统文化与当代世界的话语转换》，《求实》2009 年第 5 期。

郭岱光：《弘扬中华传统文化与加强大学生思想道德修养的研究与实践》，《教师》2009 年第 6 期。

郭萌、崔林：《论中国传统文化中的思想政治教育资源》，《技术与创新管理》2009 年第 30 期。

何星亮：《文化的民族性与世界性》，《云南社会科学》2002 年第 5 期。

黄朝晖、张平：《论自我教育在思想政治教育中的地位和作用》，《安徽农业大学学报》（社会科学版）2002 年第 2 期。

李保玉：《新中国 70 年来五代领导人传统文化观的思想精髓及历史发展》，《齐齐哈尔大学学报》（哲学社会科学版）2020 年第 2 期。

李凯、亓光勇：《新时代传承中华优秀传统文化的价值探析》，《新疆社科论坛》2017 年第 6 期。

李宗桂：《试论中华优秀传统文化的评价标准》，《社会科学战线》2017 年第 8 期。

林伯海、周至涯：《思想政治教育主体及其主体性的要素构成新探》，《思想教育研究》2011 年第 3 期。

刘元：《浅论新时期思想政治教育的载体》，《广西青年干部学院学报》2004 年第 1 期。

陆睿：《马克思主义在中华优秀传统文化发展中的应用》，《中国集体经济》2019 年第 19 期。

罗洪铁：《思想政治教育自然环境研究的再思考》，《思想教育研究》2010 年第 8 期。

罗洪铁、周琪：《思想政治教育环境系统结构和功能深化研究》，《思想教育研究》2011 年第 11 期。

罗莎、熊晓琳：《政治性和学理性相统一：办好新时代高校思政课教学的首要前提》，《社会主义核心价值观研究》2020 年第 6 期。

毛泽东：《新民主主义的政治与新民主主义的文化》，《中国文化》1940 年第 2 期。

孟茹玉：《论价值认同的生成机制与教育理路》，《思想理论教育》2019 年第 5 期。

彭岚嘉、王兴文：《黄河文化的脉络结构和开发利用——以甘肃黄河文化升发为例》，《甘肃行政学院学报》2014 年第 2 期。

秦书生、李毅：《习近平高校立德树人思想的逻辑阐释》，《现代教育管理》2018 年第 8 期。

《求是》编辑部：《让中华民族的精神大厦巍然耸立》，《求是》2019 年第 8 期。

《求是》杂志编辑部：《让黄河成为造福人类的幸福河》，《求是》2019 年第 20 期。

沈桂萍：《团结统一是中华民族共同体意识的最高表现》，《今日民族》2021 年第 1 期。

沈正赋：《宣传与文化的功能定位及其相互关系辨析》，《中国广播》2018 年第 12 期。

师娅：《论中国传统文化融入思想政治教育的重要性》，《咸阳师范学院学报》2018 年第 2 期。

石书臣：《思想政治教育者的主导性及其转型》，《求实》2005 年第 1 期。

王春林：《天人合一：中国传统文化的人文精神及其当代价值》，《广西师院学报》（哲学社会科学版）2000 年第 3 期。

王震中：《黄河文化：中华民族之根》，《意林文汇》2020 年第 3 期。

韦吉锋、陆忠进：《世界性与民族性的有机统一——网络思想政治教育管理的重要原则》，《广西师范学院学报》（哲学社会科学版）2005 年第 2 期。

温朝霞、杨师帆：《文化自觉和文化自信：建设社会主义文化强国的精神动力》，《探求》2013 年第 2 期。

吴敏燕：《习近平关于文化建设重要论述的逻辑理路》，《中共中央党校（国家行政学院）学报》2019 年第 4 期。

吴文杰：《习近平关于思想政治教育工作的五个比喻析论》，《思想理论教育导刊》2017 年第 5 期。

夏鲁惠：《高校立身之本在于立德树人》，《中国发展观察》2021 年第 13 期。

杨海中、杨曦：《黄河文化的标识与家国情怀》，《地域文化研究》2021 年第 2 期。

杨虹：《论中国传统文化中的创新精神》，《湖南商学院学报》2000 年第 6 期。

杨宇：《正确理解和把握思想政治教育学科的本质特征》，《思想政治教育研究》2007 年第 2 期。

于春海、杨昊：《中华优秀传统文化教育的主要内容与体系构建》，《重庆社会科学》2014 年第 10 期。

张放涛：《黄河与中原文明》，《黄河科技大学学报》2008 年第 4 期。

张丽：《论早期中国共产党人的传统文化观》，《理论学刊》2016 年第 1 期。

张茂泽：《中华民族共同体意识及其历史基础》，《长安大学学报》（社会科学版）2018 年第 4 期。

张晓昀：《加强大学生优秀传统道德认同教育》，《中国高等教育》2016 年第 10 期。

张秀芹：《论黄河流域生态文明建设的重要意义》，《人民周刊》2019 年第 23 期。

张哲：《浅谈大学生思想政治教育中的疏导教育法》，《淮海工学院学报》（人文社会科学版）2012 年第 18 期。

周锦涛：《中国共产党探索文化强国战略百年历史的基本经验》，《浙江大学学报》（人文社会科学版）2020 年第 4 期。

周作福：《新时代高校中华优秀传统文化教育的实践与创新》，《学校党建与思想教育》2019 年第 3 期。

朱伟利：《刍议黄河文化的内涵与传播》，《新闻爱好者》2020 年第 1 期。

朱艳、何明：《大学生生态文明观念培养现状与路径分析》，《哈尔滨职业技术学院学报》2018 年第 6 期。

庄孔韶、方静文：《从组织文化到作为文化的组织——一支人类学研究团队的学理线索》，《浙江大学学报》（人文社会科学版）2012 年第 5 期。

论　文

揣晶晶：《中德高校思想政治教育比较研究》，硕士学位论文，山西财经大学，2012 年。

高桂月：《榜样示范法在大学生理想信念教育中的运用研究》，硕士学位论文，河北科技大学，2018 年。

史珺：《自媒体对大学生思想政治教育的影响及对策》，硕士学位论文，中北大学，2015 年。

孙祥军：《论大学生思想政治教育载体的发展与创新》，硕士学位论文，山东师范大学，2007 年。

王启臻：《文化全球化与中国文化发展问题研究》，硕士学位论文，山东大学，2008 年。

向宜：《大学生先进典型的榜样示范作用研究》，硕士学位论文，湖南师范大学，2009 年。

报刊网站

习近平：《决胜全面建成小康夺取新时代中国特色社会主义伟大胜利——在中国共产党第十九次全国代表大会上的报告》，中国共产党网，2017 年。

习近平：《培养德智体美劳全面发展的社会主义建设者和接班人》，［2019 – 01 – 28］，http：//www. xinhuanet. com/2018 – 09/10/c_1123408513. htm。

习近平：《在 2018 年春节团拜会上的讲话》，《光明日报》2018 年 2 月
　15 日。

习近平：《在北京市八一学校考察时的讲话》，《人民日报》2016 年 9 月
　10 日。

习近平：《在黄河流域生态保护和高质量发展座谈会上的讲话》，《求是》
　2019 年第 20 期。

《习近平在宁夏考察时强调：决胜全面建成小康社会决战脱贫攻坚 继续建
　设经济繁荣民族团结环境优美人民富裕的美丽新宁夏》，《人民日报》
　2020 年 6 月 11 日。

包心鉴：《进一步坚定制度自信》，《人民日报》2020 年 3 月 26 日。

曹溢：《让黄河文化熠熠生辉》，《中国纪检监察报》2020 年 6 月 15 日。

常雪梅、程宏毅：《习近平：坚定文化自信 把握时代脉搏 聆听时代声音
　坚持以精品奉献人民 用明德引领风尚》，《人民日报》2019 年 3 月
　5 日。

陈会娟：《黄河文化孕育的恢宏大气的民族精神》，《河南日报》2021 年 3
　月 10 日。

陈来：《中华文化的当代价值与意义》，《人民日报》2017 年 3 月 17 日第
　24 版。

重庆市中国特色社会主义理论体系研究中心：《充分认识中国特色社会主
　义文化的特点》，《人民日报》2017 年 12 月 15 日。

崔学军：《黄河文化的时代价值》，《新乡日报》2020 年 7 月 27 日。

谷建全等：《做好黄河文化保护传承弘扬这篇大文章》，《河南日报》2019
　年 10 月 28 日。

郭伟伟：《推动中华优秀传统文化创造性转化创新性发展》，《学习时报》
　2018 年 8 月 20 日。

李庚香：《准确把握黄河文化与中原文化的关系》，《光明日报》2020 年 8
　月 21 日。

李立新：《深刻理解黄河文化的内涵与特征》，《中国社会科学报》2020
　年 9 月 21 日。

李立新：《推动黄河文化创造性转化创新性发展》，《河南日报》2019 年

10 月 10 日。

李莹：《坚持总体国家安全观 履行好维护国家安全的政治使命》，《辽宁日报》2021 年 4 月 15 日。

栗雪涛、黄解宇：《深入挖掘黄河文化蕴含的时代价值》，《山西日报》2020 年 3 月。

刘建武、马纯红：《实现中国梦需要继承和弘扬中华优秀传统文化》，《光明日报》2014 年 10 月 22 日。

马奇柯：《切实维护好市场秩序社会秩序网络秩序》，《重庆日报》2016 年 3 月 22 日。

苗长虹、艾少伟、喻忠磊：《黄河文化的历史意义与时代价值》，《河南日报》2019 年 11 月 4 日。

苗长虹、艾少伟、喻忠磊：《黄河文化的历史意义与时代价值》，《河南日报》2019 年 11 月 1 日。

欧阳雪梅：《新中国 70 年社会主义文化建设及其经验》，《光明日报》2019 年 7 月 10 日。

彭慧敏：《加强河南省高校思想政治工作 落实立德树人根本任务》，《河南日报》2019 年 3 月 11 日。

钱逊：《重新学习怎样做人——当前优秀传统文化教育的中心和目标》，《学习时报》2016 年 5 月 19 日。

生态环境部党组：《以习近平生态文明思想引领美丽中国建设》，《人民日报》2020 年 8 月 14 日。

田学斌：《黄河文化：中华民族的根和魂》，《学习时报》2021 年 2 月 5 日。

王东京：《坚持社会主义市场经济的正确方向》，《学习时报》2018 年 12 月 21 日。

王国生：《大力弘扬黄河文化 为新时代中原更加出彩凝聚精神力量》，《河南日报》2020 年 1 月 15 日。

王金海：《高校践行社会主义核心价值观十个路径》，《光明日报》2016 年 9 月 13 日。

王学俭：《新时代如何践行和培育社会主义核心价值观》，《人民论坛》

2017 年 12 月 18 日。

王震中：《黄河文化的丰富内涵及历史意义》，《光明日报》2020 年 8 月
  21 日。

王震中：《黄河文化内涵与中国历史根脉》，《中国社会科学报》2021 年 1
  月 29 日。

魏海生：《深入学习贯彻习近平总书记关于意识形态工作的重要论述 旗帜
  鲜明开展意识形态领域的斗争》，《反对历史虚无主义论丛（第二辑）》
  2020 年 9 月。

吴光：《民惟邦本 本固邦宁》，《光明日报》2016 年 3 月 3 日。

谢惠媛：《中华优秀传统文化传承体系的理论与实践支点》，http：//theo-
  ry. people. com. cn/n1/2017/0406/c40531 – 29191257. html。

闫德亮：《传统节日是中华民族重要的文化载体》，《河南日报》2020 年 2
  月 4 日。

颜晓峰：《始终坚定制度自信》，《人民日报》2019 年 11 月 6 日。

杨和平：《传统文化教育的瓶颈，怎么破》，《光明日报》2018 年 12 月
  29 日。

姚燕平：《如何看待马克思主义与中华优秀传统文化的关系》，https：//
  www. sohu. com/a/248432737_711956。

张光义等：《关于黄河文化建设几个基本问题的思考》，《黄河报》2008
  年 12 月 9 日。

张琨：《丰富和发展黄河文化的时代内涵》，《河南日报》2020 年 9 月
  16 日。

张友谊：《从文化自觉到文化自信》，《光明日报》2017 年 11 月 29 日。

赵文静：《让黄河文化"活"起来"火"起来》，《郑州日报》2020 年 5
  月 26 日。

郑海鸥：《弘扬黄河文化 讲好黄河故事》，人民网，2020 年 9 月 25 日。

郑贞富：《黄河文化的时代价值》，《洛阳日报》2019 年 11 月 28 日。

中共中央办公厅、国务院办公厅：《关于实施中华优秀传统文化传承发展
  工程的意见》，国务院公报，2017 年第 6 号，http：//www. gov. cn/
  gongbao/content/2017/content_5171322. htm，最后浏览日期：2020 年 10

月 5 日。

John Stuart Mill, *Auguste Comte and Positivism*, University of Toronto Press, Routledge and Kegan Paul, 1969.

后　　记

　　本书是作者主持的教育部人文社会科学研究青年基金项目（项目编号：19YJC710078）、河南省高校科技创新人才项目（项目编号：2019 – CX – 018；2020 – CX – 025）、河南省高等学校哲学社会科学研究优秀学者资助项目（2019 – YXXZ – 13）、河南省高等学校哲学社会科学创新团队项目（项目编号：2021 – CXTD – 11）、河南省高校基础研究重大项目（项目编号：2021 – JCZD – 08）、河南省沿黄生态文明建设与高质量发展研究中心阶段性研究成果。

　　本书由张宝强、吴春阳、王云涛合著，丁笑生参与了部分章节的撰写工作。各章编写分工如下：前言（张宝强）、第一章（张宝强、吴春阳）、第二章（张宝强）、第三章（张宝强、丁笑生）、第四章（丁笑生、吴春阳）、第五章（吴春阳）、第六章（吴春阳）、第七章（王云涛）、第八章（王云涛）。最后由张宝强、吴春阳修改、统稿。

　　习近平总书记指出："中华文明源远流长、博大精深，是中华民族独特的精神标识，是当代中国文化的根基，是维系全世界华人的精神纽带，也是中国文化创新的宝藏。"黄河文化源远流长、博大精深，是中华文明的重要组成部分，是中华民族的根和魂。全面认识和把握"黄河文化"所凝结的文化特质有利于我们坚定文化自信、保护生态环境、促进高质量发展、构建人类命运共同体等。也为高校开展理想信念教育、培养信念坚定的时代新人，提供了丰富的精神养料。高校应紧紧围绕立德树人的根本任务，把"黄河文化"融入人才培养全过程和各环节，教育引导青年学生在实现中华民族伟大复兴的生动实践中传承"黄河文化"，放飞远大理想，实现人生价值。

本书只是在这些方面进行了初步的探索。由于水平所限，缺点、问题一定不少，恳请同行专家、学者和广大读者批评指正。

作 者

2022 年 7 月